14706

LETTRES
DE
MADAME
DE SÉVIGNÉ.

N° 400.
B.

RECUEIL DES LETTRES
DE
MADAME LA MARQUISE
DE SÉVIGNÉ,
A
MADAME LA COMTESSE
DE GRIGNAN, SA FILLE.

Nouvelle Edition augmentée.

TOME VII.

A PARIS,
Chez ROLLIN, Quai des Augustins,
à S. Athanase & au Palmier.

―――――――
M. DCC. LIV.
Avec Approbation & Privilége du Roi.

RECUEIL
DES LETTRES
DE
MADAME
DE SÉVIGNÉ.

*LETTRE PREMIERE.

A Madame de Grignan.

Aux Rochers, Mercredi 15 Août. 1685.

OUS voyez bien que nous ne comptons plus présentement que par les jours ; ce ne sont plus des mois, pas même des semaines ; mais hélas ! vous dites bien vrai, pouvons-nous craindre un plus cruel rabat-joie, que la

Tome VII. A

douleur senſible de ſonger à ſe ſéparer preſque auſſi-tôt qu'on a commencé à goûter le plaiſir de ſe revoir ? cette penſée eſt violente, & je ne l'ai que trop ſouvent & les jours & les nuits ; & même l'autre jour, en vous écrivant, elle étoit préſente à mes yeux, & je diſois, cette peine n'eſt-elle donc pas aſſez grande pour nous mettre à couvert des autres ? Mais je ne voulus jamais toucher à cet endroit douloureux, & maintenant j'en détourne encore la vue, afin d'être en état d'aller à Bâville & de vous y trouver. Je ne ſerai point honteuſe de mon équipage, mes enfans en ont de fort beaux, j'en ai eu comme eux ; les temps changent, je n'ai plus que deux chevaux, & quatre du meſſager du Mans : je ne ſerai point embarraſſée d'arriver en cet état. Vous trouverez ma jambe d'une perfection à vous faire aimer *Charlotte* (a) toute votre vie ; elle vous a vue ici plus belle que le jour, & cette idée lui donne une extrême envie de vous renvoyer cette jambe digne de votre

(a) Voyez la lettre du 22 Juillet, tome 6, pag. 456, 457 & 458.

admiration, quand vous sçaurez d'où elle l'a tirée. Tout cela est passé, & même le temps du séjour du petit Coulanges ; il partit Lundi matin avec mon fils ; j'allai les reconduire jusqu'à la porte qui va à Vitré : nous y étions tous en attendant nos lettres de Paris ; elles vinrent, & nous lumes la vôtre. Comme vous ne m'avez parlé que de l'agonie de la femme de M. d'Ormesson, je n'ai osé lui écrire ; mais j'entreprendrai de le consoler, si vous me parlez de l'enterrement de cette pauvre personne ; en l'état où elle étoit, peut-on souhaiter autre chose pour elle & pour sa famille ? Ah, ma chère enfant ! que la lie de l'esprit & du corps est humiliante à soûtenir ; & qu'à souhaiter, il seroit bien plus agréable de laisser de nous une mémoire digne d'être conservée, que de la gâter & défigurer par toutes les misères que la vieillesse & les infirmitez nous apportent ! J'aimerois les pays où par amitié on tue ses vieux parens, si cet usage pouvoit s'accommoder avec le christianisme.

Nos petits hommes souperent Lundi en *gaudeamus* chez la bonne Marbœuf. Votre frère n'est pas bien net de sa légère émotion. J'ai eu des conversations admirables avec Coulanges sur le sujet qu'il a tant de peine à comprendre ; ce sont des scènes de Molière. Quand viendra *sainte Grignan* ?

*LETTRE II.

A LA MÊME.

1685. *Aux Rochers, Dimanche 26 Août.*

QUE vous semble du vingt-six, ma chère enfant ? il est encore meilleur que votre vingt-deux, & vous verrez comme tout le reste ira bien, s'il plaît à Dieu, s'il plaît à Dieu ; car c'est là toute l'affaire. Dites-moi précisément le jour que vous irez à Bâville, afin que j'arrive le lendemain : ne venez point plus loin, reposez-vous, laissez-moi arriver, & ne vous fatiguez point. Si vous doutiez de ma sincère & parfaite joie, je douterois de la vôtre ; ne nous offensons point, rendons-nous justice l'une à l'autre. Pour moi, de peur de troubler mon sang, je ne veux rien envisager dans l'avenir, qui me puisse déplaire. Je veux voir la noce de Mademoiselle d'A... à Livri dans cette même chambre ; c'est une fête qui doit encore honorer cette forêt, je serai ravie d'en être. Pourquoi, ma belle, avez-vous été si peu à Versailles ? c'est bien de la peine pour un moment. Je vois que vous êtes toujours contente de Madame d'Arpajon ; si nous avions choisi une Dame d'honneur, il me semble que nous n'aurions pas pu en souhaiter une autre. J'aime vos Grignans de se déranger un peu pour moi, je suis leur *bonne* comme à vous. Mon fils est revenu des Etats avec M. de la Trémoille, qui est reçu à Vitré comme le plus étranger des Princes d'Allemagne. Je crois que les Rochers iront dîner à Vitré, & que Vitré viendra souper aux Rochers. Monsieur de Chaulnes pourra bientôt vous conter autant de choses, que mon fils nous en conte ici ; je doute que vous puissiez y avoir autant d'attention : mais en gros Monsieur de Chaulnes a eu des chagrins, qui ont été enfin réparez & raccommodez. M. d'Harouïs a sujet d'être content des Etats & de tous ses amis : en voilà assez pour vous mettre l'esprit en repos. Je ne sçais qui pourra vous apprendre des nouvelles de Paris, quand je ne serai plus ici ; je vous en dirois beaucoup aujourd'hui, si je vous mandois tout ce que je sçais ; j'aime mieux remettre à Bâville. Je suis étonnée que notre petit Coulanges ne soit point alarmé de la colère de Madame de Louvois ; il prétend que ce ne sera pas une affaire de se justifier, & ne veut point écrire, il veut parler : mais cependant, on se confirme dans tout ce qu'on croit ; on se plaint, on dit des choses fâcheuses & dures, & l'on s'accoûtume à ne nous plus regarder que comme des ennemis. N'admirez-vous point qu'il y ait des gens assez méchans pour accabler ce pauvre petit homme de mille choses, à quoi peut-être il n'a jamais pensé ? Obtenez, au moins, qu'on l'écoute, & qu'on suive la règle de ne le pas condamner sans l'entendre. Il est à Chaulnes d'où il vous écrira. Je ne parle plus de ma jambe, parce que je n'ai plus rien à dire, & que je

de Madame de Sévigné.

jouis du plaisir d'être guérie, & de me promener soir & matin : vous en jugerez, & vous aimerez *Charlotte* (*b*). Cependant, je vous embrasse de tout mon coeur, & je vais rêver à tout ce qui peut flater le plus doucement mes espérances. Je sens que je commence à négliger d'écrire, j'aspire à quelque chose de meilleur ; quoiqu'en vérité, votre commerce, après vous, soit la plus agréable chose du monde.

Je voudrois bien que ce que je vous ai mandé de M. de la Trousse, ne retournât point à sa source, ni dans notre quartier : vous voyez bien que j'ai raison, & que cela n'est bon que pour vous. Nous fumes hier chez la Princesse de Tarente, nous vimes son fils ; ah, qu'il a une belle taille ! & qu'il est laid ! il n'est pas le premier qui soit ainsi (*c*). Mon fils vous fait mille amitiez, il est guéri de sa petite fiévre, comme moi, par la tisane. Adieu, ma très-aimable, je vous

(*b*) Voyez les pages 456, 457 & 458 du tome 6.

(*c*) Madame de Sévigné veut désigner par-là M. de Grignan, qui étoit bien fait sans être beau.

baise des deux côtez ; n'êtes-vous pas toujours belle & grasse ? j'espère le sçavoir dans peu, *si Dieu me prête vie.*

---

*LETTRE III.

A LA MÊME.

1687. *A Nevers, Samedi 20 Septembre à six heures du soir.*

J'AI reçu ce matin votre lettre à la Charité ; vous avez mal jugé de nos gîtes ; nous ne sçavons ce que c'est que Pont-Agasson, nous vînmes à Milli. Vous devez encore faire des excuses au temps que vous avez accusé de trahison ; jamais, je dis, jamais il n'en fut un plus parfait, plus solide & plus sincère ; car les brouillards du matin ne nous ont pas même laissées dans l'incertitude ; pour les chemins, c'est une chose extraordinaire que leur beauté ; on n'arrête pas un seul moment, ce sont des mails & des promenades par-tout, toutes les montagnes applanies ; la rue d'enfer, un chemin de Paradis ; mais non, car on dit que le chemin en est étroit & laborieux, & celui-ci est large, agréable & délicieux. Les Intendans ont fait des merveilles, & nous n'avons cessé de leur donner des louanges. Si jamais j'allois à Lyon, Dieu me préserve d'une autre route. Nous voici à Nevers, nous pensions aller demain à Moulins ; mais une Madame Ferret, que nous connoissons, vient d'envoyer à Madame de Chaulnes celui qui nous logera, pour accourcir notre voyage de deux jours, puisqu'au lieu d'aller à Moulins, & puis à Bourbon, nous allons demain droit à Bourbon, nous n'avons que dix lieues à faire, & voyez quelle avance ; cela me plaît tellement, qu'outre l'attachement que j'ai de bonne foi pour Madame de Chaulnes, qui n'auroit pas fait ce voyage sans moi, & la commodité infinie pour le petit bateau, d'être attaché au grand, la certitude de ne pas perdre un moment, & de vous voir revenir au-devant de nous, me fait préférer pour cette fois les eaux de Bourbon à celles de Vichi : je vous remercie mille fois de vos soins & de vos bons avis ; l'eau de Bourbon reſſemble tout-à-fait, quoique l'on diſe, à celle de Vichi : je ſuis toute portée pour la douche ; il y a vingt-deux lieues d'ici à Vichi, je coucherai demain à Bourbon ; tout contribue à me faire prendre ce parti ; ſi vous étiez ici, vous me diriez, allez à Bourbon, la Providence le veut. J'y vais donc avec plaiſir & même avec confiance ; ſi j'avois conſulté M. Fagon, il m'y auroit envoyée, & m'y voilà : rien n'eſt égal aux ſoins de Madame la Ducheſſe de Chaulnes pour moi ; elle ne me dit rien, mais je vois la joie qu'elle a que nous ſoyions enſemble. Je ne ſuis pas ſurpriſe que Savigni (*d*) vous ait paru beau, c'eſt une ſituation admirable. S'il y a de vos lettres à Moulins, elles viendront à Bourbon. Je ſuis impatiente de ſçavoir des nouvelles de la ſanté du Roi, de celles de M. de Grignan, de ſes affaires, des vôtres, rien ne me peut détourner de ces penſées. Je ſouhaite que

(*d*) Terre à quatre lieues de Paris, qui appartenoit alors à M. le Marquis de Vins, & qui appartient aujourd'hui à M. le Comte du Luc.

de Madame de Sévigné.

vous ayiez mandé à mon fils la route de M. de Chaulnes, afin qu'il aille au-devant de lui à Fougères. Mandez, je vous prie, de mes nouvelles à Monsieur & à Madame de Coulanges; je ne puis douter de l'intérêt qu'ils y prennent. Adieu, ma très-aimable, je suis toute pleine & tout occupée de votre amitié & de l'attention que vous avez à ma santé.

---

*LETTRE IV.

A LA MÊME.

A Bourbon, Lundi 22 Septembre, 1687.

NOUS arrivames hier au soir ici de Nevers, d'où je vous avois écrit. Il est vrai, mon enfant, que nous vinmes en un jour, comme on nous l'avoit promis; mais quel jour! quelles dix lieues! nous marchames dès la pointe du jour jusqu'à la nuit fermée, sans avoir que deux heures juste pour dîner; une pluie continuelle, des chemins endiablez, souvent à pied de peur de verser dans des ornières effroyables ; & tout cela ensuite de cinq journées délicieuses, éclairées du Soleil, dans un pays & des chemins faits exprès ; je crois être dans un autre climat, un pays bas & couvert comme la Bretagne ; enfin, sombre forêt, où le Soleil ne luit que rarement. Nous y fumes reçues par cette Madame Ferret de Bretagne ; nous sommes logées où étoient Madame de Montespan, Madame d'Usez, Madame de Louvois. Nous avons bien dormi, nous avons vu les petits brouillards, nous avons été à la Messe aux Capucins ; nous avons reçu les complimens de Madame de Fourci, de Madame de Nangis, de Mademoiselle d'Armentières. Nous avons un Médecin qui me plaît ; c'est Amiot qui connoît & estime Alliot, & qui est adorateur de notre bon homme Jacob ; il a été six mois avec lui à l'Hôtel de Sulli, pendant que M. de Sulli se mouroit. Madame de Verneuil m'avoit fort priée de le prendre, je l'avois oublié : parlez-en, si vous voulez, à Madame de Sulli, & à Monsieur de Coulanges, c'est son intime ; il traitoit Madame de Louvois. C'est un homme raisonnablement ennemi de la saignée, & qui approuve nos Capucins; il m'assure que tous mes petits maux viennent de la rate, & que les eaux de Bourbon y sont spécifiques : il aime fort Vichi, mais il est persuadé que celles-ci me feront pour le moins autant de bien ; quant à la douche, il me la fera donner si délicatement, qu'il ne veut point du tout me la donner. Il pense, comme Alliot, que ce remède est trop violent, & plutôt capable d'alarmer les nerfs que de les guérir ; il dit qu'en purgeant les humeurs, c'est de quoi suffire à tout avec les sueurs que les eaux & les bains chauds me donneront. Cet homme parle de bon sens ; il me conduira avec une attention extrême, & vous rendra compte de tout : comme il va s'établir à Paris, vous jugez bien qu'il n'a pas envie d'y porter des reproches de ce pays-ci. Le mal de Madame de Chaulnes n'est pas à négliger, ces eaux y sont bonnes ; nous sommes logées commodément, & l'une près de l'autre : mais on peut dire en gros de ce lieu *qu'il n'eut jamais du Ciel un regard amoureux.* La Providence m'y a conduite par la main, en tournant les volontez, & faisant des liaisons, comme elle a fait. Je vous consulte toujours intérieurement, & il me semble que vous me dites; ouï, c'est ainsi qu'il faut faire, vous ne sçauriez vous conduire autrement. Ah, mon Dieu! que je suis lasse de parler de moi! mais vous le voulez; Dieu merci, je m'en vais parler de vous; je reçois votre lettre du Jeudi 18. Je vois, ma très-aimable, que vous allez à Versailles; je vois le sujet qui arrête M. de Grignan, & dans quelle conjoncture. Vous croyez bien que je ne suis pas assez ridiculement occupée de moi, pour négliger un instant de songer à vous & à tout ce qui a rapport à vous; c'est une pensée habituelle, en sorte que vous auriez peine à me trouver sans ce fond qui est dans mon cœur: mais comme il y a beaucoup à penser, je pense beaucoup aussi, & par malheur bien inutilement. Je voudrois bien sçavoir comme se porte M. de Grignan, & comme vous êtes vous-même: je suis effrayée de ces fiévres, que je crains que vous ne preniez à Versailles ; on mande ici que tout en est plein. Dieu vous conserve, mon enfant ; j'embrasse le Marquis ; un souvenir à Monsieur & à Madame de Coulanges ; s'ils ont envie de sçavoir de mes nouvelles, ils n'ignorent pas où il faut en demander. Je sçais que Madame de Coulanges va s'établir à Brevanes, quel plaisir d'être à la campagne ! j'en aurai grand besoin au sortir d'ici.

Madame de Chaulnes a des soins de moi, dont vous seriez surprise : elle vous fait mille amitiez, & vous nomme à tout moment ; la belle Comtesse se trouve naturellement dans ce qu'elle me dit ; enfin, ce nom est toujours avec nous. Je vous remercie, ma très-chère, de votre sel végétal, je m'en servirai ; vous êtes trop bonne & trop appliquée à votre pauvre maman ; elles ne sont point accoûtumées les mamans à ces aimables douceurs : je doute aussi que jamais on ait aimé sa fille de la manière dont je vous aime ; quoi qu'il en soit, vous me rendez trop heureuse, & je dois bien souffrir tous les malheurs qui sont attachez à ces sortes de tendresses si sensibles.

LETTRE V.
A LA MÊME.

1687. *A Bourbon, Jeudi 25 Septembre.*

J'AI reçu votre lettre du Lundi 22, elle m'a donné un grand soulagement, ma très-chère, en m'apprenant les bonnes & sages résolutions que vous avez prises pour cet hiver. Je comprends aisément que vous n'y manquerez pas d'affaires, vous y aurez un bon solliciteur, & un hôte bien agréable ; je crains bien qu'il ne m'efface : c'est justement le contraire de ce que vous aviez l'hiver passé, il seroit difficile d'en soûtenir souvent le poids ; si vous le pouviez faire, ce seroit un grand plaisir. Mais je ne sçais comme on peut inhumainement peser sur les gens qu'on doit aimer ; je voudrois bien qu'il dépendît de moi de donner un meilleur exemple ; si jamais je le puis, je vous assure que je n'y manquerai pas. Je vois bien les honnêtetez de Sa Majesté

jesté ; mais je voudrois avoir appris autre chose : Dieu est le maître, vous m'avez fermé la bouche sur la plainte, en me faisant souvenir de qui on se plaint. Le quinquina a fait à l'égard du Roi ses miracles ordinaires. Madame la Maréchale de Rochefort mande à Madame de Nangis la maladie de Monsieur le Duc de Bourgogne, dont elle paroît extrêmement inquiéte.

Vous voulez sçavoir de mes nouvelles, elles sont tout-à-fait bonnes. Il y a deux jours que je prends des eaux, elles sont douces & gracieuses & fondantes, elles ne pèsent point ; j'en fus étonnée & gonflée le premier jour, mais aujourd'hui je suis gaillarde ; on les rend de tous les côtez, point d'assoupissement, point de vapeur : si je continue à m'en trouver si bien, je ne me servirai point de celles de Vichi, que l'on fait venir ici en un jour ; jamais union ne fut si parfaite entre deux rivales. On les fait réchauffer dans le puits le plus bouillant de ceux qui sont ici, on les fait boire comme les autres, celles-ci reçoivent celles-là dans leur sein ;

c'est celà qui s'appelle précisément le même degré de chaleur ; car les bouteilles y sont comme dans leur propre maison. J'étois dégoûtée du réchauffement de Paris avec de méchans fagots froids ; mais la chaleur d'ici me plaît infiniment, & l'on y fait la vie des eaux, qui est tout uniforme & tout appliquée à la santé. Nous sommes les plus saines, Madame de Chaulnes & moi ; Madame de Nangis fait mourir de pitié de ses coliques d'estomac, dont elle tombe en convulsion. Mademoiselle d'Armentières dans une langueur qui paroît à son dernier période. Madame de Fourci revenant de Vichi, & disant qu'elle vient achever de se guérir à Bourbon ; & cette guérison, c'est qu'elle dort ou veut dormir trois heures après son dîner, & que pendant ce temps ses jambes sont de laine ; elle ne se soûtient que vers les quatre heures, & c'est tous les jours à recommencer, & elle est si contente qu'elle en fait pitié. Le frère de votre Berthelot est dans un état déplorable ; un reste affreux d'apoplexie ; ce qu'il y a de plus fâcheux ici, c'est de ne voir que de ces sortes de malades ; les bains en remettent quelques-uns, & laissent les autres. Je me trouve si bien par comparaison, que je ne devrois point quitter un lieu où je suis la plus heureuse. Madame la Duchesse de Chaulnes est sur la même ligne ; rien n'est pareil aux soins qu'elle a de moi ; elle songe plus à ma santé qu'à la sienne ; & parce qu'elle voit qu'elle m'a détournée de Vichi, c'est elle qui fait venir ici les eaux de Vichi, pour en prendre si on le juge à propos : celles de Bourbon l'emportent de mille lieues, si on en croit les Médecins d'ici ; cependant, nous verrons. Il est constant que ceux qui en ont pris, s'en sont trouvez comme à Vichi. Madame Bel... est ici, demandez aux Colberts ce que c'est que cette femme ; ses aventures & ses malheurs sont pitoyables ; c'est elle qui s'est trouvée parfaitement bien de Vichi à Bourbon. Ne soyez point en peine de moi, ma chère Comtesse ; Amiot se fait un grand honneur de nous gouverner, & seroit bien fâché d'en recevoir des reproches cet hiver. J'embrasse M. de Grignan de tout mon cœur, tous ses intérêts sont les miens; je tiens à vous & à lui par mille chaînes. Je plains le Chevalier de son état triste & accablant. Mon Marquis, je vous aime. Je reviens à vous, ma très-aimable, vous vous doutez bien à peu près de quelle manière je suis occupée de ce qui vous touche.

*LETTRE VI.

A LA MÊME.

1687. *A Bourbon, Samedi 27 Septembre.*

IL y a des heures où l'on peut écrire, celle-ci en est une. J'ai reçu votre lettre avec cette joie & cette émotion que vous connoissez; car il est certain que vous m'aimez : il y a ici une fille qui se veut mêler d'aimer sa maman (*e*); mais quoi qu'elle fasse & dise fort joliment, elle est cent pas derrière vous, c'est Madame de Nangis (*f*). On voit ici des gens estro-

(*e*) Madeleine de Laval-Bois-Dauphin, Maréchale de Rochefort.
(*f*) Marie-Henriette d'Aloigni de Roche-

piez & à demi morts, qui cherchent du secours dans la chaleur bouillante de ce puits; les uns sont contens, les autres non; une infinité de restes ou de menaces d'apoplexie, c'est ce qui tue. J'ai envoyé prendre des eaux à Vichi, comme fit M. Fagon pour sa femme, & bien d'autres tous les jours: elles sont réchauffées d'une manière qui me plaît, elles ont le même goût, & quasi la même force qu'à Vichi; elles font leur effet, & je l'ai senti ce matin avec plaisir. J'en prendrai huit jours, comme le veut Alliot (g), & ne serai point douchée selon l'avis d'Amiot (h), qui vous en dit les raisons. Quand vous aurez lu tout son grimoire, vous n'en sçaurez pas davantage, envoyez-le, si vous voulez, à Alliot: cependant, j'irai mon train; je retomberai Samedi dans les eaux de Bourbon, je prendrai des bains délicieux; & un peu avant que

fort, femme de Louis-Fauste de Brichanteau, Marquis de Nangis.

(g) Le Médecin que Madame de Sévigné avoit consulté à Paris.

(h) Le Médecin qui la conduisoit à Bourbon.

l'heure finisse, Amiot prétend y mettre un peu d'eau chaude, qui fera sans violence la sueur que nous voulons. Je crois qu'il est difficile de contester sur son paillier un homme, qui a tous les jours des expériences : répondez seulement un mot de confiance & d'honnêteté pour lui, & ne vous mettez en peine de rien du tout; vous me reverrez dans peu de jours en parfaite santé. Je prie Dieu de vous conserver, & M. de Grignan ; & qu'il donne une dose de patience plus forte qu'à l'ordinaire à ce pauvre Chevalier. Il est bien nécessaire que vous en trouviez aussi pour soûtenir tout ce qui vous arrive ; si on osoit penser à Bourbon, on seroit accablée de cette pensée ; mais on est précisément comme un automate : notre charrette mal graissée reçoit & fait des visites; nous allons par les rues, mais nous nous gardons bien d'avoir une ame, cela nous importuneroit trop pendant nos remèdes ; nous retrouverons nos ames à Paris. Vous entretenez si bien tous les commerces de mes amies, que je n'ai qu'à vous prier de continuer, & d'aimer aussi le bon Corbinelli que vous sçavez que j'aime ; je lui souhaite ce bonheur, comme ce que j'imagine de meilleur pour lui. Voilà Madame de Chaulnes qui entre, qui me gronde sans sçavoir bonnement pourquoi, & qui embrasse la belle Comtesse. Tout Bourbon écrit présentement, demain matin tout Bourbon fait autre chose, c'est un Couvent. Vous parlez du serein, où le pourrions-nous prendre ? il faudroit qu'il y eût de l'air : point de sausses, point de ragoûts ; j'espère bien cet hiver jetter un peu le froc aux orties dans notre jolie auberge.

―――――

* LETTRE VII.

A LA MÊME.

A Bourbon, Mardi 7 Octobre. 1687.

VOus vous avisez de me gronder, au lieu d'entrer dans le plaisir de sçavoir que je me porte mieux que je n'ai jamais fait, & que j'ai été trop heureuse de m'épargner la peine d'aller à Vichi, puisque j'en ai fait venir les eaux, qui m'ont purgée autant que je puis l'être; car il s'en faut bien que je n'aie le même besoin que j'avois, il y a dix ans, de cette lessive, il y a tout à dire. M. Mansard est ici, il ne respire que de se restaurer des extrêmes évacuations de Vichi; tous ceux qui en sont revenus, tiennent le même langage. Il est vrai que pendant huit jours que j'ai pris ici des eaux de Vichi, elles m'ont très-bien fait; mais j'ai pris ensuite de celles de Bourbon pour m'adoucir & me consoler. C'est une opinion toute commune que celles-ci, quand on n'a point beaucoup d'humeurs, sont douces & fondantes & consolantes, & qu'elles se distribuent dans toutes les parties avec une onction admirable. Quant au pays, je ne comparerai jamais le plus beau & le plus charmant du monde avec le plus vilain & le plus étouffé. J'ai donc pris huit jours de Vichi, & huit jours de Bourbon; j'ai pris, dans l'intervalle, de la poudre de M. de Lorme, qui m'a fait des merveilles; je n'ai pas eu la moindre vapeur,

vapeur, j'ai un très-bon visage ; j'ai pris en arrivant une médecine ordinaire, j'en prendrai encore une en partant ; les eaux me purgent tous les jours sans violence, & les bains que je prends, sont doux & tempérez. Si la douche m'étoit nécessaire, Amiot ne me l'épargneroit pas. Vous grondez encore de ce que j'écris ; hélas ! ce m'est un plaisir, & j'aurois mille fois plus de peine à m'en passer ; tout ce qui est ici, écrit autant que moi. J'écris quatre lignes à Madame de la Fayette, appellez-vous cela écrire ?

Nous avons ici un temps parfait. Je suis transportée de joie que la santé de Monsieur le Chevalier lui permette d'aller achever nos tristes adieux à Livri : voilà tout ce que je souhaitois, ou de vous y trouver établie, ou en état d'y pouvoir aller. Nous arriverons à Paris le dix-neuf selon notre arrangement ; j'y veux embrasser Madame de la Fayette & Madame de Lavardin ; & puis, aller avec ma chère fille à Livri respirer, me promener en long, faire un peu d'exercice : c'est là ce qui me fera valoir & profiter tous mes remèdes ; tout autre vie me feroit beaucoup de mal. Si vous revenez à Paris, ma très-chère, pour me recevoir, vous pouvez penser que j'en serai ravie ; mais évitez la fatigue de venir loin au-devant de nous ; il s'agit seulement de se retrouver pour passer ensemble tout le temps qu'il plaira à Dieu. Je n'ose appuyer sur les arrangemens qui me plaisent, de peur que la Providence ne soit pas de même avis. Il semble cependant qu'il y a des choses qui tout naturellement doivent aller leur chemin. J'espère que mon ami Corbinelli viendra nous voir à Livri ; nous jouïrons de ces derniers momens, jusqu'à ce qu'on nous en chasse par les épaules (1). Croyez-vous que je sois fatiguée de vous avoir écrit ? au contraire, j'en suis soulagée, j'en suis charmée. Je vous demande bien des amitiez pour M. le Chevalier, plût à Dieu qu'il se portât aussi-bien que moi. Madame de Chaulnes prend ses mesures dès-

(1) L'Abbaye de Livri étoit vacante depuis le 23 Août 1687 par la mort de l'Abbé de Coulanges, oncle de Madame de Sévigné.

ici, pour s'en aller à Chaulnes trois jours après son arrivée ; c'est un besoin qu'inspire la vie qu'on fait ici ; chacun veut s'en repoſer à la campagne. Madame de Nangis est allée à un Château de son mari à neuf lieues d'ici.

Vous parlez des bains de Vichi ; ce n'est rien, il n'y en a point : ceux-ci sont admirables, & pour les néphrétiques, & pour mille autres maux. Je suis parfaitement contente de mon voyage, il m'a fait connoître le fond de mon sac : on trouve ici que mes craintes ont ſurpaſſé de beaucoup les petits maux que j'ai eus. Si vous m'aimez, & que les ſoins qu'on a de moi, vous faſſent plaiſir, que ne devez-vous point à cette bonne Ducheſſe de Chaulnes ?

* LETTRE VIII.

A LA MÊME.

1687. *A Bourbon, Jeudi 9 Octobre.*

VOus étiez de bien mauvaise humeur contre moi, ma fille, quand vous m'avez écrit ; je sçais de quel fonds cela vient, & vous pouvez penser si je l'aime : mais l'injustice de votre improbation me donne du chagrin à mon tour. Vous ne cessez point, ni Madame de la Fayette, de me blâmer de n'avoir pas quitté Madame de Chaulnes à Nevers ; premierement, il n'a pas tenu à elle, mais je ne fis jamais mieux que de ne le point vouloir ; les eaux de Vichi ne sont plus pour moi aussi nécessaires qu'elles m'ont été, j'en ai fait tout l'usage que je pouvois desirer, en les faisant venir, & en les tempérant par celles-ci ; elles m'ont purgée autant qu'il le falloit, & celles de Bourbon douces & fondantes ont achevé un véritable état de perfection. J'ai pris du *crocus*, parce que je fçais que quand il ne trouve guères d'humeurs, il ne fait point de mal à fon hôte ; c'eſt le bon pain, comme difoit de Lorme ; il ne m'a point fait vomir, & m'a purgée doucement ; c'eſt à cauſe que je ne fuis point accablée d'humeurs, qu'on ne m'a point donné d'émétique. Je fuis dans les bains balfamiques & charmans ; je bois le matin, je n'ai aucune forte d'incommodité, j'ai fait tous ces remèdes avec une règle & une mefure, dont j'euſſe été incapable fans Madame de Chaulnes. Elle ne fonge point à rien précipiter, nous partons Lundi après trois femaines & un jour de féjour, feize jours de boiſſon, neuf bains, trois médecines, deux jours de repos ; rien ne peut être mieux compaſſé que tout cela : elle a une attention pour moi pareille à la vôtre ; elle ne mérite que des remercimens, & vous la regardez comme ayant troublé & dérangé tous mes remèdes : au nom de Dieu, ma fille, changez de fentiment, fi vous êtes juſte & fi vous m'aimez ; & faites qu'à Eſſonne, fi vous y voulez venir, ce ne foit que joie de nous voir en parfaite santé, & que reconnoissance en particulier pour cette bonne Duchesse. Nous n'allons même qu'en deux jours d'ici à Nevers pour ne nous pas fatiguer ; Mercredi nous partons de Nevers ; & le cinquiéme jour qui sera le Dimanche 19, nous dînerons à Essonne, & coucherons à Paris. La fatigue & l'embarras me font peine pour vous ; mais sans cela, vous pouvez juger si nous vous donnerons de bon cœur à dîner à Essonne. Amiot vous écrit, outre qu'il est fort bon Médecin, il y a ici un petit Apoticaire, qui est la capacité, la sagesse & l'expérience même ; ils disent tous deux, point de douche ; ils croiroient faire un attentat d'attaquer & de mettre en alarme une santé comme la mienne ; ils croiroient aviser les nerfs d'un désordre à quoi ils ne pensent pas ; en un mot, ils sont d'une prudence & d'une conduite, qui attirent la confiance par être les premiers à improuver leurs remèdes, quand ils ne conviennent pas. Vous dites que j'écris à tout le monde, je n'écris qu'à vous, ma chère bonne ; car je n'appellerai point écrire, deux billets à Madame de la Fayette, & quatre lignes en réponse à Madame de Coulanges. Il faut à cette heure parler du beau temps, il est enchanté ; c'est encore vous qui l'avez fait de vos propres mains ; il fait un chaud qui fait croire que nous sommes au cœur de l'été : ces beaux jours vous feront aimer notre pauvre Livri ; j'espère que vous y êtes, cette pensée me fait plaisir. Si vous vouliez m'y attendre, & m'envoyer seulement votre carrosse, j'irois dans un moment vous y trouver. Si vous vouliez venir me prendre à Paris, voilà encore un autre parti ; vous pourriez aussi ne venir qu'entre Paris & Essonne ; enfin, songez que tout ce qui vous fatigue le moins, me consoleroit de ne pas vous embrasser si-tôt : mais si absolument vous voulez pousser jusqu'à Essonne, épargnez-vous, au moins, de faire quatorze lieues en un jour ; allez coucher le Samedi à Savigni ; & le Dimanche, sans vous presser, venez dîner avec nous à Essonne. Madame de Chaulnes me prie de vous faire mille complimens, ce sont de véritables amitiez, puisqu'elle ne songe qu'à vous rendre un bon compte de ma pauvre personne. Nous avons eu mille relations de Bretagne, qui nous ont diverties : mais notre vrai plaisir, c'est de penser que nous partons Lundi, après avoir observé toutes les longues & les bréves du cérémonial de Bourbon.

*LETTRE IX.

A LA MÊME.

1687. *A Milli, Samedi au soir 18 Octobre.*

JE reçois votre lettre, je trouve par-tout des marques de votre souvenir & de votre amitié. Je vous ai écrit de la Maison-rouge à six lieues d'ici, vous aurez vu que je ne vous oubliois pas non plus ; & que nous vous conseillons de ne vous point presser, & d'achever toutes vos affaires. Vous auriez eu peine à engager Madame de Chaulnes à passer par Fontainebleau ; outre que c'est le plus long de deux lieues, c'est qu'elle y a tant de famille qu'elle n'auroit pu s'y cacher. Pour moi, j'y aurois vu tout ce que je souhaite (*k*). Je me porte si bien, & les esprits sont tellement réconciliez avec la nature, que je ne vois pas pourquoi vous ne m'aimeriez point. Notre voyage n'a été qu'une vraie promenade, nous n'avons eu aucune sorte d'incommodité; mais vous ne me parlez point de Livri, cruelle ! me refuseriez-vous ce repos si nécessaire ? je vous attendrai Lundi, puisque vous le voulez; je vous ferois de bien plus grands sacrifices ; sans cela, je me serois contentée de voir mes deux amies, & je serois partie sur le champ pour Livri ; mais je n'y penserai pas, & je vous attendrai avec l'impatience de vous embrasser ; si vous étiez aussi diligente que nous, je n'attendrois pas long-temps. J'espère que vous me renverrez demain *la Brie* à Essonne. Adieu, ma très-chère, je suis ravie que vous finissiez toutes vos affaires ; vous pourrez même y ajoûter des plaisirs, & faire votre cour, pen-

(*k*) Madame de Grignan étoit alors à Fontainebleau, où étoit la Cour.

dant que vous y êtes. Madame de Chaulnes vous embrasse & triomphe du bon état où elle vous rendra votre maman. Embrassez pour moi Madame de Vins, & qu'elle ne vous enchante point, quoique ce fût une chose bien raisonnable d'y réussir.

La mère & la fille ne se quittèrent plus ensuite jusqu'aux premiers jours d'Octobre de l'année 1688.

LETTRE X.

A LA MÊME.

1688. *A Paris, Vendredi 8 Octobre.*

VOILA une pluie qui nous désole. Ma chère enfant, vous allez passer justement cette vilaine descente ou montagne de Rochepot; que de chagrins on a, quand on aime avec attention ! nous ne sçaurions vous aimer héroïquement, quoiqu'il y ait là-bas de l'héroïque (*m*) : on ne peut vous connoître, & s'attacher à vous

(*m*) C'est-à-dire, dans l'appartement de M. le Chevalier de Grignan.

sans une extrême tendresse. Ce pauvre Héros a toujours la goutte, cela fait une véritable peine. Il y a des gens de bon esprit, comme Saint-Romain (*n*), l'Abbé Bigorre, Croisilles (*o*), qui tâchent de l'amuser par les nouvelles publiques. Notre petit Marquis n'aura point été à l'ouverture de la tranchée ; car M. de Vauban n'a pas voulu attendre MONSEIGNEUR à cause des pluies : nous sommes toujours persuadez que dans peu de jours vous aurez l'esprit en repos. Le Prince d'Orange s'est déclaré Protecteur de la Religion d'Angleterre, & demande le petit Prince (*p*) pour l'y élever : voilà une grande affaire ; plusieurs Milords se sont rendus auprès de lui. Vous sçavez que la Trousse a pris Avignon (*q*). Madame de

(*n*) Il avoit été Ambassadeur en Suisse.
(*o*) Frère du Maréchal de Catinat, & homme de grand mérite. Il avoit été Capitaine aux Gardes Françoises, & avoit quitté le service pour sa mauvaise santé.
(*p*) Jacques, Prince de Galles, né le 10 Juin 1688, connu depuis sous le nom *du Prétendant*.
(*q*) Des Brouilleries survenues entre la Cour de France & la Cour de Rome, obli-

Coulanges, qui crève d'argent, a prêté mille francs à Mademoiselle de Méri, que nous attendons incessamment ici ; M. de la Trousse (r) voudra bien les lui rendre. Je vous remercie, ma très-chère, de trouver bon que l'Abbé Bigorre vienne aussi ; sans ce soulagement j'aurois été embarrassée, & me voilà fort bien. Nous causons bonnement de nos affaires là-bas ; j'y trouve toute la consolation qu'on peut attendre d'un esprit bien fait & d'un cœur admirable ; plus on connoît le Chevalier, plus on l'estime & plus on l'aime. Je n'ai pas besoin de lui demander si vous m'aimez, j'en suis persuadée par mille raisons ; mais sans le questionner, il me rend mille témoignages charmans : nous mangeons ensemble, & mangeons fort bien. La Philosophie de Corbinelli viendra ce soir ; il est écrit sur tous les appartemens, *fais ce que voudras, vive la sainte liberté.*

J'ai vu Madame de Fontenilles qui

gerent le Roi à s'emparer du Comtat Venaissin.

(r) Monsieur de la Trousse étoit frère de Mademoiselle de Méri.

a perdu sa mère ; c'étoient des torrens de larmes, elle est abysmée dans sa douleur ; vous jugez bien que je la suivois de loin. Sa pauvre mère est morte dans l'horreur de la surprise, criant, quoi ! il faut donc crever ici ; & frémissant de la proposition des Sacremens, elle les a reçus, mais plongée dans un horrible & profond silence ; son fils & Alliot arriverent deux heures après qu'elle fut morte. Adieu, mon aimable enfant, nous ne sçaurions nous consoler de vous, chacun disant,

Rien ne peut réparer les biens que j'ai perdus.

Nous sommes entourez de vos portraits. La Princesse est fort belle ; mais nous voulons l'autre, qui est présentement dans le coton des boues de la Rochepot.

LETTRE XI.

A LA MÊME.

1688. *A Paris, Lundi 11 Octobre.*

J'AI reçu vos deux lettres de Joigni & d'Auxerre ; le chemin de Joigni est insupportable aux yeux. Je vous vois par-tout, ma chère Comtesse, dans un déchirement de cœur si terrible, que j'en sens vivement le contre-coup. Vous auriez été assurément moins à plaindre ici ; vous auriez eu plutôt les nouvelles & les lettres de M. de Saint-Pouanges, qui promet à M. le Chevalier d'avoir un soin extrême de votre fils : vous sçauriez qu'un certain petit fort, qui pouvoit donner de la peine, a été pris avant l'arrivée de Monsieur le Dauphin (s). Vous apprendriez que ce

(s) MONSEIGNEUR devoit faire le siége de Philisbourg, ayant le Maréchal de Duras pour commander sous ses ordres, & Monsieur de Vauban pour la direction du siége.

Prince devant aller à la tranchée, M. de Vauban a augmenté toutes les précautions & toutes les sûretez qu'il a accoûtumé de prendre pour la conservation des assiégeans. Vous sçauriez que c'est le Régiment de Picardie, & point du tout celui de Champagne, qui a ouvert la tranchée, où personne n'a été blessé; & vous verriez, enfin, que toutes les femmes qui sont ici, ayant dans cette barque leurs maris, leurs fils, leurs frères, leurs cousins, ou tout ce qu'il vous plaira, ne laissent pas de vivre, de manger, de dormir, d'aller, de venir, de parler, de raisonner, & d'espérer de revoir bientôt l'objet de leur inquiétude. Je me désespère de ce qu'au lieu de faire, comme les autres, vous vous êtes séparée toute seule, tête à tête avec un dragon qui vous mange le cœur, sans nulle distraction, frémissant de tout, ne pouvant soûtenir vos propres pensées, & croyant enfin que tout ce qui est possible arrivera: voilà le plus cruel & le plus insupportable état où l'on puisse être. Ma chère enfant, si c'est chose possible, ayez pitié de vous & de nous;

vous êtes plus exposée que votre enfant ; suivez sur cela les conseils de M. de Grignan, de M. de Carcassonne, & de M. le Chevalier qui vous écrit. Je n'ai point voulu vous parler de l'endroit de la lettre que votre fils vous écrivoit ; il n'étoit pas possible de le lire sans sentir un trait qui perçoit le cœur ; mais il faut que cela passe, & ne pas toujours se creuser là-dessus. Ne soyez point en peine de ce que j'ai écrit à M. de la Garde ; tout ira comme vous le souhaitez : il en augmentera seulement l'estime qu'il a pour vous, en voyant à quel prix vous mettez le plaisir de bien vivre avec votre famille ; ôtez cet endroit de votre esprit. Mademoiselle de Méri est dans votre chambre ; ce n'est pas sans émotion qu'on y entre, & qu'on trouve tout fermé, *une migraine, une plainte.* Hélas ! cette chère Comtesse, comme elle remplissoit tout, comme elle brilloit partout. La Philosophie de Corbinelli est dans cette chambre que vous sçavez, nous le voyons moins qu'à la Place (*royale*). Les nouvelles publiques occupent tout le monde ; le bon
Abbé

Abbé Bigorre y triomphe, il sera ici dans quatre jours. Je vous ai mandé que je mangeois avec M. le Chevalier, & que la liberté régnoit partout ; mais l'usage que nous en faisons, c'est de vouloir être souvent ensemble. Nous pensons si fort les mêmes choses ; nos peines, nos intérêts sont si pareils, que ce seroit une violence de ne se pas voir.

Le frère de Madame de Coulanges est mort, on dit que c'est le Cordelier qui l'a tué ; & moi, je dis que c'est la mort. Je vis hier mes veuves qui vous aiment & vous estiment tellement, que vous pouvez les compter pour être vos véritables amies ; Madame de la Fayette est tout de même. Son fils lui a mandé qu'il avoit été longtemps avec le vôtre, & qu'il avoit été contraint à Metz de le quitter, voilà tout.

Vous êtes toujours trop tendrement regretée & souhaitée dans cette petite chambre : le caffé y marche tous les matins, & c'est si bien ma destinée d'être servie la dernière, que je ne puis pas obtenir de l'être avant le Chevalier. Mais vous n'en trez point, ma très-belle, cela nous fait mourir. *La voyez-vous ? non ; hélas ! ni moi non plus.* (1). On joue trop au naturel ce triste petit conte. Adieu, ma trop aimable, je ne puis être heureuse sans vous.

LETTRE XII.

A LA MÊME.

1688. *A Paris, Mercredi 13 Octobre.*

Nous attendons de vos nouvelles, nous vous suivons pas à pas ; vous devez nous avoir écrit de Châlons, & vous serez demain à Lyon ; si vous ne le sçavez, je vous l'apprends. Je me repose en vous écrivant ; mes lettres de Bretagne sont si fatigantes que je n'y veux plus penser, je me tourne du côté de ma chère fille, & j'y trouve ma joie &

(1) C'est le refrain de plusieurs couplets de chansons de M. de Coulanges. *Voyez ses lettres à Mesdames de Sévigné & de Grignan du 10 & 22 Juin 1695. Recueil de lettres choisies.*

ma tranquillité. Nous avons tout sujet de croire que Philisbourg ne nous tiendra pas encore long-temps dans l'inquiétude où nous sommes. Vous verrez, par les lettres que le Chevalier vous envoie, comme notre Marquis est arrivé en bonne santé, point fatigué ; vous verrez les soins qu'on aura de lui ; & vous apprendrez que Monseigneur a fait le tour de la place, on n'a point tiré ; les tranchées sont si bien faites & si sûres, qu'il y a toute sorte d'apparence que tout ira selon nos desirs. Mon Dieu, que vous dites vrai ! voici un étrange mois d'Octobre, je n'en ai jamais passé un tel ; notre Marquis ne couroit de risque dans les autres, que de manquer un levreau ou un perdreau, toujours par quelque accident ; mais nous ne vivons pas dans celui-ci ; j'ai mes peines, j'ai les vôtres bien vivement. Je connois votre esprit, & votre imagination impitoyable ; ma fille, il n'est pas possible de résister à une si longue souffrance.

On espère que le Prince d'Orange a pris de fausses mesures, & que le Roi d'Angleterre le recevra & le battra fort bien ; il a parlé à ses Milords ; donné liberté aux moins affectionnez, & renouvellé l'attachement des plus fidèles ; a déclaré une parfaite liberté de conscience, & fait commander sa Cavalerie à M. le Comte de Roye ; comme c'est un bon Calviniste, cela contente ses sujets ; enfin, ma très-chère, que vous dirai-je ? Vous ne m'écoutez pas, j'en suis assurée ; vous ne pensez qu'à votre enfant, vous avez raison ; & nous espérons de vous donner dans peu de jours une parfaite joie, en vous apprenant la prise de Philisbourg, & la parfaite santé du Marquis ; cependant, ma très-chère, conservez la vôtre, si c'est chose possible ; ne vous amaigrissez point, ne vous creusez point les yeux & l'esprit ; ayez du courage, je vous en conjure mille fois.

LETTRE XIII.

À LA MÊME.

A Paris, Vendredi 15 Octobre. 1688.

IL y a huit jours que nous n'avons reçu de vos nouvelles ; vous ne sçauriez croire combien ce temps est long à passer. Je viens de chez Madame de la Fayette, qui a reçu une lettre de son fils du onze de ce mois, il mande que notre enfant se porte bien. M. le Chevalier vous dit tout ce qu'il sçait ; il est au désespoir de ne pouvoir encore aller à Fontainebleau, vous en auriez plutôt les nouvelles ; mais il faut souffrir ce qu'il plaît à Dieu. Madame de Lavardin étoit affligée de Jarzé, qui en passant de la tranchée dans le quartier de MONSEIGNEUR, a eu le poignet emporté d'un coup de canon ; on lui a coupé le bras à l'instant au dessous du coude : voilà qui est assez triste pour un homme de son âge. Cependant rien n'est pareil aux précautions de Vauban (*u*) pour conserver tout le monde. M. le Dauphin va le premier à la tranchée. M. le Duc & M. le Prince de Conti font aussi fort bien & trop bien : mais on défend, sur peine de prison, aux volontaires de les suivre, & de quitter les Régimens où ils sont attachez (*x*). Ma fille, tout ira bien, au nom de Dieu conservez-vous, & donnez-vous la même patience que l'on prend ici ; l'excès de l'inquiétude est inutile & dangereux. Nous fumes hier nous promener à Vincennes, M. le Chevalier & moi ; vous pouvez deviner aisément le cours de nos pensées & de nos discours ; je vous écris dans sa chambre, il veut envoyer son paquet. Adieu donc, ma chère Comtesse, je ne m'accoûtume point à votre absence, & je vous aime toujours à ce degré, où je ne crois point que personne puisse atteindre.

(*u*) Sebastien le Prêtre de Vauban, depuis Maréchal de France.

(*x*) Le Marquis de Grignan, qui faisoit sa première campagne en qualité de volontaire, fut attaché, pendant le siége, au Régiment de Champagne, dont M. le Comte de Grignan, son père, avoit été Colonel.

LETTRE XIV.

A LA MÊME.

A Paris, Lundi 18 Octobre. 1688.

Nous avons reçu vos lettres de Châlons, ma chère fille, le lendemain des plaintes que nous avions faites d'avoir été huit jours entiers sans en recevoir; ce temps est long, & le cœur souffre dans cette ignorance; c'est ce qui fait que nous sentons vos peines dans l'éloignement des nouvelles de Philisbourg. Jusqu'ici votre enfant se porte fort bien; il y fait des merveilles; il voit & entend les coups de canon autour de lui sans émotion; il a monté la tranchée; il rend compte du siége à son oncle, comme un vieux Officier; il est aimé de tout le monde; il a souvent l'honneur de manger avec Monseigneur, qui lui parle & lui fait donner le bougeoir. M. de Beauvillier en fait son enfant, & S. Pouanges...... Enfin, vous verrez tout cela en détail dans les lettres que M. le Chevalier vous envoie ; je ne vous dis tout ceci que pour donner du prix à ce que je mande, en vous entretenant de la chose principale, & qui doit vous tenir le plus au cœur ; après cela je reviens à votre voyage. Ah, la vilaine route ! Mon pauvre Comte, vous devez en être bien honteux. Je sçavois bien que cette montagne de la Rochepot étoit un précipice caché derrière une petite haie de rien, & le chemin tout plein de cailloux ; mais enfin ce chemin, qui est maudit, le voilà passé ; nous reviendrons par l'autre, si Dieu le veut bien, comme je l'espère. Il nous paroît que vous vous embarquez aujourd'hui sur le Rhône, après avoir fait votre détour à Thésé (*y*). Le temps est bien horrible ici : le Chevalier est toujours très incommodé de la foiblesse de ses jambes, il n'a plus de douleurs, & c'est ce qui fait sa tristesse ; il a grand besoin de la force de son esprit pour soûtenir un état si contraire à ce qu'il appelle

(*y*) Terre de la Maison de Châteauneuf de Rochebonne.

son devoir ; il ne peut aller à Fontainebleau où il a mille affaires : je suis touchée de le voir comme il est ; cependant il n'y paroît pas, son esprit agit & donne ses ordres par-tout. J'admire que votre santé se puisse conserver au milieu de vos inquiétudes, il y a du miracle ; tâchez de le continuer, ne vous échauffez point à l'excès par de cruelles nuits, par ne point manger : mais est-on maîtresse de son imagination ? je suis affligée que vous soyiez amaigrie, je crains sur cela l'air de Grignan ; j'aime tout en vous, jusqu'à votre beauté qui n'est que le moindre de mes attachemens : vous avez un cœur qu'on ne sçauroit trop aimer, trop adorer ; cependant ayez pitié de votre portrait, ne le rendez point celui d'une autre ; ne nous trompez point, soyez toujours comme nous le voyons ; rafraîchissez-vous à la Garde : pour moi, je m'en vais vous dire hardiment ce que je pense ; c'est que si l'état du Château de Grignan, dont j'ai entendu parler, est tel que vous y soyiez incommodée, & que les coups de pic sur le rocher y fassent l'air mortel de Maintenon (z); voici le parti que je prendrois sans me fâcher, sans gronder personne, sans me plaindre, je prierois M. de la Garde de vouloir bien que je demeurasse chez lui avec Pauline, vos femmes & deux laquais, jusqu'à ce que la place fût nette & habitable : c'est ainsi que j'en userois tout bonnement, sans bruit ; cela empêcheroit d'ailleurs mille visites importunes, qui comprendroient qu'un Château où l'on bâtit, n'est guères propre à les recevoir. Vous voulez que je vous parle de ma santé & de ma vie : j'ai été un peu échauffée ; de mauvaises nuits, beaucoup de douleurs & de larmes, ne sont pas saines, & c'est ce qui m'effraie pour vous; cela s'est passé entiérement avec des bouillons de veau, n'y pensez plus. Ma vie, vous la sçavez ; souvent, souvent dans cette petite chambre de là-bas, où je suis comme destinée ; je tâche pourtant de ne point abuser ni

(z) On sçait que les terres remuées au camp de Maintenon, firent beaucoup de maladies. *Voyez la lettre du 13 Décembre 1684, tome 6, pag. 354.*

incommoder ; il me semble qu'on est bien aise de m'y voir. Nous parlons sans cesse de vous, de votre fils, de vos affaires. Je vais chez Mesdames de la Fayette & de Lavardin, tout cela me parle encore de vous, & vous aime & vous estime. Un autre jour, chez Madame de Mouci ; hier, chez la Marquise d'Huxelles. Il n'y a personne à Paris, on revient le soir, on se couche, on se lève ; ainsi la vie se passe vîte, parce que le temps passe de même. Mademoiselle de Méri se trouve bien de nous, & nous d'elle. Nous avons l'Abbé Bigorre, c'est le plus commode & le plus aimable de tous les hôtes. Corbinelli est en Normandie avec le Lieutenant Civil jusqu'à la Saint Martin. Vous ai-je dit que nous allames nous promener l'autre jour au bois de Vincennes, le Chevalier & moi ? nous causames fort, je me promenai long-temps ; mais tout cela tristement, je n'ai pas besoin de vous dire pourquoi.

Du même jour.

Ma lettre est cachetée, & je reçois

la vôtre *du bateau au-delà de Mâcon*; tout ce que vous dites de votre amitié, est un charme pour moi; si je ne sentois bien de quelle manière je vous aime, je serois honteuse, & quasi persuadée que vous en sçavez plus que moi sur ce chapitre. Vous pouvez vous assurer que je ne quitterai Paris, ni pendant le siége de Philisbourg, ni pendant que le Chevalier sera ici; je me trouve fort naturellement attachée à ces deux choses. Ne craignez point, au reste, que je sois assez sote pour me laisser mourir de faim; on mange son avoine tristement, mais enfin on la mange. Pour votre idée, elle brille encore & règne par-tout; jamais une personne n'a si bien rempli les lieux où elle est; & jamais on n'a si bien profité du bonheur de loger avec vous que j'en ai profité, ce me semble; nos matinées n'étoient-elles pas trop aimables? nous avions été deux heures ensemble, avant que les autres femmes soient éveillées; je n'ai rien à me reprocher là-dessus, ni d'avoir perdu le temps & l'occasion d'être avec vous; j'en étois avare, & jamais je ne suis sortie qu'avec l'envie de revenir, ni jamais revenüe, sans avoir d'avance une joie sensible de vous retrouver, & de passer la soirée avec vous. Je demande pardon à Dieu de tant de foiblesses, c'est pour lui qu'il faudroit être ainsi. Vos moralitez sont très-bonnes & trop vraies.

Madame de Vins a été en peine de son mari, elle en a reçu une lettre; il est en sûreté présentement, *il est au siége de Philisbourg :* il avoit passé par des bois très-périlleux, & l'on n'avoit point de ses nouvelles. Si l'air & le bruit de Grignan vous incommodent, allez à la Garde, je ne changerai point d'avis. Mille amitiez à tous vos Grignans, je suis assurée que M. de la Garde sera du nombre. Comment trouvez-vous Pauline ? qu'elle est heureuse de vous voir, & d'être obligée de vous aimer !

Je comprends mieux que personne du monde les sortes d'attachemens qu'on a pour des choses insensibles, & par conséquent ingrates; mes folies pour Livri en sont de belles marques; vous avez pris ce mal-là de moi.

LETTRE XV.
A LA MÊME.

1688. *A Paris, Mercredi 20 Octobre.*

NOUS avons reçu vos lettres de Théfé; vous nous en faites une aimable peinture: on ne croiroit pas trouver tant de politeſſe & d'ajuſtement ſur le haut d'une montagne; la Maîtreſſe du Château (*a*) toujours noble, jolie, & digne d'être aimée; vous avez bien fait de répondre pour Corbinelli, on ne ſort point de ſes chaînes. Je ſoupçonne qu'avec tous ces beaux dehors la pauvre femme n'eſt pas heureuſe, je la plains, & je hais ce qui en eſt cauſe. Mais parlons de vous, ma chère belle, vous avez paſſé ce diantre de Rhône ſi fier, ſi orgueilleux, ſi turbulent; il faut le marier à la Durance, quand elle eſt en furie; ah, le bon ménage! Nous

(*a*) Therèſe Adhémar de Monteil, Comteſſe de Rochebonne, ſœur de Monſieur de Grignan.

sommes impatiens d'avoir de vos nouvelles de la Garde ; votre jeunesse & votre santé résistent-elles toujours à vos dragons, à vos pensées, à vos cruelles nuits ? c'est cela qui m'inquiéte ; car je sçais que rien n'est plus mortel, & tout cela pour vous être éloignée des nouvelles, pour avoir donné trop d'espace à votre imagination. Si vous étiez ici, vous auriez tous les jours des nouvelles, comme nous ; vous verriez que ce petit compère est tout accoûtumé ; le voilà reçu dans la profession qu'il doit faire : il écrit gaiement, avec un esprit libre ; il a monté deux fois la tranchée, il a porté des fascines ; il se porte très-bien. Le Chevalier en est ravi, & lui a mandé ; » vous n'êtes plus un petit » garçon, vous n'êtes plus mon ne- » veu, vous êtes mon camarade «. Cela le paye de tout ce qu'il fait : voilà le plus fort passé ; on ne croit pas que ce Régiment (*b*) monte la tranchée une troisiéme fois. Quelle joie vous aurez, ma chère Comtesse ! quand nous vous manderons, *Philis-*

(*b*) Le Régiment de Champagne. *Voyez la page* 46.

bourg est pris, votre fils se porte bien. Alors, s'il plaît à Dieu, vous respirerez, & nous aussi ; car il ne faut pas croire qu'on puisse soûtenir en repos l'état où vous êtes. Ce petit Marquis m'adresse ses lettres, & m'écrit joliment en me faisant des excuses de *la liberté*. Enfin, tout va parfaitement bien ; nous attendons de vos nouvelles avec tous les sentimens que donne la très-parfaite amitié. J'embrasse M. de Grignan & les Prélats qui sont auprès de vous, & M. de la Garde que voilà, & Pauline que voici : hé, mon Dieu ! vous êtes donc tous dans ce Château ; comment vous y trouvez-vous ? comment va la truelle ? on entend d'ici Mansard (c) qui appelle le Coadjuteur.

Nous tenons ici le Prince d'Orange démâté ; son eau douce s'est gâtée dans ses Vaisseaux ; des Vaisseaux qu'il envoyoit pour débaucher une partie de la Flotte Angloise, auroient été bien battus, s'ils se fussent approchez : le vent en a égaré & séparé cinq ou six en revenant. Le Roi (d)

(c) Premier Architecte du Roi.
(d) Jacques II, Roi de la Grande-Bretagne.

a tout réuni à lui, en lâchant un peu la bride pour la liberté de conscience; Dieu le protège jusqu'ici. Adieu, ma très-chère & très-aimable, je ne fçais que vous dire de mon amitié, les paroles me manquent, je les trouve trop petites.

LETTRE XVI.

A LA MÊME.

A Paris, Vendredi 22 Octobre. 1688.

JE commence par votre cher enfant; il n'y a rien de fi aifé à comprendre que tous vos fentimens; & penfez-vous que nous ne les ayions pas ? Mais nous avons un bonheur qu'il n'a pas tenu à nous que vous n'euffiez auffi, c'eft que nous avons des nouvelles à tout moment, & vous languiffez huit jours, pendant que nous refpirons. Nous fçavons auffi que M. le Dauphin va fouvent à la tranchée; on mande qu'il fut, l'autre jour, tout couvert de terre d'un coup de canon. Vous jugeriez, comme nous, que ces tranchées sont faites comme pour le fils du Roi ; on porte des fascines, mais c'est la nuit. Le Régiment de Champagne ne se trouvera point à toutes les occasions. Voilà une lettre de M. du Plessis, vous voyez que le Marquis a bien des Gouverneurs autour de lui. Nous le trouverons tout autre, s'il plaît à Dieu ; je me rassure avec le Chevalier, qui est persuadé que ce siége finira bientôt ; & que Vauban étant le maître, & n'étant point pressé, il conservera les hommes encore plus qu'il n'a accoûtumé de faire ; vous sçavez combien il est admirable dans le soin continuel qu'il en prend. MONSEIGNEUR est adoré, il est libéral, il donne à tous les blessez ; il a envoyé trois cent louïs au Marquis de Nesle (e) ; il donne à ceux qui n'ont point d'équipage, il donne aux Soldats ; il mande au Roi du bien de tous les Officiers, & le prie de les récompenser ; il donne beaucoup, dit-il, parce qu'il trouve la misère grande.

(e) Louïs de Mailli, Marquis de Nesle, mort à Spire de la blessure qu'il avoit reçue au siége de Philisbourg.

de Madame de Sévigné. 59

Le Roi fait lire ſes lettres publiquement. M. le Chevalier triomphe, & dit ; *hé bien ! ne vous l'avois-je pas bien dit ? je n'en ſuis pas ſurpris.* Enfin, ma fille, cette première campagne avec MONSEIGNEUR, eſt d'une date bien conſidérable & d'une grande importance. Ah ! je ſuis aſſurée que malgré toutes vos peines vous ne voudriez pas que votre enfant fût auprès de vous. La circonſtance d'avoir autour de lui tous les Officiers du Régiment de ſon oncle, vous doit être d'une grande conſolation ; je parlerois d'ici à demain. Diſons deux mots de votre amitié ; vous m'aimez trop, j'en ſuis honteuſe, non pas que je ne me ſente quelque petit mérite d'un certain côté à votre égard ; mais c'eſt que pendant le ſiége de Philiſbourg il ne faut ſonger qu'à notre enfant ; laiſſez-moi donc là, vous êtes trop vive, vous êtes trop bonne & trop aimable, j'en ſuis comblée ; & s'il y avoit un degré au-delà de ce que je ſens, je ne pourrois pas vous le refuſer : mais, ma chère enfant, *quanto ti poſſo dar, tutto ti dato.* Ecrivez à votre frère, il a fort bien fait, j'ai ſa procuration ; on l'admireroit, si vous ne gâtiez point le métier ; mais vos sentimens sont d'une perfection qui efface tout, il n'y a point un autre cœur comme le vôtre ; ne vous réglez donc pas sur vous, & écrivez-lui joliment après la prise de Philisbourg, sans aucune apparence de n'être pas contente de lui, car je le suis & je dois l'être. Nous sommes toujours dans une grande amitié, le Chevalier & moi ; ne soyez point jalouse, nous nous aimons en vous, & pour vous & par vous. Je ne sçais ce que vous voulez dire de votre humeur, vous n'en avez plus qui ne nous fasse plaisir, & nous ne pouvons finir sur le solide & vrai mérite que Dieu vous a donné ; c'est un grand chapitre pour nos conversations. Il croit toujours aller à Fontainebleau, mais il n'est pas encore trop bien assuré sur ses jambes ; il a pris une médecine dont il est content : je prends des bouillons de veau, qui commencent à m'ennuyer ; je suis dans une très-parfaite santé ; Dieu conserve la vôtre, ma chère bonne ; quoi que vous en disiez, je ne vous croirai que quand vous serez hors de toute inquiétude. Je pense que vous avez trouvé ce pauvre Cardinal de Bouillon bien triste, malgré sa belle solitude ; il doit avoir été fort aise de vous voir, je lui rends mille graces de son souvenir : je ferai demain toutes mes veuves contentes du vôtre. Nous allons dire adieu à Madame de Mouci, qui va faire son voyage ordinaire ; elle me pria, l'autre jour, de vous embrasser pour elle. Madame de Lavardin sera ravie de la complaisance de M. de Rochebonne ; cette affaire lui tenoit au cœur, rien n'est plus raisonnable que de lui laisser le soin de ses petits neveux qu'elle aime. M. de la Garde m'a écrit, comme un homme qui vous honore, & qui est dans tous nos sentimens ; vous devez faire un grand usage de son bon esprit & de son amitié. Nous vivons fort bien avec Mademoiselle de Méri ; fort bien aussi avec l'Abbé Bigorre, que nous ne voyons pas assez. Corbinelli est avec le Lieutenant Civil en Normandie.

Hier un cerf tua le cheval d'un Ecuyer du Roi, dont j'ai oublié le nom, & le blessa considérablement,

Le petit-fils de Saint-Hérem, qui couroit comme un démon à cheval avec le Comte de Toulouse, tomba & fut trois heures sans connoissance, il est mieux.

LETTRE XVII.

A LA MÊME.

1688. *A Paris, Lundi 25 Octobre.*

L'IMPATIENCE que nous avons de recevoir vos lettres, l'attention qui nous les fait envoyer chercher jusques dans le sein de la poste, notre joie d'apprendre que vous vous portez bien malgré toutes vos peines ; tout cela est digne des soins que vous avez de nous donner de vos nouvelles : vous pouvez juger par le besoin que nous en avons, combien nous vous sommes obligez de votre exactitude ; je dis toujours, *nous*, car les sentimens du Chevalier & les miens sont si pareils, que je ne sçaurois les séparer. Mais parlons de Philisbourg ; voilà une lettre de votre enfant du dix-huit, il se portoit fort bien ; vous verrez par tout ce que vous dit M. du Plessis, qu'il ne fera pas de honte à ses parens : mais admirez les arrangemens de la Providence, la pluie l'a empêché d'être le lendemain avec le Régiment de Champagne, de l'action la plus brillante & la plus dangereuse qu'il y ait encore eu ; c'est la prise d'un ouvrage à corne qui fut enlevé le dix-neuf, & où le Marquis d'Harcourt, Maréchal de Camp, le Comte de Guiche, le cadet du Prince de Tingri, le Comte d'Estrées, Courtin, & quelques autres se sont distinguez ; le fils de M. Courtin est mortellement blessé, le Marquis d'Huxelles légérement : le pauvre Bordage a payé pour tous, deux jours devant. Le Roi a donné son Régiment à Monsieur du Maine, & en a promis un autre au fils du Bordage, avec mille écus de pension. Les Princes & les jeunes gens sont au désespoir de n'avoir point été de cette fête ; mais ce n'étoit pas leur jour. Il fallut tenir MONSEIGNEUR (ƒ) à quatre, il

(ƒ) MONSEIGNEUR fut nommé par les Soldats, *Louis le Hardi*, pendant le siége

vouloit être à la tranchée ; Vauban le prit par le corps, & le repoussa avec M. de Beauvillier. Ce Prince est adoré ; il dit du bien de ceux qui le méritent, il demande pour eux des Régimens, des récompenses, il jette l'argent aux blessez & à ceux qui en ont besoin. On ne croit pas que la Place dure long-temps après ce logement. Le Gouverneur malade, & celui qui commandoit en sa place étant pris & mort, on espere que personne ne voudra soutenir une si mauvaise gageure. Le Chevalier me fait rire, il est ravi que le Marquis n'ait point été à cette occasion, & il est au désespoir qu'il ne se soit point distingué ; en un mot, il voudroit qu'il fût tout à l'heure comme lui, & que sa réputation fût déja toute parfaite comme la sienne ; il faut avoir un peu de patience. Espérons, ma chère fille, que tout se passera désormais selon nos desirs, pour revoir notre enfant en bonne santé.

Vous avez été très-bien reçue à la

de Philisbourg. Voyez *la Balade* de la Fontaine, *tome 1 de ses Oeuvres mêlées*, page 231. *Paris* 1729.

Garde ;

de Madame de Sévigné.

Garde ; & enfin, à force de marcher & de vous éloigner, vous êtes à Grignan. Vous nous direz comment vous vous y trouvez ; & comment cette pauvre substance qui pense, & qui pense si vivement, aura pu conserver sa machine si belle & si délicate dans un bon état, pendant qu'elle étoit si agitée : vous en faites une différence que votre père (*Descartes*) n'a point faite. Mais, ma fille, on meurt ici plus qu'à Philisbourg ; le pauvre la Chaise (*g*) qui vous aimoit tant, qui avoit tant d'esprit, qui en avoit tant mis dans *la vie de Saint Louïs*, est mort à la campagne d'une petite fièvre, M. du Bois en est très-affligé. Madame de Longueval ou *le Chanoine* (*h*), est morte ou mort d'un étranglement à la gorge : elle haïssoit bien parfaitement notre Montataire (*i*) ;

(*g*) Jean Filleau de la Chaise, auteur d'une vie de Saint Louïs, fort estimée, & frère de M. de Saint-Martin, auteur de la traduction de Dom Quichotte.

(*h*) On connoissoit dans le monde Madame de Longueval, Chanoinesse de Remiremont, sous le nom du *Chanoine* ; elle étoit sœur de la Maréchale d'Estrées.

(*i*) Marie de Rabutin, Marquise de Monje suis toujours fâchée qu'on emporte de tels paquets en l'autre monde ; voyez comme la mort va prenant partout ceux qu'il plaît à Dieu d'enlever de celui-ci.

Madame de Lavardin me fit hier cent amitiez pour vous, ainsi que Madame d'Huxelles & Madame de Mouci, & Mademoiselle de la Rochefoucauld que nous avons reçue dans le corps des veuves ; j'y mets aussi Madame de la Fayette, mais comme elle n'étoit pas hier chez Madame de Mouci, je la sépare : rien ne se peut comparer à l'estime parfaite de toutes ces personnes pour vous. Adieu, aimable & chère enfant ; je parle souvent de vous avec plaisir, parce que c'est quasi toujours votre éloge. Nous sommes suspendus dans l'attention de Phillsbourg & de vos nouvelles, voilà les deux points de nos discours.

tataire, avoit eu de grands procès avec Madame de Longueval.

LETTRE XVIII.

A LA MÊME.

A Paris, Mardi 26 Octobre. 1688.

OH quelle lettre, mon enfant! elle mérite bien que je sois revenue tout exprès pour la recevoir. Vous voilà donc à Grignan en bonne santé; & quoique ce soit à cent mille lieues de moi, il faut que je m'en réjouïsse, telle est notre destinée; peut-être que Dieu permettra que je vous retrouve bientôt, laissez-moi vivre dans cette espérance. Vous me faites un joli portrait de Pauline, je la reconnois, elle n'est point changée, comme disoit M. de Grignan: voilà une fort aimable petite personne, & qu'il est fort aisé d'aimer. Elle vous adore; & au milieu de la joie de vous voir, sa soumission à vos volontez, si vous décidez qu'elle vous quitte, me fait une pitié & une peine extrême; j'admire le pouvoir qu'elle a sur elle. Pour moi, je jouïrois de cette jolie petite société, qui vous doit faire un amusement & une occupation ; je la ferois travailler, lire de bonnes choses, & point trop simples ; je raisonnerois avec elle, je verrois de quoi elle est capable, & lui parlerois avec amitié, avec confiance ; jamais vous ne serez embarrassée de cette enfant ; au contraire, elle pourra vous être utile. Enfin, j'en jouïrois, & ne me ferois point le martyre de m'ôter cette consolation.

J'aime fort que le Chevalier vous dise du bien de moi ; mon amour propre est flaté de ne lui pas déplaire ; s'il aime ma société, je ne cesse de me louer de la sienne ; c'est un goût bien juste & bien naturel que de souhaiter son estime. Je ne sçais comment vous pouvez dire que votre humeur est un nuage qui cache l'amitié que vous avez pour moi ; si cela étoit dans les temps passez, vous avez bien levé ce voile depuis plusieurs années, & vous ne me cachez rien de la plus tendre & de la plus parfaite amitié qui fut jamais. Dieu vous en récompensera par celle de vos enfans, qui vous aimeront, non pas de la même

de Madame de Sévigné. 69

manière, ils n'en feront peut-être pas capables ; mais au moins, de tout leur pouvoir, & il faut s'en contenter. Vous me repréfentez le bâtiment de M. de Carcaffonne, comme un vrai corps fans ame, manquant d'efprits, & fur-tout du nerf de la guerre. Je penfe que le Coadjuteur n'en manque pas moins ; eh, mon Dieu ! que veulent-ils faire ? mais je ne veux pas en dire davantage ; il feroit à propos feulement que cela finît, & qu'on vous ôtât le bruit & l'embarras dont vous êtes incommodée.

Le pauvre Jarzé eft mort de fa bleffure, à ce qu'on dit. Le fiége de Philifbourg fera bientôt fini, & vous ferez ravie que votre fils y ait été ; c'eft comme ce voyage de Candie. La Marquife d'Huxelles eft affez infenfible à la joie d'une légère bleffure que fon fils (*k*) a reçue ; ils ne font ni parens ni amis ; nous ne fommes pas affez heureufes ou affez malheureufes pour être de même. Cette Marquife (*l*) a des foins de M. de la Garde,

(*k*) Nicolas du Blé, Marquis d'Huxelles, depuis Maréchal de France en 1703.

(*l*) On a déja obfervé que Madame d'Hu-

dont vous vous fentirez ; elle a les lettres qu'on écrit à l'Ambaſſadeur de Veniſe, & qui font admirables. Il a fait un temps horrible ces jours paſſez ; mais comme il dérangeoit un peu les deſſeins du Prince d'Orange, tout le monde en étoit ravi. Je ne crois pas que le Chevalier faſſe le voyage de Fontainebleau. Pour moi, ſi je fais un tour à Brevanes afin de marcher un peu, ce ne ſera qu'après le ſiége de Philiſbourg, qui eſt plus long qu'on n'avoit penſé, & qui m'occupe fort. Nous fumes encore nous promener, l'autre jour, à Vincennes ; cette ſolitude eſt aimable, car il n'y a qui que ce ſoit au monde. Jettez mes amitiez, mes complimens, mes embraſſades, comme vous le jugerez à propos, je ne ſçais qui eſt avec vous ; mais n'oubliez pas ma chère Pauline, préparez-la à m'aimer ; je vous conjure tout à l'heure de la baiſer pour l'amour de moi, je veux qu'elle m'ait cette obligation. Je ne ſçaurois du tout m'accoûtumer à ne plus trouver là-bas ma très-aimable Comteſſe.

xelles étoit dans un commerce réglé de nouvelles avec M. de la Garde.

LETTRE XIX.
A LA MÊME.

A Paris, Vendredi 29 Octobre. 1688.

* Nous attendons ce soir de vos nouvelles, & nous trouvons que nous sommes, vous & nous, tous les jours de la semaine, occupez à nous écrire; nous nous reposons seulement le jour du Seigneur. Toutes nos conversations sont de vous, & vous ne pouvez jamais être mieux louée, que par ceux qui vous ont vue d'aussi près que nous, dans toutes les choses importantes que vous avez faites pour votre famille; sur-tout, le procès nous enchante; mais votre modestie arrête ma plume; pour nous dédommager, il faut dire, comme Voiture à M. le Prince; si vous sçaviez avec combien peu de respect & de crainte de vous déplaire, nous vous admirons ici à bride abattue, vous verriez que nous ne vous aimons pas en aveugles; en sorte que vous

ne perdez rien avec nous de toutes les bonnes qualitez que Dieu vous a données. Nous vous prions de les inspirer à votre fille, vous ne sçauriez rien faire de plus utile pour elle : parlez-lui de ce qui lui convient, comme je vous ai ouï souvent parler à votre fils. Il est certain qu'elle en profitera à vue d'œil ; on juge par ses réponses qu'elle a beaucoup d'esprit & de vivacité ; joignez à cela beaucoup d'envie de vous plaire, & vous ferez une merveille de cette petite cire molle ; vous la tournerez, comme vous voudrez, & cela vous fera un grand amusement, & une occupation digne de vous, & selon Dieu & selon le monde.

Il nous semble que si M. de Grignan doit faire quelque séjour à Avignon, vous ne feriez pas mal d'y aller avec lui, pour éviter les visites de votre arrivée, & pour ne point faire une double dépense : mais vous sçavez comme les conseils de loin sont téméraires ; ainsi, ma très-chère, tout ce que vous ferez, sera assurément le mieux. M. le Chevalier a un peu mal à la main droite, il ne vous écrira pas long-temps, je m'offre d'être son secrétaire. Voilà

Voilà des lettres de votre enfant du 22 Octobre, vous devez beaucoup espérer du soin qu'on a de vous le conserver. Vous voyez comme la fanfaronade de ces deux volontaires a été punie, il vaut mieux être sage. Ecrivez à M. Courtin, son fils est mort, & par les nôtres qui lui ont donné les coups mortels, le croyant, la nuit, un des ennemis. Adieu, ma très-chère & trop aimable, j'étois hier chez Madame de la Fayette, Madame la Princesse y vint : on avoit conté auparavant qu'un Courtisan avoit dit au Roi ; » Sire, vous pre- » nez des loups, comme MONSEI- » GNEUR ; & il prend des Villes, » comme Votre Majesté «. Quand nous n'aurons plus Philisbourg sur les épaules, nous vous dirons des bagatelles ; mais jamais je ne vous pourrai dire à quel point vous m'êtes chère. J'embrasse tous mes chers Grignans. Je trouve Pauline bien avancée d'avoir lu les Métamorphoses, on ne revient point de là à *la Guide des Pécheurs* : donnez, donnez-lui hardiment *les Essais de morale*.

* LETTRE XX.
A LA MÊME.

1688. *A Paris, le jour de la Toussaint.*

IL y a long-temps que je n'ai passé cette Fête à Paris, j'y suis tout étonnée. Nous aurons ce soir une agréable musique de cloches, Corbinelli en seroit ravi ; moi, je les souffrirai, parce que je ne suis pas dans ma gaieté ordinaire. Nous sommes si empêchez à prendre Philisbourg, que je ne voudrois pas m'éloigner un moment des nouvelles ; c'est ce qui fait, ma chère enfant, que je vous plains à l'excès d'être si long-temps à la merci de votre imagination, qui est la plus cruelle & la plus dévorante compagnie que vous puissiez avoir. M. de Vauban a mandé au Roi de songer à un Gouverneur pour cette belle conquête. On vouloit croire que la Place (*m*) seroit à nous aujourd'hui, &

(*m*) Philisbourg s'étoit rendu dès le 29 Octobre. La Garnison en sortit le premier Novembre.

pour surprendre, & pour faire honneur au jour de la naissance de M. le Dauphin (*n*). Voilà des lettres de votre enfant, il revient de descendre la tranchée ; MONSEIGNEUR y est tous les jours : le Marquis est gaillard, il écrit joliment à *Martillac* ; j'ai envie qu'elle soit auprès de vous. Je plains infiniment le Chevalier, la goutte le chicane, tantôt à une main, tantôt à l'autre ; & souvent des douleurs, & d'assez méchantes nuits : je voudrois bien pouvoir adoucir ses maux, mais il est accoûtumé à vos soins, qui sont consolans, & si précieux qu'on ne fait, en vérité, qu'une pauvre représentation. Nous mangeons ensemble dans cette petite chambre ; je suis destinée pour cette pauvre cellule ; le caffé est tout-à-fait disgracié, le Chevalier croit qu'il l'échauffe, & qu'il met son sang en mouvement ; & moi, en même temps, bête de compagnie, comme vous me connoissez, je n'en prends plus ; le riz prend la place : je me garde le caffé pour cet hiver. Vous ne me parlez point de votre santé ; ah ! que je crains vos nuits, & la sur-

(*n*) Né le premier Novembre 1661.

prise de l'air de Grignan ! que cette bise qui vous a tant fait avaler de poudre, a été désobligeante & incivile ! ce n'étoit pas ainsi qu'il falloit vous recevoir. Je vous avoue que je tremble pour votre santé ; la mienne est tout-à-fait remise, je dors mieux, ma langue n'est plus une méchante langue, elle est toute rendue à son naturel. Il y a des temps & des jours & des nuits difficiles à passer ; & puis, sans pouvoir jamais être consolée ni récompensée de ce qu'on a perdu, on se retrouve enfin dans son premier état par la bonté du tempérament : c'est ce que je sens présentement, comme si j'étois une jeune personne. J'ai, en perspective, de vous aller voir, & cette pensée me fait subsister. Je comprends que vous êtes tout en l'air par le dérangement de votre Assemblée ; vous serez donc, comme je le souhaitois, hors de l'air de Grignan : je vous proposois sans chagrin d'aller à la Garde pour éviter cette respiration de pierre de taille en l'air, qui fait mourir tout le monde à Maintenon (*o*). Je suis persuadée que vous

(*o*) Voyez la lettre du 13 Décembre 1684, tome 6, page 354.

êtes aimée dans votre famille ; hé, bon Dieu ! comment pourroient-ils ne vous pas aimer ? quand ils feront réfléxion à ce que vous êtes pour leur maison, à la manière dont vous vous y êtes transmise, & livrée & abysmée, & à tout ce que vous y avez fait de considérable : j'en prends à témoin M. de la Garde ; joignez à cela qu'ils sont fort honnêtes gens, & que si l'on a quelquefois des humeurs & des chagrins, il faut que le moment d'après ils avouent que par votre conduite & vos actions vous avez acquis un droit sur tout ce nom. Je vois que le bâtiment du Coadjuteur ira bien, il a du courage ; mais celui du Carcaffonne vous tourmentera tout l'été, c'est une chose cruelle. Voici un abord un peu violent, c'est un bon jour, & des complimens sur Avignon, il faut que cela passe. C'est un bonheur, au moins, de ne point voir de visages nouveaux.

L'Abbé Bigorre est vraiment le meilleur ami & le plus aimable hôte qu'on puisse souhaiter ; le Chevalier s'en accommode fort bien. Mademoiselle de Méri trouve ici de la société ;

mais sa chambre (p) nous fait mourir. Que faites-vous de Pauline ? pourquoi ne la méneriez-vous pas avec vous ? je l'ai dépeinte à Madame de la Fayette, elle ne croit pas que vous puissiez ne vous y point attacher ; elle vous conseille d'observer la pente de son esprit, & de la conduire selon vos lumières ; elle approuve extrêmement que vous causiez souvent avec elle, qu'elle travaille, qu'elle life, qu'elle vous écoute, & qu'elle exerce son esprit & sa mémoire.

Madame de Lavardin est bien aise que ce pauvre Jarzé soit hors de danger ; sa mère & sa femme sont ici, à demi consolées de ce qu'il ne vivra plus que dans son Château avec elles, & avec ses amis en Province & à Paris. Je ne crois pas qu'on fasse aucun siége après Philisbourg : en vérité, c'est assez, comme vous dites, avant dix-sept ans (q). Sanzei est à la guerre tout comme les autres. Adieu, ma

(p) Mademoiselle de Méri étoit venue occuper la chambre de Madame de Grignan.
(q) Le Marquis de Grignan étoit né en Novembre 1671.

très-aimable ; ah ! ne croyez pas que nous puissions cesser de vous regreter, ni jamais nous accoûtumer à ne vous voir plus briller dans cette maison.

LETTRE XXI.

A LA MÊME.

A Paris, le jour de la Toussaint à neuf heures du soir. 1688.

PHILISBOURG *est pris, votre fils se porte bien.* Je n'ai qu'à tourner cette phrase de tous côtez, car je ne veux point changer de discours. Vous apprendrez donc par ce billet que *votre enfant se porte bien, & que Philisbourg est pris.* Un courier vient d'arriver chez M. de Villacerf, qui dit que celui de MONSEIGNEUR est arrivé à Fontainebleau pendant que le Père Gaillard prêchoit ; on l'a interrompu, & on a remercié Dieu dans le moment d'un si heureux succès & d'une si belle conquête. On ne sçait point de détail, sinon qu'il n'y a point eu d'assaut, & que Monsieur du Plessis disoit vrai, quand il assuroit que le Gouverneur faisoit faire des chariots pour porter son équipage. Respirez donc, ma chère enfant, remerciez Dieu premierement ; il n'est point question d'un autre siége, jouissez du plaisir que votre fils ait vu celui de Philisbourg ; c'est une date admirable, c'est la première campagne de M. le Dauphin ; ne seriez-vous pas au désespoir qu'il fût seul de son âge, qui n'eût point été à cette occasion, & que tous les autres fissent les entendus ? Ah ! ne parlons point de cela, tout est à souhait. C'est vous, mon cher Comte, qu'il en faut remercier : je me réjouis de la joie que vous devez avoir. J'en fais mon compliment à notre Coadjuteur : voilà une grande peine dont vous êtes tous soulagez. Dormez donc, ma très-belle, mais dormez sur notre parole : si vous êtes avide de désespoirs, comme nous le disions autrefois, cherchez-en d'autres ; car Dieu vous a conservé votre cher enfant, nous en sommes transportez, & je vous embrasse dans cette joie avec une tendreſſe, dont je crois que vous ne doutez pas.

LETTRE XXII.

A LA MÊME.

A Paris, Mercredi 3 Novembre. 1688.

VOTRE cœur doit être bien à ſon aiſe; vous ne recevrez plus de lettres, qui ne vous aſſurent de la ſanté de votre cher enfant. Laiſſez-vous aller un peu à la douceur de n'être plus dans les tranſes & les juſtes frayeurs d'un péril qui eſt paſſé. Songez au plaiſir qu'aura votre fils de bien faire ſa cour, & d'avoir été à la première occaſion, où MONSEIGNEUR a commencé le perſonnage de Conquérant : vous voyez mieux que moi tous les agrémens de cette date. Il faut eſpérer que M. le Chevalier ſera en état d'aller à la Cour ; c'eſt un de vos malheurs que le dérangement de ſa ſanté. Cette ſouris de douleur qui lui court à une main, puis à l'autre, eſt aujourd'hui ſur le genou, & l'a empêché d'aller dîner chez Dangeau, comme il le croyoit hier; cela est pitoyable, mais comme il n'y a rien de violent, s'il peut enfin aller à Versailles, c'est de lui, ma très-chère, que vous recevrez les bons & véritables services, soutenu de la présence du Marquis, qui est un petit homme considérable, & qui a fait son devoir aussi-bien que pas un dans cette campagne. Il est froid, il est hardi, il est appliqué; il s'amusa l'autre jour à pointer deux pièces de canon, comme s'il eût tiré au blanc à Livri. A propos de Livri, pour vous faire voir qu'on est blessé par-tout, M. de Méli tira, il y a quelques jours, comme il a accoûtumé, dans notre forêt; son fusil lui creva dans la main, & la lui maltraita de manière, qu'il a fallu lui couper le bras fort près du coude, tout comme à Jarzé: il est ici près, chez Madame Sanguin; j'ai cru qu'en faveur de Livri, il falloit vous conter cette histoire. Celle du Père Gaillard est plus agréable, il prêchoit le jour de la Toussaint; M. de Louvois vint apprendre que Philisbourg étoit pris;

le Roi fit signe, le Père Gaillard se tut, & après avoir dit tout haut la nouvelle, le Roi se jetta à genoux pour remercier Dieu ; & puis le Prédicateur reprit son discours avec tant de prospérité, que mêlant sur la fin Philisbourg, Monseigneur, le bonheur du Roi, & les graces de Dieu sur sa personne & sur tous ses desseins, il fit de tout cela une si bonne sauſſe, que tout le monde pleuroit ; le Roi & la Cour l'ont loué & admiré ; il a reçu mille complimens, enfin l'humilité d'un Jésuite a dû être pleinement contente. Je goûte fort la réponse de M. de Vendôme pour M. d'Aix (r) ; puisque ce Gouverneur le veut bien, celui qui tient sa place le doit vouloir auſſi. Madame de la Fayette me disoit encore avant-hier qu'elle fut charmée de la manière noble & indifférente dont M. de Grignan traita ce chapitre chez elle ; vous voyez qu'il prenoit le bon parti, & que même il donna l'affaire à démêler à M. d'Aix lui-même ; cette manière fort adroite fait qu'il ne doit

(r) Daniel de Cosnac, Archevêque d'Aix.

pas préfentement avoir l'ombre d'un chagrin. Vous me direz un peu des nouvelles de votre Affemblée. Vos Suzes me verront ici, ils aiment, comme vous, Madame de Lavardin. Le Comte de Gramont veut à toute force M. de Gordes; M. de Langres (s) fait fur cela un fort bon perfonnage, il leur a livré fon neveu; » tenez, Monfieur, le voilà; faites-le » affez fage, pour comprendre qu'il » fera trop heureux d'époufer Mademoifelle votre fille; je ne demande » pas mieux, j'aime mon nom & ma » maifon, travaillez «. Sur cela, le Comte & fa femme vont caufer avec ce garçon, qui eft à Chaillot dans nne petite maifon de M. de Vivonne; ils caufent avec lui, mais ce garçon a fouverainement deux chofes, une grande *défiance*, & une grande *incertitude*, de forte qu'il fe jette à l'écart à tout moment: ils continuent pourtant leur entreprife; mais ils n'en viendront à bout, que le jour qu'ils auront trouvé l'invention de lier le vent & de fixer le mercure. Il n'eft

(s) Louïs-Marie-Armand de Simiane de Gordes, Evêque de Langres.

pas si difficile d'arrêter la pauvre Madame de S... ah! que je la plains à l'âge qu'elle a, avec dix enfans, d'être encore tourmentée des passions! c'est sa destinée. Adieu, ma très-chère bonne; voilà bien de la conversation, car c'est ainsi qu'on peut appeller nos lettres; si celle-ci vous ennuie, j'en suis fâchée; car je l'ai écrite de bon cœur, & *currente calamo*.

LETTRE XXIII.

A LA MÊME.

A Paris, Vendredi 5 Novembre. 1688.

JE pris hier une petite médecine à la mode de mes Capucins; c'étoit pour purger ma santé, elle ne fit aussi que balayer grossiérement, c'est leur fantaisie, je m'en porte en perfection. J'ai été un peu fâchée de ne vous point voir prendre possession de cette chambre dès le matin, me questionner, m'épiloguer, m'examiner, me gouverner, & me secourir à la moindre apparence de vapeur. Ah, ma chère enfant! que tout cela est doux & aimable! que j'ai soupiré tristement de ne plus recevoir ces marques si naturelles de votre amitié! & ce caffé que vous prenez, & cette toilette qui arrive; & votre compagnie du matin, qui vous cherche & qui vous suit, & contre laquelle mon rideau me sert de cloison. En vérité, ma fille, on perd infiniment quand on vous perd: jamais personne n'a jetté des charmes dans l'amitié, comme vous faites; je vous le dis toujours, vous gâtez le métier, tout est plat, tout est insipide, quand on en a goûté. M. de la Garde m'en avoit parlé autrefois de cette manière, & j'avois cru, dans quelques occasions, que vous me cachiez cruellement tous ces tréfors: mais vous me les avez découverts, je connois votre cœur, tout parfait, tout plein de tendresse & d'amitié pour moi: c'est un bonheur dont vous voulez me consoler dans la fin de ma vie, & qui n'est traversé que par votre absence; mais, ma belle, ce fonds ne se dissipe point, & l'absence finira.

 M. le Chevalier m'étoit venu voir;

il s'en retourna avec cette douleur qui trote justement sur le pied ; c'est un grand chagrin pour lui, & un grand malheur pour vous : à quoi ne vous seroit-il point bon à Versailles, & pour votre fils & pour vos affaires ? Il ne faut point s'arrêter sur cet endroit, Dieu le veut ; sans cette pensée, que feroit-on ? Mademoiselle de Méri voulut venir me garder, il lui prit une vapeur si terrible, qu'elle fut contrainte de s'enfuir. Voilà comme notre pauvre Hôtel est quelquefois un Hôpital. L'Abbé Bigorre est, en vérité, la consolation de tous les appartemens : j'ai voulu vous dire tout ceci, en attendant vos lettres.

A cinq heures du soir.

Il fait un temps épouvantable. Vos lettres ne sont pas venues. Je suis dans la chambre du Chevalier, je le garde, moi indigne ; il est au lit, il vous écrira pourtant, car son mal est au genou ; il croit à tout moment en être quitte. Nous causions tantôt de votre fils, nous l'attendrons ici. Il ne lui paroît pas que le Marquis doive aller en Provence, ce seroit une dépense assez inutile ; il vaut mieux qu'il profite, cet hiver, de sa belle campagne. Nous trouvions aussi que M. du Plessis, avec mille bonnes qualitez, va être un peu pesant sur vos coffres, & inutile au Marquis ; car il n'est guères question de Gouverneur à la Cour, & encore moins à l'Armée. C'est demain, ma chère enfant, que votre cœur sera épanoui, & que vous apprendrez que *Philisbourg est pris, & que votre fils se porte bien.* On ne doute point ici que Manheim ne se soit rendu sans se faire prier. Dormez donc en repos, & commencez le plutôt que vous pourrez, à mettre en usage toutes vos bonnes intentions.

On dit que le Prince d'Orange est embarqué, & qu'on a entendu tirer plusieurs coups de canon : mais il y a si long-temps qu'on dit la même chose, que je ne vous le donne pas encore pour assuré. Adieu, ma très-chère & très-aimable, plus on voit les sentimens de certaines gens, plus on est charmé des vôtres : je ne parle pas de Bretagne, j'en suis contente ; mais je vous conterai quelque jour une

une bagatelle d'ingratitude, que j'ai contée au Chevalier, & à laquelle je ne serai plus sensible, puisque je l'ai dite. Madame de Castries sort d'ici, elle vous fait cent mille complimens sur l'heureux succès de Philisbourg.

LETTRE XXIV.

A LA MÊME.

A Paris, Lundi 8 Novembre. 1688.

C'EST aujourd'hui que vous partez, ma chère Comtesse, nous vous suivons pas à pas. Voilà un fort beau temps, la Durance ne doit pas être si terrible qu'elle l'est quelquefois. Il est vrai que c'est comme par dépit que vous vous éloignez toujours de nous ; à la fin, vous vous trouverez sur le bord de la mer : Dieu veut qu'il y ait dans la vie des temps difficiles à passer ; il faut tâcher de réparer, par la soumission à ses volontez, la sensibilité trop grande que l'on a pour ce qui n'est point lui. On ne sçauroit être plus coupable que je le suis à cet égard.

M. le Chevalier est bien mieux ; ce qui est cruel, c'est que le temps qui lui est bon, est justement celui qui peut déthrôner le Roi d'Angleterre ; & ces jours passez, il crioit & souffroit beaucoup, quand le vent & la tempête dissipoient la Flotte du Prince d'Orange ; il se trouve malheureux de ne pouvoir accorder l'intérêt de sa santé avec le bien de l'Europe ; car la joie est universelle de la déroute de ce Prince, dont la femme (t) est une Tullie (u) ; ah, qu'elle passeroit bravement sur le corps de son père ! Elle a donné procuration à son mari, pour prendre possession du Royaume d'Angleterre, dont elle dit qu'elle est héritière ; & si son mari est tué, car son imagination n'est point

_____

(t) Marie Stuart, fille de Jacques II, Roi d'Angleterre, & femme de Guillaume-Henri de Nassau, Prince d'Orange, depuis Roi d'Angleterre sous le nom de Guillaume III.

(u) Tullie, fille de Servius Tullius, Roi des Romains, & femme de Tarquin, fit passer son chariot sur le corps tout sanglant de son père, qui venoit d'être assassiné.

délicate, c'est M. de Schomberg (*x*) qu'elle charge d'en prendre possession pour elle. Que dites-vous de ce Héros qui gâte si cruellement la fin d'une si belle vie ? Il a vu couler à fond devant lui l'Amiral qu'il devoit monter ; & comme le Prince & lui, alloient les derniers, suivant la Flotte qui étoit à la voile par un temps admirable, quand ils virent tout d'un coup la tempête effroyable, ils retournerent au Port, le Prince avec son asthme & fort incommodé, & M. de Schomberg avec bien du chagrin. Il n'est rentré avec eux que vingt-six Vaisseaux, tout le reste est dissipé vers la Norwège, vers Boulogne ; M. d'Aumont a envoyé un courier au Roi, lui dire qu'on avoit vu des Vaisseaux à la merci des vents, & quelques marques de débris & de naufrage. Il y a eu une Flûte périe

(*x*) Frédéric-Armand Comte de Schomberg, Maréchal de France, eut permission de se retirer du service du Roi en 1685. Ce fut à cause de la Religion Protestante dont il faisoit profession. Il fut Ministre d'Etat & Généralissime des Armées de l'Electeur de Brandebourg, & passa en Angleterre en 1688 avec le Prince d'Orange.

devant les yeux du Prince d'Orange, sur laquelle étoient neuf cens hommes. Enfin, la main de Dieu s'est visiblement appésantie sur cette Flotte; il en pourra revenir beaucoup, mais de long-temps ils ne seront en état de faire du mal ; & il est certain que la déroute a été grande, & dans le moment qu'on l'espéroit le moins ; cela a toujours l'air d'un miracle, & d'un coup de la Providence. Je ne devrois point vous parler de cette grande nouvelle, les Gazettes en sont pleines ; mais comme nous le sommes aussi, & qu'on ne parle d'autre chose, cela se trouve naturellement au bout de la plume. Voulez-vous encore un petit mot des blessures qui arrivent ailleurs qu'au siége de Philisbourg ? c'est du Chevalier de Longueville, la Ville étoit prise, MONSEIGNEUR venoit voir passer la Garnison, ce petit Chevalier monta sur le revers de la tranchée pour regarder je ne sçais quoi ; un Soldat croyant tirer une bécassine, tire ce petit garçon, qui en meurt le lendemain : voilà une mort aussi bizarre que sa naissance (*y*).

(*y*) Charles-Louis d'Orléans, fils naturel

de Madame de Sévigné. 93

Je vous ai mandé que Méli, Capitaine de Livri, ayant voulu tirer un fusil chargé depuis long-temps, le fusil lui creva dans la main ; & qu'on a été obligé de lui couper le bras, comme à Jarzé ; il en est mort, enfin, ici près chez Madame Sanguin. Voilà une nouvelle pour le Marquis, malgré le peu d'intérêt qu'il prend aujourd'hui à notre pauvre Livri : j'avoue que tous les souvenirs que vous en conservez, flatent l'attachement que j'ai eu pour cet aimable séjour, & le regret que j'ai de ne l'avoir plus. M. de la Bazinière est mort de la gangrène à la jambe, mais comme un Mars ; il a bientôt suivi sa fille (z), dont il se plaignoit encore depuis qu'elle fut morte.

Je souhaite fort d'apprendre comment vous vous trouvez de vous être encore éloignée de moi. Vous ne devez pas regreter Grignan dans l'état où vous l'avez laissé : j'ai foi à l'envie qu'a le Coadjuteur d'achever son bâ-

de Charles-Paris d'Orléans, Duc de Longueville, tué au passage du Rhin en 1672.
(z) Femme de Jean-Jacques de Mesmes, Président à Mortier au Parlement de Paris.

timent, mais j'en ai encore plus à la longueur infinie de celui de M. de Carcaſſonne ; vous ſouffrez tout cela avec une patience admirable, on parleroit un an ſur ce chapitre. J'ai écrit à M. de la Garde pour le bien remercier de la tendre & ſolide amitié qu'il a pour vous ; je ne crains pas qu'il change ; on ne ſort point de vos mains, ni de celles de Pauline, pour laquelle il me paroît avoir une véritable inclination. Ne ſoyez point en peine de ma ſanté, elle eſt très-bonne ; ne me plaignez que de n'avoir point ma chère fille, qui me fait une ſi aimable & ſi charmante occupation, & ſans laquelle ma vie eſt toute creuſe. Faites un compliment pour moi à M. d'Aix, afin de voir comme il ſe ſouviendra de moi. Je crois que M. de Vendôme ayant réglé l'affaire, vous ne devez plus rien diſputer ; il faut vivre en paix, & jouir de ſa bonne & vive converſation : toute autre conduite eſt pour le divertiſſement des Provençaux, & ne vous eſt bonne ni à la Cour ni dans la Province. Madame de la Fayette trouve que M. de Grignan faiſoit fort bien de traiter cette affaire avec la noble indifférence, qui lui parut chez elle (a); cela fait qu'il n'a rien perdu. Elle le conjure, & M. d'Aix, & vous, ma belle, de vivre en ce pays-là, en gens de la Cour, qui se sont vus, & qui se reverront à Versailles. Bien des amitiez à ce cher Comte, & à notre Coadjuteur; & si vous voulez embrasser Pauline pour moi, vous lui ferez un grand plaisir; car je suis assurée qu'elle vous adore, c'est la manière de vous aimer.

LETTRE XXV.

A LA MÊME.

A Paris, Mercredi 10 Novembre. 1688.

LEs souvenirs que vous avez de notre petite Abbaye (*de Livri*) me vont droit au cœur; il me semble que la tendresse que vous avez pour ce lieu, est une branche de l'amitié que vous avez pour moi. Il est vrai que

(a) Voyez la lettre du 3 Novembre, page 83.

le Chevalier nous fit un grand affront pour la dernière fois : malgré tout ce qu'il avoit signé sur ce joli séjour, il n'y avoit entre eux qu'une apparence d'honnêteté ; car dans le fond, il ne l'aimoit point, & le serein de son côté ne le ménageoit guères ; ainsi nous avions toujours ce sujet de le quereller ; mais hélas, ma très-chère ! cela n'est que trop fini pour jamais.

Je crois que la santé du Chevalier lui permettra d'aller à Versailles ; ce sera un grand bonheur pour vous, & pour votre enfant qui doit bientôt y revenir. Dormez donc, ma fille, & ne vous inquiétez plus ; tout est à souhait & pour la sûreté & pour la réputation naissante du Marquis. Le Chevalier vous aura fait part de tout le bien que M. de Montégut (*b*) lui en mande. Voilà ce que vous desiriez, il est, avant dix-sept ans, un vieux Mousquetaire, un volontaire qui a vu un fort beau siége, & un Capitaine de Chevaux-Légers : mais je trouve plaisant que c'est vous qui avez fait cette Compagnie ; sans vous, elle

(*b*) Capitaine de Cavalerie dans le Régiment de M. le Chevalier de Grignan.

eût été épouvantable ; vous êtes donc bonne à toute sorte de choses, vous ne vous renfermez pas dans la parfaite capacité d'un procès.

Le pauvre Saint-Aubin est dans un dessèchement qui le menace d'une fin prochaine ; je fus hier chez lui, une partie du jour, avec Mademoiselle de Grignan ; & je m'en vais, après dîner, à Brévanes faire la Saint Martin ; il fait le plus beau temps du monde : Madame de Coulanges m'y souhaite, il y a six semaines, mais j'avois Philisbourg à prendre ; j'y serai présentement quelques jours, j'y recevrai vos lettres, & vous écrirai : je marcherai un peu, c'est en faisant de l'exercice que je reposerai mon corps & mon esprit, de tout ce que j'ai souffert & pour vous & pour votre enfant. Je me porte parfaitement bien, je me suis purgée, & le lendemain je donnai encore une dernière façon pour vous plaire : je voudrois être assurée que vous fussiez aussi-bien que moi, & que l'air de Provence ne vous dévorât point ; mandez-moi sincérement votre état, & si avec tant d'inquiétudes & de mauvaises nuits vous n'êtes pas fort emmaigrie. Madame de la Fayette vous prie d'aimer Pauline ; elle voit fort bien, dit-elle, que cette enfant est jolie, & veut, comme Madame de Lavardin, que vous ne refusiez point un bon parti ; elles vous embrassent toutes deux. Le Marquis de Jarzé se porte bien ; je le condamne à quitter la guerre, & à vivre doucement chez lui : qu'est-ce qu'un homme avec un bras gauche, qui tient la bride du cheval, sans rien de l'autre côté pour se défendre ? Je ne réponds point à tout ce que vous dites sur l'écriture ; pensez-vous que je prenne moins de plaisir que vous à notre conversation ? je me repose des autres lettres, quand je vous écris. Je conjure M. de Grignan d'être toujours dans les bons sentimens où il est ; & M. le Coadjuteur, d'achever son bâtiment : il me disoit ici que rien n'étoit d'un meilleur air pour la maison, que de bâtir pendant le procès, je n'en convenois pas ; mais ce qui seroit, sans difficulté, d'un mauvais air, c'est la honte qu'il y auroit à ne pas achever ce qui est commencé.

LETTRE XXVI.

A LA MÊME.

A Brévanes, Jeudi au soir 11 Novembre. 1688.

J'ARRIVAI hier au soir ici, ma chère belle ; voilà le vrai temps de commencer la campagne, mais il vaut mieux profiter de ce petit moment, où j'ai le plaisir de faire l'exercice après un an de résidence, que point du tout. Je ne me repens pas d'être demeurée si long-temps à Paris, j'avois Philisbourg à prendre, & à tirer notre enfant de ce siége, c'étoit assez d'affaires. Comme je n'ai plus aujourd'hui qu'à remercier Dieu & de sa santé & de votre repos, je viens faire mes actions de graces dans ce joli pays, j'y passerai quelques jours. Je crois que je portois malheur au Chevalier, à force de lui souhaiter une bonne santé ; car dès que j'ai eu le dos tourné, il a été en état d'aller dîner chez l'Abbé Têtu, j'en ai une véritable joie : je sçais combien il souhaite d'aller à Versailles, & en voilà le chemin. Madame de Coulanges est encore plus aimable ici qu'à Paris, c'est une vraie femme de campagne, je ne sçais où elle a pris ce goût, il paroît naturel en elle : *fais ce que voudras* est la devise d'ici ; & il arrive qu'on veut se promener beaucoup, car il fait fort beau ; on lit, on est seule, on prie Dieu, on se retrouve, on fait bonne chère ; je n'y suis que depuis vingt-quatre heures, mais on juge sur un échantillon.

J'attends demain une de vos lettres, ce n'est pas encore celle que je desire par dessus les autres, qui est la réponse à la prise de Philisbourg ; je souhaite de voir votre cœur dilaté, & dans une paix dont il a été éloigné depuis deux mois. Vous êtes aujourd'hui à Lambesc, ma chère Comtesse ; que tout cet extrême éloignement renouvelle la séparation ! Si vous aviez été tantôt romanesquement derrière une palissade, votre modestie auroit été bien embarrassée de tout ce que Madame de Coulanges & moi, nous disions de vous ; car je n'en sçaurois faire les honneurs. Adieu, ma très-chère & très aimable, c'est une chose bien douloureuse que d'être si loin de sa chère fille. Je m'en vais acheter *les Règles de la vie chrétienne* par M. le Tourneux (c), ce livre fait grand bruit ; j'y trouverai peut-être la grace d'être plus soumise, que je ne suis, aux ordres de la Providence.

Madame DE COULANGES.

Madame de Sévigné est une marâtre, Madame, elle n'a point été jusqu'à Philisbourg avec M. votre fils ; elle s'est contentée de coucher à la poste pour se trouver à l'arrivée des couriers. Je suis ravie de la véritable distinction qu'a eue ce joli *Maillot* (d) que j'ai vu à Grignan ; il s'en porte à merveilles, & j'en ai une joie qui n'est pas tout-à-fait sur votre compte ;

(c) Ouvrage posthume de M. le Tourneux, qui parut en 1688, & qui a été depuis réimprimé plusieurs fois.

(d) Madame de Coulanges, qui n'avoit vu le Marquis de Grignan qu'enfant, l'appelle encore *le Maillot*.

car j'aime & estime les bonnes & solides qualitez. M. de Montgivraut m'a mandé qu'il vous avoit trouvé belle comme le jour : j'ai peur que vous ne soyiez pas si sensible à ce que je vous dis-là, qu'à la gloire de M. votre fils ; cela est quelquefois bien joli d'être mère, mais ce n'est qu'à la fin des siéges. N'oubliez point que je vous honore beaucoup, Madame, je vous en supplie.

Madame DE SÉVIGNÉ.

Voilà une jolie femme, qui ne se peut taire de *ce Maillot* ni de sa mère : mais c'est une mode que de vous louer. Adieu, ma très-chère.

Madame DE COULANGES
A M. le Comte DE GRIGNAN.

Ne prendriez-vous point aussi, Monsieur, quelqu'intérêt à M. le Marquis de Grignan ? en cas que cela soit ainsi, permettez-moi de vous dire la joie que j'ai de son bonheur & de sa gloire, il n'y auroit pas moyen de se réjouïr de l'un sans l'autre.

LETTRE XXVII.

A LA MÊME.

A Brévanes, Lundi 15 Novembre. 1688.

JE commence cette lettre à Brévanes, & je la finirai à Paris, où je vais dîner avec Madame de Coulanges. Elle va voir Madame de Bagnols ; & moi, ma chère bonne, le pauvre Saint-Aubin, qui est dans un desséchement dont il ne reviendra pas. Nous retournerons ce soir encore pour trois ou quatre jours ; & cela s'appellera, enterrer la synagogue avec le Premier Président de la Cour des Aides (e), qui a une belle maison ici près, comme nous faisions autrefois à Livri. Je verrai M. le Chevalier de Grignan, j'apprendrai de lui toutes sortes de nouvelles ; il me donnera de vos lettres, nous n'en eumes point Jeudi ; & après avoir sçu comme il se porte, je reviendrai finir cette petite campagne. Je compte que

(e) M. le Camus.

vous êtes à Lambesc (*f*) depuis Jeudi, jour de Saint Martin ; Vendredi, M. de Grignan aura fait sa harangue, je vous la demande ; M. d'Aix (*g*) aura pris son fauteuil. Je me trouve toujours avec vous en quelque lieu que je sois : mais parce que je ne suis pas Philosophe, comme Descartes, je ne laisse pas de sentir que tout se passe dans mon imagination, & que vous êtes absente. Ne seriez-vous point de cet avis, quoique disciple de ce grand homme ?

A Paris, à cinq heures du soir.

Je ne suis point retournée à Brévanes avec Madame de Coulanges, ma

---

(*f*) A cause de l'Assemblée des Etats qui s'y tenoit.

(*g*) Les Archevêques d'Aix sont Premiers Procureurs nez du Pays de Provence, & en cette qualité ils président à l'Assemblée des Etats, à moins que l'Archevêque d'Aix ne soit en même temps Cardinal, comme l'étoit M. de Grimaldi avant M. de Cosnac. Il est aisé de sentir qu'alors c'est à cause du cérémonial, & que ce fut pour cela que M. de Marseille & M. le Coadjuteur présiderent successivement à cette Assemblée.

chère Comtesse ; j'ai trouvé mon pauvre Saint-Aubin trop près du grand voyage de l'éternité ; & je finis tous les miens, pour vaquer à ce que je dois à quelqu'un que j'ai toujours aimé ; il a été touché de me voir, tout autant qu'on peut l'être au Fauxbourg Saint Jacques ; il m'a tenu long-temps la main, en me disant des choses saintes & tendres ; j'étois tout en larmes. C'est une occasion à ne pas perdre, que de voir mourir un homme avec une paix & une tranquillité toute chrétienne, un détachement, une charité, un desir d'être dans le ciel pour n'être plus séparé de Dieu, un saint tremblement de ses jugemens ; mais une confiance toute fondée sur les mérites infinis de Jesus-Christ, tout cela est divin. C'est avec de telles gens qu'il faut apprendre à mourir ; tout au moins, quand on n'a pas été assez heureuse pour y vivre.

Je suis revenue ici, j'ai fait mes excuses à Madame de Coulanges, qui ne les pouvoit avaler. M. le Chevalier partit hier pour Versailles ; il m'a envoyé ce matin deux de vos lettres à Brévanes ; je suis assurée qu'il y en a une, où vous me parlez de la joie que vous donne la prise de Philisbourg : mais, ma très-chère, ne soyez pas moins contente de la prise de Manheim, puisque notre enfant y a couru plus de risque qu'à Philisbourg, & que vous devez être parfaitement aise qu'il ait eu une légère contusion à la cuisse, après laquelle il m'écrit la lettre que voilà ; vous y verrez qu'il est fort heureux d'en être quitte à si bon marché. MONSEIGNEUR a fait mention au Roi de cette contusion ; & Dangeau l'a mandée au Chevalier, pour s'en réjouïr avec lui. Le Chevalier alla dans le moment à Versailles ; je suis persuadée qu'il reviendra ce soir pour vous écrire, & vous mander comme il aura fait sa cour ; & après tout, s'il ne revenoit pas ce soir, ne soyez point inquiéte de votre enfant, car vous voyez clairement qu'il se porte très-bien, & qu'il a été fort heureux : il faut encore mettre cette contusion au rang de tout ce qui lui arrive de bon & d'avantageux pour sa fortune avant dix-sept ans, car il ne les aura qu'après demain. Ainsi, ma très-chère, remerciez Dieu fur ma parole, & vous auffi, mon cher Comte; vous en avez fujet l'un & l'autre. Madame de Montchevreuil qui a perdu fon fils (*h*), & Madame de Nefle qui perdra fon mari, doivent bien vous porter envie. Voilà l'Abbé Bigorre qui dit que le Marquis de Nefle eft mort: il vous fait fes complimens, auffi-bien que Corbinelli, fur la contufion de votre enfant; la circonftance d'être à la cuiffe eft bien confidérable. Adieu, mon aimable bonne, me voilà toute replantée à Paris, après quatre jours de campagne, où le beau temps & l'exercice me faifoient beaucoup de bien; mais Dieu n'a pas voulu que j'aie eu plus longtemps ce léger plaifir.

(*h*) Le Comte de Mornai, tué à l'attaque de Manheim.

LETTRE XXVIII.

A LA MÊME.

1688. *A Paris, Mercredi 17 Novembre.*

C'EST donc aujourd'hui que notre Marquis a dix-sept ans. Il faut ajoûter à tout ce qui compose le commencement de sa vie, une fort bonne petite contusion, qui lui fait, je vous assure, bien de l'honneur, par la manière toute froide & toute reposée, dont il l'a reçue. M. le Chevalier vous mandera comme M. de Sainte-Maure le conta au Roi; il est accablé de complimens à Versailles, & moi ici. Madame de Lavardin me pria d'aller hier la trouver chez Madame de la Fayette; elles vouloient toutes deux s'en réjouïr avec moi; cette dernière me dit d'abord gaiement; » hé
» bien, qu'est-ce que Madame de Gri-
» gnan trouvera à épiloguer là-des-
» sus ? dites-lui qu'elle doit être ra-
» vie; que ce seroit une chose à
» acheter, si elle étoit à prix; & qu'en

un mot, elle est trop heureuse «. Je promis de vous mander tout cela, & je vous le mande avec plaisir. Recevez donc aussi toutes les amitiez sincères de Madame de Lavardin, & tous les complimens de Madame de Coulanges, de la Duchesse du Lude, des *Divines* (i), de la Duchesse de Villeroi, & du Père Moret (k) que je vis ensuite, parce que j'allai chez le pauvre Saint-Aubin. Ma chère enfant, les saints desirs de la mort le pressent tellement qu'il en a précipité tous les Sacremens; le Curé de Saint Jacques ne voulut pas hier lui donner l'Extrême-Onction, & ce fut une douleur pour lui, car il ne souhaite que l'éternité, il ne respire plus que d'être uni à Dieu; sa paix, sa résignation, sa douceur, son détachement, sont au delà de tout ce que l'on voit; aussi ne sont-ce pas des sentimens humains. Le secours qu'il trouve dans le Père Moret & dans son Curé, qui sont ses Directeurs, ses amis, ses Gardes & ses Médecins, n'est pas une

(i) Madame de Frontenac & Mademoiselle d'Outrelaise.
(k) Célèbre Directeur de l'Oratoire.

chose ordinaire, c'est un avant-goût de la félicité. Du Chêne est son Médecin, c'est un homme admirable, point de tourment, point de remèdes ; *Monsieur, tâchez de vous humecter, & prenez patience.* Une chambre sans bruit, sans trouble, sans aucune mauvaise odeur ; point de fièvre qu'intérieure & imperceptible, une tête libre, un grand silence à cause de la fluxion qui est sur la poitrine, de bons & solides discours, point de bagatelles ; cela est divin, c'est ce qu'on n'a jamais vu. Ce pauvre malade se trouve indigne de mourir à la même place (*l*), où est morte Madame de Longueville. Je contai tout cela à Tréville, qui étoit chez Madame de la Fayette, il me répondit ; *voilà comme l'on meurt en ce quartier-là.* Du Chêne ne croit point que cela finisse si-tôt.

(*l*) Dans une grande maison attenant les Carmélites du Fauxbourg Saint Jacques, qu'occupoit Madame de Longueville, & où tout le monde sçait qu'elle fit une mort très-chrétienne, le 15 Avril 1679, après une pénitence de vingt-sept ans *Voyez la lettre du 12 Avril 1680, tome 5, pag. 450, 451 & 452. Et le Nécrol. de Port-Royal des Champs, page 156 & suiv.*

de Madame de Sévigné. 111

Mon Dieu, ma fille, que vous seriez touchée de ce saint spectacle ! je ne dis pas d'affliction, je dis de consolation & d'envie. Saint-Aubin m'a marqué beaucoup d'amitié, & à vous, sur notre enfant ; mais tout cela n'est qu'un moment, & l'on revient toujours à Jesus-Christ & à sa miséricorde, car il n'est question de nulle autre chose : encore ne faut-il pas vous accabler de ce triste récit. Je veux vous remercier, & bien sérieusement, d'avoir pris le plus long pour éviter ces petits ruisseaux, qui étoient devenus rivières ; faites toujours ainsi, & ne vous fiez point à l'incertitude d'une entreprise, où il n'y a plus de remède, dès qu'on a fait le premier pas dans l'eau. Songez à M. de la Vergne (*m*) ; & à moi, si vous voulez ; mais enfin, promettez-moi de prendre toujours le plus long & le

---

(*m*) M. l'Abbé de la Vergne-Tressan, aussi distingué par ses vertus & par sa piété, que par sa naissance & par les talens de son esprit, fut entraîné dans sa litière, comme il passoit le Gardon, petite rivière & profonde ; & fut noyé par l'imprudence & par l'obstination de son Muletier en 1684.

plus sûr, il n'y a nulle comparaison entre s'ennuyer & se noyer. N'étoit-ce pas Pauline qui étoit avec vous dans cette litière ? hé bien ! son petit nez vous déplaisoit-il ? Vous me coupez bien court quelquefois sur des détails que j'aimerois à sçavoir : vous croyez que je vous en écrirai moins ; point du tout, ma très-chère, je ne me règle point sur vous. Votre frère est à la noce de Mademoiselle de la Coste à Saint-Brieux ; M. de Chaulnes y étoit, sans ce Gouverneur le marié s'en seroit enfui. Il me semble que j'ai bien des excuses à vous faire du siége de Manheim ; on m'assuroit si fort que ce ne seroit rien, que j'espérois de vous le faire passer insensiblement : mais c'en est fait, & si vous aviez souhaité, pouviez-vous desirer autre chose ? tâchez donc de dormir tout de bon, je vous réponds du reste. La Fable du Liévre (*n*) me paroît juste pour votre état, *jamais un plaisir pur, toujours assauts divers, &c.* Vous y pourriez ajoûter encore ; *corrigez-vous, dira quelque sage cervelle* ;

(*n*) Voyez la Fable de la Fontaine, qui a pour titre, *le Liévre & les Grenouilles*.

hé, *la peur se corrige-t-elle ?* Mais vous ne pourriez pas dire,

> Je crois même qu'en bonne foi
> Les hommes ont peur comme moi.

car je trouve que les hommes n'ont point de peur. C'est une heureuse vieillesse que celle de M. l'Archevêque, je suis bien honorée de son souvenir. J'attaquerai un de ces jours le Coadjuteur, je lui parlerai du bon ménage que nous faisions à Paris ; je suis ravie qu'il vous aime, & plus pour lui que pour vous ; car ce seroit mauvais signe pour son esprit & pour sa raison, que de vous être contraire. J'aime Pauline, vous me la représentez avec une jolie jeunesse & un bon naturel ; je la vois courir par-tout, & apprendre à tout le monde la prise de Philisbourg ; je la vois & je l'embrasse : aimez, aimez votre fille, c'est la plus raisonnable & la plus jolie chose du monde ; mais aimez toujours aussi votre chère maman, qui est plus à vous qu'à elle même.

M. de Bailli vient de sortir ; il vous fait cent mille bredouillemens, mais de si bon cœur que vous devez lui en être obligée. Mon cher Comte, encore faut-il vous dire un mot de ce petit garçon ; c'est votre ouvrage que cette campagne, vous avez grand sujet d'être content ; tout contribue à vous persuader que vous avez fort bien fait. Je sens votre joie & la mienne ; ce n'est point pour vous flater, mais tout le monde dit du bien de votre fils ; on vante son application, son sens froid, sa hardiesse, & quasi sa témérité.

LETTRE XXIX.

A LA MÊME.

1688. *A Paris, Vendredi 19 Novembre.*

JE veux suivre l'histoire sainte & tragique du pauvre Saint-Aubin. On me vint dire Mercredi dernier, d'abord après ma lettre écrite, qu'il avoit reçu l'Extrême-Onction, j'y courus avec M. de Coulanges ; je le trouvai fort mal, mais si plein de bon esprit & de raison, & si peu de fièvre extérieure, que je ne pouvois comprendre qu'il allât mourir ; il avoit même une facilité à cracher, qui donnoit de l'espérance à ceux qui ne sçavent pas que c'est une marque de la corruption entière de la masse du sang, qui fait une génération perpétuelle, & qui fait enfin mourir. Je retrouvai cette douceur, cette amitié, cette reconnoissance en ce pauvre malade ; & par-dessus tout, ce regard continuel à Dieu, & cette unique & adorable prière à Jesus-Christ, de lui demander miséricorde par son sang précieux, sans autre verbiage. Je trouvai les deux hommes admirables qui ne le quittoient plus ; on dit le *Miserere* ; ce fut une attention marquée par ses gestes & par ses yeux ; il avoit répondu à l'Extrême-Onction, & en avoit demandé la paraphrase à M. de Saint Jacques ; enfin, à neuf heures du soir, il me chassa, & me dit en propres paroles le dernier adieu. Le Père Moret y demeura, & j'ai sçu qu'à minuit le malade eut une horrible vapeur à la tête ; la machine se démontoit ; il vomit ensuite, comme si ç'eût été encore un soulagement ; il eut une grande sueur comme une crise, ensuite un doux sommeil, qui ne fut interrompu que par le Père Moret, qui le tenant embrassé, & le mourant répondant toujours avec connoissance & dans l'amour de Dieu, reçut enfin son dernier soupir, & passa le reste de la nuit à le pleurer saintement, & à prier Dieu pour lui; les cris de cette petite femme suffoquez & applatis par le Père Moret, afin qu'il n'y eût rien que de chrétien dans cette sainte maison. J'y fus le lendemain, qui étoit hier; il n'étoit point du tout changé, il ne me fit nulle horreur, ni à tous ceux qui le virent; c'est un prédestiné, on respecte la grace de Dieu dont il a été comblé. On lut son testament, rien de plus sage, rien de mieux écrit; il fait excuse d'avoir mis son bien à fonds perdu, fondé sur le besoin de sa subsistance; il dit qu'il a succombé à la tentation de donner onze mille francs pour achever de vivre, & pour mourir dans la céleste société des Carmélites: il dit du bien de sa femme, dont il loue les soins & l'assiduité; il prie M. de Coulanges d'avoir soin d'elle; il veut qu'on vende ses meubles pour payer quelques petites dettes. Il me loue fort: & par mon cœur & par notre ancienne amitié, il me prie aussi d'avoir soin de sa femme; il parle de lui & de sa sépulture, avec une humilité vraiment chrétienne, qui plaît & qui touche infiniment. Nous avons été ce matin à son Service, qui s'est fait à Saint Jacques sans aucune cérémonie. Il y avoit beaucoup de gens touchez de son mérite & de sa vertu; la Maréchale Foucault, Madame Fouquet, Monsieur & Madame d'Aguesseau, Madame de la Houssaie, Madame le Bossu, Mademoiselle de Grignan, Bréauté & plusieurs autres: de là nous avons été aux Carmélites, où il est enterré. Le Clergé l'a reçu du Clergé de Saint Jacques, cette cérémonie est bien triste. Toutes ces saintes Filles sont en haut avec des cierges, elles chantent le *Libera*; & puis, on le jette dans cette fosse profonde, où le voilà pour jamais. Il n'est plus sur terre, il n'y a plus de temps pour lui, il jouït de l'éternité: de vous dire que tout cela se passe sans larmes, il n'est pas possible; mais ce sont des larmes douces, dont la source n'est point amère; ce sont des larmes de consolation & d'envie. Nous avons vu la Mère du S. Sacrement; après avoir été la niéce du bon Saint-Aubin, je suis devenue la mère de Madame de Grignan; cette dernière qualité nous a tellement porté bonheur, que Coulanges, qui nous écoutoit, disoit; *ah, que voilà qui va bien! ah, que la bale est bien en l'air!* Cette personne est d'une conversation charmante, que n'a-t-elle point dit sur la parfaite estime qu'elle a pour vous, sur votre procès, sur votre capacité, sur votre cœur, sur l'amitié que vous avez pour moi, sur le soin qu'elle croit devoir prendre de ma santé en votre absence, sur votre courage d'avoir quitté votre fils au milieu des périls où il alloit s'exposer, sur sa contusion, sur la bonne réputation naissante de cet enfant, sur les remercimens qu'elles ont faits à Dieu de l'avoir conservé? Elle m'a mêlée encore dans tout cela; enfin, que vous dirai-je, ma chère enfant? je ne finirois point; il n'y a que les habitans du Ciel, qui soient au-dessus de ces saintes personnes.

Je trouvai hier au soir M. le Chevalier revenu de Versailles en bonne santé, j'en fus ravie ; quand il est ici, j'en profite par la douceur de sa société ; quand il est là, j'en suis ravie encore, parce qu'il y est parfaitement bon pour toute sa famille. Il m'a dit que la contusion du Marquis avoit fait une nouvelle de Versailles, & le plus agréablement du monde. Il a reçu les complimens de Madame de Maintenon, à qui MONSEIGNEUR mandoit la contusion ; toute la Cour a pris part à ce bonheur, j'en ai eu ici tous mes billets remplis ; & ce qui achève tout, c'est que M. le Dauphin est en chemin, & le Marquis aussi : si après cela, ma fille, vous ne dormez, je ne sçais, en vérité, ce qu'il vous faut. Le Chevalier ne me dit tout le soir que de bonnes nouvelles ; mais il m'est défendu de vous en rien écrire, sinon que je prends part aux bontez de la Providence, qui vient précisément à votre secours dans le temps que vous étiez sur le point de vous pendre, & que j'y consentois quasi. Adieu, ma très-chère. Madame de Brancas vient de me quitter, elle vous fait toutes fortes de complimens. Il y aura bientôt une grande nouvelle d'Angleterre, mais elle n'est pas venue.

LETTRE XXX.

A LA MÊME.

1688. *A Paris, Lundi 22 Novembre.*

JE ne vous dis rien de ma santé, elle est parfaite ; nous avons fait des visites tout le jour, M. le Chevalier & moi, chez Madame Ollier, Madame Cornuel, Madame de Frontenac, Madame de Maisons, M. du Bois qui a un petit bobo à la jambe ; & je disois, chez *les Divines*, que si j'approchois autant de la jeunesse, que je m'en éloigne, j'attribuerois à cette agréable route la cessation de mille petites incommoditez que j'avois autrefois, & dont je ne me sens plus du tout : tenez-vous-en là, mon enfant ; & puisque vous m'aimez, ne soyez point ingrate envers Dieu, qui vous conserve votre pauvre maman d'une manière, qui semble n'être faite que pour

de Madame de Sévigné. 121
pour moi. Je ne songe plus à cette médecine, elle m'a fait du bien, puisqu'elle ne m'a point fait de mal. Je mangerai du riz par reconnoissance du plaisir qu'il me fait de conserver vos belles joues, & votre santé qui m'est si précieuse. Ah, qu'il faut qu'après tant de maux passez, vous soyiez d'un admirable tempérament ! peines d'esprit, peines de corps, inquiétudes cruelles, troubles dans le sang, transes, émotions ; enfin, tout y entre, sans compter les fondrières que vous rencontrez, sans doute, en votre chemin au-delà de ce que vous pensiez ; vous résistez à tout cela, ma chère fille, je vous admire, & crois qu'il y a du prodige au courage que Dieu vous a donné. Cependant vous avez un petit garçon, qui n'est plus ce *Maillot* de Madame de Coulanges (o) ; c'est un joli garçon qui a de la valeur, qui est distingué entre ceux de son âge. M. de Beauvillier en mande des merveilles au Chevalier ; & sur ce qu'il dit, il n'y a rien à rabattre ; ce petit homme n'est que trop plein de bonne volonté ; nous sommes surpris

(o) Voyez la page 101.

Tome VII. L

comme ce silence & cette timidité ont fait place à d'autres qualitez. Un si heureux commencement mérite qu'on le soûtienne : mais je pense que ce n'est pas à vous que ce discours doit s'adresser, & qu'on ne peut rien ajoûter à vos sentimens sur ce sujet. On ne parle ici que de la rupture entière de la table de M. de la Rochefoucauld ; c'est un grand événement à Versailles. Il a dit au Roi qu'il en étoit ruiné, & qu'il ne vouloit point tomber dans des injustices ; & non-seulement la table a disparu, mais une certaine Chambre où les Courtisans s'assembloient, parce qu'il ne veut pas les faire souvenir, ni lui non plus, de cet aimable Corbillart, qui s'en alloit tous les jours faire si bonne chère. Il a retranché quarante-deux de ses domestiques : voilà une grande nouvelle, & un bel exemple.

Vous avez vu que je n'ai pas été long-temps à Brévanes ; je vous ai dit la triste scène qui m'en a fait revenir. Le temps est affreux & pluvieux, jamais il n'y eut une si vilaine automne. Vraiment nous ne craignons point les cousins, nous craignons de nous noyer. Votre Soleil est bien différent de celui-ci. J'aime Pauline, je la trouve jolie ; je crois qu'elle vous plaît fort, il me paroît qu'elle vous adore. Ah, quelle aimable maman elle est obligée d'aimer! je dis d'elle, comme vous disiez de la Princesse de Conti, c'est une jolie chose que d'être obligée à ce devoir. Faites lui apprendre l'Italien, vous avez à Aix Monsieur le Prieur qui sera ravi d'être son Maître. Je vois que la Harangue de M. le Comte a été fort bien tournée. Faites bien mes amitiez à vos Grignans, & un compliment, si vous voulez, à M. d'Aix. Que vous êtes heureuse de n'être point sur tout cela, comme autrefois! vous avez vu, en ce pays, le prix qu'il y faut donner. Si vous n'êtes point mal avec M. d'Aix, sa conversation est vive & agréable; & comme il est content, j'espère que vous serez en paix.

Voici une petite nouvelle qui ne vaut pas la peine d'en parler ; c'est que Franckendal s'est rendu le 18 de ce mois ; il n'a fallu que lui montrer du canon ; il n'y a eu personne de tué ni de blessé. MONSEIGNEUR est parti, & sera à Versailles d'aujourd'hui en huit jours 29 du mois, & votre enfant aussi. Vous avez de ses lettres; oh! soyez donc tout-à-fait contente pour cette fois, & remerciez Dieu de tant d'agrémens dans ce commencement. Adieu, ma très-chère & très-aimable, je veux vous dire que je fis deviner, l'autre jour, à la Mère Prieure (p) (*des Carmélites*), votre occupation présente après celle du procès; vous croyez bien qu'elle se rendit; c'est, lui dis-je, ma Mère, puisqu'il ne vous faut rien cacher, qu'elle fait une Compagnie de Chevaux-Légers; je ne sçais quel ton elle trouva à cette confiance, mais elle fit un éclat de rire si naturel & si spirituel, que toute notre tristesse en fut embarrassée: je n'oubliai point de conter votre parfaite estime pour tout le saint Couvent. Cette Mère sçait bien mener la parole,

(p) Voyez la page 118.

LETTRE XXXI.

A LA MÊME.

A Paris, Mardi 23 Novembre. 1688.

LE Chevalier partit hier pour Versailles, il veut être tout rangé pour recevoir Monsieur le Dauphin, & peut-être aller au-devant de lui avec le Roi. Votre enfant est en marche aussi, avec la satisfaction d'avoir fait la plus heureuse campagne qu'on pût souhaiter, si on l'avoit imaginée à plaisir; car vous croyez bien que nous n'y aurions pas oublié la contusion, sur quoi nous sommes accablez de complimens, & vous aussi: tenez, voilà tous ceux de Mesdames de Lavardin, d'Huxelles, de la Fayette, de Mademoiselle de la Rochefoucauld; mais tout cela si bon qu'il ne faut pas les confondre. Madame de Lavardin jure & proteste que le Marquis a son mérite personnel, & que jamais rien n'a été si heureux pour lui que cette campagne. Nous causons souvent, le Chevalier & moi ; nous vous souhaitons bien de la santé & bien de la force pour soûtenir tout ce que vous trouvez en votre chemin ; ici, on a bien des distractions ; là, on n'en a point, on tourne toujours sur le même pivot : nous vous conjurons de penser à votre santé préférablement à tout. Le caffé est disgracié ici, & par conséquent je n'en prends point ; je trouvois pourtant qu'il me faisoit à Brévanes de certains biens, mais je n'y songe plus. Nous voulons vous persuader qu'il vous échauffe, joint à l'air que vous respirez ; nous voudrions vous jetter un peu dans les bouillons de poulet. Je vous trouve accablée de lettres, tout le monde vous écrit, on vous attaque de tous côtez, & vous vous défendez contre dix. Jamais M. de... (*q*) n'en fit tant

(*q*) On dit que M. de... s'étant persuadé un jour qu'il avoit tué cinq hommes, contre lesquels il s'étoit battu lui seul, demanda sa grace au Roi ; & que se promenant peu de temps après avec M. de la Feuillade, il le pria de lui dire le nom de deux hommes qui passoient : vous verrez, lui dit M. de la Feuillade, que ce sont deux de ceux que vous tuates, il y a quelque temps.

que vous. Retranchez donc vos écritures, & commencez par moi, je prendrai pour une marque de votre amitié, cette commodité que vous vous donnerez. Commencez la lettre, & à la sixiéme ligne donnez la plume à Pauline ; voilà de quoi occuper sa vivacité. Vous ne sçavez que trop que rien n'échauffe tant la poitrine, que d'écrire sans fin & sans cesse, comme vous faites. Je vous en donnerai l'exemple, quoique ce soit prendre sur mon cœur & sur mes plaisirs ; mais je ne veux pas vous tuer par des conversations inutiles : ne parlez que de vous & de vos affaires dans vos lettres ; car franchement je prends trop d'intérêt à ce qui vous regarde, pour me résoudre à l'ignorer. Voilà tout ce que vous aurez d'aujourd'hui. Vous sçavez ma vie, les jours passent tristement comme gaiement, & l'on trouve enfin le dernier ; je vous aimerai, ma très-chère Comtesse, jusqu'à celui-là inclusivement.

LETTRE XXXII.
A LA MÊME.

1688. *A Paris, Vendredi 26 Novembre.*

IL y a une heure que je cause avec Soleri; il ne tient pas à lui que je ne sois en repos sur votre santé; mais les chaleurs de votre sang ne paroissent point du tout, quand vous êtes belle & brillante dans cette galerie, ni quand vous faites votre Compagnie de Cavalerie; car c'est vous qui l'avez faite; & quoiqu'il y ait, comme vous dites, quelque espèce de honte de se connoître si bien en hommes, je vous conseille pourtant d'être fort aise d'avoir rendu un service si important à votre fils : il le faut mettre au rang de tous les agrémens que la fortune a jettez sur lui depuis trois mois. Je n'ai jamais vu une si souhaitable entrée dans le monde ni dans la guerre ; son courage, sa fermeté, son sens froid, sa sagesse, sa conduite, ont été par-tout. Je vis hier au soir M. de Pomponne qui venoit d'arriver de Versailles; il en étoit plein, & ravi du bonheur de cette première campagne; il me pria fort de vous en faire tous ses complimens, & ceux de Madame de Pomponne. Madame & Mesdemoiselles de Lillebonne, que je vis chez la Marquise d'Huxelles, ne finissoient point, & vous font aussi mille tendres complimens. Tout est encore bien vif pour vous en ces pays-ci; c'est dommage que la mode ne soit point encore venuë d'être en deux endroits, vous seriez bien utile ici à votre famille. Le hazard a fait que Valcroissant est à Salins, d'où il rend compte à M. de Louvois des chevaux de remonte qui y passent, il a certifié & attesté que ceux de M. le Marquis de Grignan étoient tous les plus beaux; vous jugez avec quel plaisir il a dit cette vérité. Soleri jure qu'il ne retournera point auprès de vous, qu'il ne vous puisse dire qu'il a vu & manié votre fils. MONSEIGNEUR sera ici demain; le Marquis y sera Mercredi, je vous avouë que je serai ravie d'embrasser ce petit compère; il me semble que c'est un autre homme : plût à Dieu que vous puissiez avoir le même plaisir !

Je vous recommande, ma chère enfant, un peu de repos, un peu de tranquillité, s'il est possible ; un peu de résignation aux ordres de la Providence, un peu de Philosophie ; vous prenez tout sur votre courage, & la santé en souffre : cela est bien aisé à dire ; mais cependant on est insensiblement soûtenue par tous ces appuis invisibles, sans lesquels on succomberoit. Je vous conjure sur-tout de ne point tant écrire ; par exemple, le Lundi & le Vendredi je n'écris qu'à vous, une lettre est peu de chose ; mais vous ne sçauriez jamais être de même ; je ne me fatigue point, votre commerce est ma consolation sans mélange d'aucune peine ; & le mien est pesant, non pas pour votre cœur, mais pour votre santé.

Soleri m'a conté les empressemens de recevoir Monsieur de Grignan à Avignon ; cela ne me surprend point après ce que j'ai vu : cette Charge a ses beautez & ses grandeurs. On attend avec impatience les nouvelles d'Angleterre ; le Prince (d'Orange) est abordé : l'Armée du Roi est considérable, rien ne lui a fait faux-bond jusqu'ici ; si cela continue, il avalera ce téméraire. Nous craignons le bonheur & la capacité de M. de Schomberg. Adieu, ma très-aimable, je finis par pure malice, & pour vous donner l'exemple, car je ne suis nullement fatiguée.

LETTRE XXXIII.

A LA MÊME.

A Paris, Lundi 29 Novembre 1688.

J'AI été fâchée, ma fille, de cette colique sans colique, tous les maux de douleur me font de la peine ; à ces sortes de coliques il faut quelquefois se rafraîchir : les remèdes chauds mettent le sang en furie, & c'est cela qui fait les douleurs. *Mais Seigneur*, comme dans Corneille, *vous ne m'écoutez pas* ; vous n'avez pas bonne opinion de ma capacité, vous croyez être fort habile ; je n'ai donc rien à vous dire, sinon de vous recommander votre santé en général, si vous aimez la mienne.

Vous êtes en peine de mes larmes sur Saint-Aubin; hélas! ne croyez point qu'elles m'ayent fait aucun mal: c'étoient des larmes de douceur & de consolation, qui ne m'ont point serré le cœur, ni renversé le tempérament; soyez donc en repos là-dessus, soyez-y aussi pour votre fils; vous avez fait, comme disoit en riant Madame de la Fayette (r); vous avez trouvé à épiloguer sur cette contusion: mais après ce que vous mandoit M. le Chevalier, après les lettres de du Plessis & de votre fils même, n'avez-vous pas dû penser, comme tout le monde, que cette petite aventure étoit un vrai bonheur? Si c'étoit à la tête qu'il eût eu cette contusion, je vous pardonnerois d'avoir refusé cette joie; mais dans de bonnes chairs, où il n'a fallu que de l'eau de la Reine de Hongrie; en vérité, vous êtes indigne des graces que Dieu a faites à votre enfant pendant toute cette campagne. Oh!

(r) Voyez la lettre du 17 Novembre, page 108.

soyez donc au moins en repos aujourd'hui ; Madame de la Fayette vient de me mander que son fils est arrivé ; qu'il lui a dit mille biens du vôtre, & qu'il seroit venu lui-même m'en donner des nouvelles, sans qu'il est allé à Versailles, où MONSEIGNEUR arriva hier au soir. Le bon petit Marquis sera ici Mercredi ou Jeudi.

J'ai vu Madame de Mornai, elle n'est point du tout affligée. Madame de Nesle (*s*) l'est dans l'excès, & c'est un martyre pour elle d'être exposée dans la chambre de la *Bécasse* (*t*), où toute la France vient lui faire compliment ; elle est immobile & pétrifiée. Madame de Maintenon la protège, & veut qu'elle soit aimée de cette famille ; elle veut aussi qu'on reçoive toutes les visites, comme on faisoit autrefois. Je vous aurois bien conté des détails de ces deux visites : Madame de Coulanges étoit avec moi, elle me mena par complaisance chez Madame de la Cour-des-Bois ; c'est un prodige de douleur & d'affliction,

(*s*) Marie de Coligni, Marquise de Nesle.
(*t*) Jeanne de Monchi, Marquise de Mailli, belle-mère de Madame de Nesle.

disant des choses qui font fendre le cœur, & si naturelles & si touchantes, qu'elle nous fit pleurer.

Je vous crois revenue à Lambesc; il est vrai que ces déplacemens sont mauvais à tout. J'ai bien envie que vous soyiez à Aix un peu en repos, & puis à Grignan. Je suis persuadée que vous vivrez bien avec l'Archevêque (*d'Aix*), puisque vous faites comme des gens qui se sont vus ailleurs; c'est à cela que je vous exhortois toujours. Adieu, ma très-chère, voilà un temps effroyable; il n'y a plus de moutons assez hardis pour oser demeurer dans notre prairie de Livri: je suis ravie que vous vous souveniez toujours de ce petit pays, auquel je ne pense qu'en soupirant. Vous avez peut-être chaud, & vous êtes tourmentée des cousins; ah, ma fille! c'est signe que nous sommes bien loin l'une de l'autre.

LETTRE XXXIV.

A LA MÊME.

A Paris, Mardi au soir 30 Novembre. 1688.

JE vous écris ce soir, ma fille, parce que je m'en vais demain à neuf heures au Service de notre pauvre Saint-Aubin ; c'est un devoir que nos saintes Carmélites lui rendent par pure amitié ; je les verrai ensuite, & vous serez célébrée, comme vous l'êtes souvent : de là j'irai dîner chez Madame de la Fayette.

Vous me représentez fort bien votre fille aînée, je la vois, je vous prie de l'embrasser pour moi ; je suis ravie qu'elle soit contente. Pour votre fils, ah ! vous n'avez qu'à l'aimer tant que vous voudrez, il le mérite ; tout le monde en dit du bien, & le loue d'une manière qui vous feroit plaisir : nous l'attendons cette semaine. J'ai senti toute la force de la phrase dont il s'est servi pour cette estime qu'il faut bien qui vienne, ou qu'elle dise pourquoi ;

j'en eus les larmes aux yeux dans le moment ; mais elle est déja venue, & ne dira point pourquoi elle ne viendroit pas. La réputation de cet enfant est toute commencée, & ne fera plus qu'augmenter. Le Chevalier en est bien content, je vous en assure. Je fus d'abord émue de la contusion, en pensant à ce qui pouvoit arriver ; mais quand je vis que le Chevalier en étoit ravi ; quand j'appris qu'il en avoit reçu les complimens de toute la Cour, & de Madame de Maintenon, qui lui répondit avec un air & un ton admirable, sur ce qu'il disoit que ce n'étoit rien ; *Monsieur, cela vaut mieux que rien* ; quand je suis moi-même accablée de complimens de joie, je vous avoue que tout cela m'entraîne, & je m'en réjouis avec eux tous, & avec M. de Grignan, qui a si bien fixé & placé la première campagne de ce petit garçon. Vous ne pouviez me parler plus à propos de nos dîners & de nos soupers ; je viens de souper chez le Lieutenant Civil avec Madame de Vauvineux, l'Abbé de la Fayette, l'Abbé Bigorre & Corbinelli. J'ai soupé deux fois chez Madame de Coulanges

langes toute seule, *les Divines* sont éclopées, la Duchesse du Lude a été à Verneuil, elle est maintenant à Versailles. MONSEIGNEUR y arriva Dimanche, le Roi le reçut au bois de Boulogne; Madame la Dauphine, MONSIEUR, MADAME, Madame de Bourbon, Madame la Princesse de Conti, Madame de Guise, dans le carrosse; MONSEIGNEUR descendit, le Roi voulut descendre aussi; MONSEIGNEUR lui embrassa les genoux; le Roi lui dit, ce n'est pas ainsi que je veux vous embrasser; vous méritez que ce soit autrement; & sur cela, bras dessus, bras dessous, avec tendresse de part & d'autre; & puis, MONSEIGNEUR embrassa toute la carrossée, & prit la huitième place. M. le Chevalier vous en pourra dire davantage. Je crois que vous sçavez présentement avec quelle facilité le Roi vous a accordé ce que vous demandiez pour Avignon : ainsi, ma très-chère, il faut remettre à une autre fois la partie que vous aviez faite de vous pendre.

J'ai gardé ma maison; j'ai eu d'abord M. de Pomponne, qui vous aime &

vous admire; car vos louanges font inféparables du fouvenir qu'on a de vous. Enfuite Madame la Préfidente Croifet, M. le Préfident Roffignol, & nous voilà à recommencer vos louanges & votre procès. J'ai vu S. Hérem qui vous fait mille complimens fur la contufion, & vous remercie des vôtres fur la culbute de fon fils; il fe trouvera fort bien de la marmite renverfée de M. de la Rochefoucauld, cette abondance le faifoit mourir. Adieu, ma très-chère & très-aimable, je m'en vais me coucher pour vous plaire, comme vous évitez d'être noyée pour me faire plaifir. Il n'y a rien dont je puiffe vous être plus obligée que de la confervation de votre fanté. Je vous mandois hier, ce me femble, que vos chaleurs & vos coufins me faifoient bien voir que nous n'avons point le même Soleil; il gêloit la femaine paffée à pierrefendre, il a neigé fur cela, de forte qu'hier on ne fe foûtenoit pas; il pleut préfentement à verfe, & nous ne fçavons pas s'il y a un Soleil au monde.

LETTRE XXXV.
A LA MÊME.

A Paris, Mercredi au soir premier Décembre. 1688.

JE vous écrivis hier au soir, parce que je devois aller ce matin au Service du pauvre Saint-Aubin ; & de-là dîner chez Madame de la Fayette. J'y ai vu son fils, qui m'a dit beaucoup de bien du vôtre, & même de M. du Plessis dont j'ai été fort aise ; car je craignois qu'il n'eût pas bien pris l'air de ce pays-là : mais il m'a assurée qu'il y avoit fait des merveilles, laissant quelquefois le Marquis, quand il étoit à table avec une bonne compagnie & en gaieté ; *je vois bien,* disoit-il, *qu'un Gouverneur n'a que faire ici,* & tout cela d'un bon air. Vous allez recevoir des lettres de votre fils, il est à Metz, & ne sera ici que Dimanche, cela vous fait-il quelque peine ? Briole & Tréville sont venus chez Madame de la Fayette, ils m'ont priée de vous les nommer. Briole nous a dit une lettre que M. de Montausier écrivit à MONSEIGNEUR après la prise de Philisbourg, qui me plaît tout-à-fait. » Monseigneur, je » ne vous fais point de compliment » sur la prise de Philisbourg ; vous » aviez une bonne Armée, des bom-» bes, du canon, & Vauban. Je ne » vous en fais point aussi sur ce que » vous êtes brave ; c'est une vertu » héréditaire dans votre Maison : mais » je me réjouis avec vous de ce que » vous êtes libéral, généreux, hu-» main, & faisant valoir les services » de ceux qui font bien ; voilà sur » quoi je vous fais mon compliment «. Tout le monde aime ce style, digne de M. de Montausier & d'un Gouverneur.

Nos Carmélites m'ont dit mille douceurs pour vous ; la bale n'a pas mal été encore aujourd'hui ; mais Madame de Coulanges tenoit son coin. De-là nous avons été voir cette petite femme, qui va être trop heureuse, si elle a l'esprit de le sentir. Mon carosse est venu me prendre à cinq heures chez Madame de la Fayette ; on m'a dit que M. le Chevalier étoit revenu, & je suis courue ici ; j'ai passé seulement chez M. de la Trousse qui est arrivé, & qui ne se porte point bien du tout ; il est fort maigre. Adieu, ma très-chère & très-aimable, je n'ai point changé pour vous depuis hier au soir.

LETTRE XXXVI.

A LA MÊME.

A Paris, Vendredi 3 Décembre. 1688.

VOus apprendrez aujourd'hui que le Roi nomma hier soixante-quatorze Chevaliers du Saint-Esprit, dont je vous envoie la liste. Comme il a fait l'honneur à M. de Grignan de le mettre du nombre, & que vous allez recevoir cent mille complimens, gens de meilleur esprit que moi, vous conseillent de ne rien dire ni écrire, qui puisse blesser aucun de vos camarades. Ce qui sera très-bien, c'est d'écrire à M. de Louvois, & de lui dire que l'honneur qu'il vous a fait de demander de vos nouvelles à votre courier, vous met en droit de le remercier ; & qu'aimant à croire, au sujet de la grace que le Roi vient de faire à M. de Grignan, qu'il y a contribué, au moins, de son approbation, vous lui en faites encore un remerciment. Vous tournerez cela mieux que je ne pourrois faire ; cette lettre sera sans préjudice de celles que doit écrire M. de Grignan. Voici les circonstances de ce qui s'est passé. Le Roi dit à M. le Grand (*u*), accommodez-vous pour le rang avec le Comte de Soissons (*x*) : vous remarquerez que le fils de M. le Grand est de la promotion, & que c'est une chose contre les règles ordinaires. Vous sçaurez aussi que le Roi dit aux Ducs qu'il avoit lu leur écrit, & qu'il avoit trouvé que la Maison de Lorraine les avoit précédez en plusieurs occasions ; ainsi voilà qui est décidé. M. le Grand parla donc à M. le Comte de Soissons ; ils proposerent de tirer au sort, pour-

(*u*) Louïs de Lorraine, Comte d'Armagnac, Grand Ecuyer de France.

(*x*) Louïs-Thomas de Savoie, Comte de Soissons.

vu, dit le Comte, que si vous gagnez, je passe entre vous & votre fils (*y*); M. le Grand ne l'a pas voulu, en sorte que M. le Comte de Soissons n'est point Chevalier. Le Roi demanda à M. de la Trémoille quel âge il avoit? il dit qu'il avoit trente-trois ans, le Roi lui a fait grace des deux ans. On assure que cette grace, qui offense un peu la Principauté, n'a pas été sentie comme elle le devoit. Cependant il est le premier des Ducs suivant le rang de son Duché (*z*). Le Roi a parlé à M. de Soubise, & lui a dit qu'il lui offroit l'Ordre ; mais que n'étant point Duc, il iroit après les Ducs ; M. de Soubise l'a remercié de cet honneur, & a demandé seulement qu'il fût fait mention sur les registres de l'Ordre, & de l'offre, & du refus pour des raisons de famille, cela est accordé. Le Roi dit tout haut, on sera surpris de M. d'Hocquincourt (*a*), &

(*y*) Henri de Lorraine, Comte de Brionne.

(*z*) Messieurs de la Trémoille ont le premier rang à la Cour, parce qu'ils sont les plus anciens Ducs; & Messieurs d'Usez ont le premier rang au Parlement, parce qu'ils sont les plus anciens Pairs.

(*a*) Georges de Monchi, Marquis d'Hoc-

lui le premier ; car il ne m'en a jamais parlé : mais je ne dois point oublier que quand son père quitta mon service, son fils se jetta dans Peronne, & défendit la Ville contre son père ; il y a bien de la bonté dans un tel souvenir. Après que les soixante & treize eurent été remplis, le Roi se souvint du Chevalier de Sourdis (*b*), qu'il avoit oublié ; il redemanda la liste, il rassembla le Chapitre, & dit qu'il alloit faire une chose contre l'Ordre, parce qu'il y auroit cent & un Chevaliers ; mais qu'il croyoit qu'on trouveroit, comme lui, qu'il n'y avoit pas moyen d'oublier M. de Sourdis, & qu'il méritoit bien ce passe-droit : voilà un oubli bien obligeant. Ils furent donc tous nommez hier à Versailles ; la cérémonie se fera le premier jour de l'an, le temps est court ; plusieurs sont dispensez de venir,

quincourt, Lieutenant Général des Armées du Roi ; fils de Charles de Monchi, Maréchal d'Hocquincourt.

(*b*) François d'Escoubleau, Comte de Sourdis, Lieutenant Général des Armées du Roi, Gouverneur de la Ville d'Orléans, Orléanois & Pays Chartrain.

vous

vous serez peut-être du nombre. Le Chevalier s'en va à Versailles pour remercier Sa Majesté.

Nous soupames hier chez M. de Lamoignon ; la Duchesse de Villeroi y vint comme voisine ; elle vous fait ses complimens & reçoit les vôtres. M. de Beauvais (c) y vint : le Roi lui a dit qu'il étoit fâché de n'avoir pu lui donner l'Ordre ; mais qu'il l'assuroit que la première place vacante lui seroit donnée. Il y en a tant de prêtes à vaquer, que c'est comme une chose déja faite.

Monsieur & Madame Pelletier ont été les premiers à vous faire des complimens, Madame de Vauvineux, Monsieur & Madame de Luines, & toute la France. Je m'en vais sortir, pour ne voir ce soir que la liste (*des visites*). Il n'y a rien de pareil au débordement de complimens, qui se fait par-tout. Mais s'il y a bien des gens contens, il y en a bien qui ne le sont pas. M. de Rohan, M. de Brissac,

(c) Toussaint de Forbin, Evêque & Comte de Beauvais, depuis Cardinal, fut fait Commandeur des Ordres du Roi dans une promotion particulière du 29 Mai 1689.

M. de Canaples; Messieurs d'Ambres, de Tallard, de Cauvisson, du Roure, de Peire; M. de Mailli, vieux Seigneur allié des Puissances; Messieurs de Livri, de Cavoie, le Grand Prévôt (*d*), & d'autres que j'oublie; c'est le monde. Adieu, ma très-chère, je vous embrasse, & vous fais aussi mes complimens, & à M. de Grignan, & à M. le Coadjuteur. J'écrirai à M. d'Arles Lundi, quand j'aurai vu le Marquis. Je ne veux rien mêler dans cette lettre; seulement une réfléxion, c'est que Dieu vous envoie des secours & par-là & par Avignon, qui doivent bien vous faire perdre l'envie de vous pendre.

L'Abbé Têtu vous fait toutes sortes de complimens. Madame de Coulanges veut écrire à M. de Grignan; elle étoit hier trop jolie avec le Père Gaillard; elle ne vouloit que M. de Grignan, c'étoit *son Cordon-bleu*; c'est comme lui qu'elle les veut : tout lui étoit indifférent, pourvu que le Roi, disoit-elle, vous eût rendu cette justice. Le Chevalier en rioit de bon coeur, entendant à travers cette ap-

(*d*) M. de Sourches.

probation, l'improbation de quelques autres.

LETTRE XXXVII.

A LA MÊME.

A Paris, Lundi 6 Décembre. 1688.

VOTRE dernière lettre a un air de gaieté & d'épanouissement de cœur, qui me fait bien connoître que Franckendal est pris, & qu'il est en sûreté, c'est-à-dire, le Marquis. Jouïssez, ma chère enfant, de ce plaisir ; votre fils couche ce soir à Claie, vous voyez bien qu'il passera par Livri, & soupera demain avec nous. Le Chevalier, qui, en vérité, est un homme admirable en toutes choses, est revenu de Versailles ; il a remercié le Roi, tout cela s'est passé à merveilles. Vous prendrez votre Cordonbleu le deux de Janvier, au beau milieu de la Province où vous commandez, & où il n'y a que vous & Monsieur d'Arles, votre oncle. Cette distinction & ce souvenir de Sa Majesté, lorsque vous y pensez le moins, sont infiniment agréables : les complimens même qu'on vous en fait de tous côtez, ne sont point comme on en fait à d'autres ; on a beau dire, *ah ! celui-ci, ah ! celui-là ;* pour moi, je dis là-dessus ce que je dis souvent sur beaucoup d'autres choses, *ce qui est bon, est bon ;* vous ne perdez rien ; & quand on songe à ceux qui sont au désespoir, on se trouve fort heureux d'avoir été dans le souvenir d'un Maître, qui considère les services qu'on lui rend, & qu'on lui veut rendre & par soi & par ses enfans. Je vous avoue que je sens fort cette joie sans en faire semblant. Le Chevalier a envie de l'envoyer dire ce soir à Claie à notre Marquis, qui n'y sera pas insensible. Il veut aussi vous envoyer votre Cordon-bleu avec deux Saints-Esprits, parce que le temps presse ; il croit que vous avez à Grignan la croix de votre grand-père (*e*) ; si cela n'étoit pas,

(*e*) Louis-Castelane Adhémar de Monteil, reçu Chevalier des Ordres du Roi en 1584, Lieutenant Général au Gouvernement de Provence, étoit bisayeul de Monsieur de Grignan.

vous seriez embarrassée. J'avoue que si le Chevalier ne m'avoit prévenue, je vous aurois fait cet agréable & léger présent ; mais je lui céde en toutes choses. La grace est tout entière par la permission de ne point venir. Je suis chargée de cent complimens ; Madame de Lesdiguières fort joliment, Madame de Mouci, Madame de Lavardin, Monsieur de Harlai, & je ne sçais combien d'autres que je ne puis nommer ; car ce sont des listes, comme quand vous gagnates votre procès. Ne croyez point, ma fille, que depuis trois mois vous ayiez été en guignon : je commence par le gain de votre procès, par la conservation de votre fils, par sa bonne & jolie réputation, par sa contusion, par la beauté de sa Compagnie, à laquelle vous avez contribué ; & je finis par l'affaire d'Avignon, & par le Cordon-bleu ; songez-y bien, il n'y a qu'à remercier Dieu. Il est vrai que vous avez eu des peines extrêmes ; quitter votre enfant & les nouvelles, vous éloigner de lui dans le péril, c'est pour mourir, je l'ai trop compris ; n'avoir pas le plaisir de sentir toutes ces joies avec ce pauvre petit morceau de famille que vous avez ici, nous partageons bien cette peine, & celle de ne pas voir ce petit compère que nous verrons demain, tout cela est sensible : mais enfin, ma chère enfant, telle est la volonté de Dieu que les biens & les maux soient mêlez.

M. de Grignan a raison de triompher, de vous insulter sur cette première campagne de son fils ; la pensée du contraire me fait suer. Quelle date ! Philisbourg, MONSEIGNEUR. A seize ans une blessure, une réputation ; M. de Beauvillier dont il étoit le fils ; cette Compagnie, le fruit de vos peines, qui est précisément la plus belle de l'Armée. Mon cher Comte, vous avez raison, c'est ma fille qui avoit tort ; ne perdez pas cette occasion de triompher, vous entendez bien pourquoi.

Parlons un peu de votre santé, ma très-chère, la mienne est parfaite ; point de main extravagante, point de leurre, point de *hi*, point de *ha* ; une machine toute réglée. Ménagez votre poitrine, ne vous outrez pas sur l'écriture ; vos bouillons de poulet ont été placez, au lieu du caffé, afin de vous rafraîchir ; conduisez-vous, gouvernez-vous si vous aimez votre fils, votre maison, votre mari, votre maman, vos frères ; enfin, vous êtes l'ame & le ressort de tout cela.

Cet endroit où repose Saint-Aubin est au-dessous du Chœur à main droite en entrant, (*f*) afin que vous n'alliez pas prendre Brancas (*g*) pour lui. Vous êtes trop honnête de porter le deuil de Saint-Aubin ; hélas ! un pauvre solitaire si obscur, mais si saint ; cela ne fait pas grand bruit dans le monde. M. de Tréville s'enthousiasma, l'autre jour, chez Madame de la Fayette, sur votre solide mérite, sur votre beauté ; car nul autre visage ne lui fait oublier le vôtre ; Madame de la Fayette le soûtenoit, Madame de Lavardin touchoit les grosses cordes, & les autres y vinrent aussi : enfin, ce fut une conversation naturelle, dont

(*f*) Voyez la lettre du 19 Novembre, page 117.

(*g*) Charles Marquis de Brancas, mort le 8 Janvier 1681, étoit enterré aussi aux Carmélites.

l'amour propre doit être flaté ; ce sont gens qui ne jettent pas leurs louanges aux chiens. Adieu, ma très-belle ; pour aujourd'hui en voilà assez, je suivrai la conversation après demain. Ne vous repentez point d'être honnête, & adorée de tous ceux qui vous voient : quand le procès ne vous auroit valu que cela, c'est beaucoup. Mais il me semble que vous étiez déja fort polie, quand j'étois à Aix ; je vous trouve, enfin, trop aimable ; c'est une chose si peu noble que d'être glorieuse, que vous n'avez garde de donner dans ce défaut. Un mot sans plus ; nous avons remarqué, comme vous, que ce petit Marquis, que nous embrasserons demain, a toujours été occupé de sa Compagnie, & jamais plein de lui-même ; voilà ce qui s'appelle le point de la perfection.

LETTRE XXXVIII.

A LA MÊME.

A Paris, Mercredi 8 Décembre. 1688.

CE petit fripon, après nous avoir mandé qu'il n'arriveroit qu'hier Mardi, arriva, comme un petit étourdi, avant-hier à sept heures du soir, que je n'étois pas revenue de la Ville. Son oncle le reçut & fut ravi de le voir ; & moi, quand je revins, je le trouvai tout gai, tout joli, qui m'embrassa cinq ou six fois de très-bonne grace ; il me vouloit baiser les mains, je voulois baiser ses joues, cela faisoit une contestation : je pris, enfin, possession de sa tête, je le baisai à ma fantaisie ; je voulus voir sa contusion, mais comme elle est, ne vous déplaise, à la cuisse gauche, je ne trouvai pas à propos de lui faire mettre chausses bas. Nous causames le soir avec ce petit compère, il adore votre portrait, il voudroit bien voir sa chère maman ; mais la qualité de guerrier est si sévère, qu'on n'oferoit rien propofer. Je voudrois que vous lui euffiez entendu conter négligemment fa contufion, & la vérité du peu de cas qu'il en fit, & du peu d'émotion qu'il en eut, lorfque dans la tranchée tout en étoit en peine. Au refte, ma chère enfant, s'il avoit retenu vos leçons, & qu'il fe fût tenu droit, il étoit mort; mais fuivant fa bonne coûtume, étant affis fur la banquette il étoit penché fur le Comte de Guiche, avec qui il caufoit. Vous n'euffiez jamais cru, ma fille, qu'il eût été fi bon d'être un peu de travers. Nous caufons avec lui fans ceffe, nous fommes ravis de le voir, & nous foupirons que vous n'ayiez point le même plaifir. Monfieur & Madame de Coulanges le vinrent voir le lendemain matin; il leur a rendu leur vifite, il a été chez M. de Lamoignon, il caufe, il répond, enfin c'eft un autre garçon; je lui ai un peu conté de quelle façon il faut parler des Cordons-bleus; comme il n'eft queftion d'autre chofe, il eft bon de fçavoir ce qu'on doit dire, pour ne pas aller donner à travers des décifions naturelles qui font fur le bord de la langue ; il a fort bien entendu tout cela. Je lui ai dit que M. de Lamoignon, accoûtumé au caquet du petit Broglio (*h*), ne s'accommoderoit pas d'un silentieux ; il a fort bien causé, il est en vérité fort joli. Nous mangeons ensemble, ne vous mettez point en peine ; le Chevalier prend le Marquis, & moi M. du Plessis, & cela nous fait un jeu. Versailles nous séparera, & je garderai M. du Plessis. J'approuve fort le bon augure d'avoir été préservé par son épée. Au reste, ma très-chère, si vous aviez été ici, nous aurions fort bien pu aller à Livri, j'en suis en vérité la maîtresse, comme autrefois ; je vous remercie d'y avoir pensé. Je pâme de rire de votre sote bête de femme, qui ne veut pas *jouer*, que le Roi d'Angleterre n'ait gagné une bataille ; elle devroit être armée jusques-là, comme une Amazonne, au lieu de porter le violet & le blanc, comme j'en ai vu. Pauline n'est donc pas parfaite ; tant mieux, vous vous

(*h*) Le fils aîné de Victor-Maurice Comte de Broglio, Maréchal de France, tué au siège de Charleroi en 1693.

divertirez à la repaîtrir : menez-la doucement ; l'envie de vous plaire fera plus que toutes les gronderies. Toutes mes amies ne cessent de vous aimer, de vous estimer, de vous louer ; cela redouble l'amitié que j'ai pour elles. J'ai mes poches pleines de complimens pour vous. L'Abbé de Guénegaud s'est mis ce matin à vous bégayer un compliment à un tel excès, que je lui ai dit ; M. l'Abbé finissez donc, si vous voulez qu'il soit achevé avant la cérémonie (1). Enfin, ma chère enfant, il n'est question que de vous & de vos Grignans. J'ai trouvé, comme vous, le mois de Novembre assez long, assez plein de grands événemens ; mais je vous avoue que le mois d'Octobre m'a paru bien plus long & plus ennuyeux ; je ne pouvois du tout m'accoûtumer à ne vous point trouver à tout moment : ce temps a été bien douloureux ; votre enfant a fait de la diversion dans le mois passé. Je ne vous dirai plus, il reviendra, vous ne le voulez pas, vous voulez qu'on vous

(1) C'est-à-dire, avant le premier de l'an 1689.

dife, le voilà. Oh! tenez donc, le voilà lui-même en perfonne.

M. le Marquis DE GRIGNAN.

Si ce n'eſt lui-même, c'eſt donc ſon frère, ou bien quelqu'un des ſiens. Me voilà donc arrivé, Madame, & ſongez que j'ai été voir de mon chef M. de Lamoignon, Madame de Coulanges & Madame de Bagnols. N'eſt-ce pas l'action d'un homme qui revient de trois ſiéges ? J'ai cauſé avec M. de Lamoignon auprès de ſon feu ; j'ai pris du caffé avec Madame de Bagnols ; j'ai été coucher chez un Baigneur, autre action de grand homme. Vous ne ſçauriez croire la joie que j'ai d'avoir une ſi belle Compagnie, je vous en ai l'obligation : je l'irai voir, quand elle paſſera à Châlons. Voilà donc déja une bonne Compagnie, un bon Lieutenant, un bon Maréchal des Logis ; pour le Capitaine, il eſt encore jeune, mais j'en réponds. Adieu, Madame, permettez-moi de vous baiſer les deux mains bien reſpectueuſement.

* LETTRE XXXIX.

A LA MÊME.

1688. *A Paris, Vendredi 10 Décembre.*

JE ne réponds à rien aujourd'hui ; car vos lettres ne viennent que fort tard, & c'est le Lundi que je réponds à deux. Le Marquis est un peu crû, mais ce n'est pas assez pour se récrier ; sa taille ne sera point comme celle de son père, il n'y faut pas penser ; du reste, il est fort joli, répondant bien à tout ce qu'on lui demande, & comme un homme de sens, & comme ayant regardé, & voulu s'instruire dans sa campagne ; il y a dans tous ses discours une modestie & une vérité qui nous charment. M. du Plessis est fort digne de l'estime que vous avez pour lui. Nous mangeons tous ensemble fort joliment, nous réjouissant des entreprises injustes que nous faisons quelquefois les uns sur les autres ; soyez en repos sur cela, n'y pensez plus, & laissez-moi la honte de trouver qu'un roitelet sur moi soit un pesant fardeau ; j'en suis affligée, mais il faut céder à la grande justice de payer ses dettes, & vous comprenez cela mieux que personne ; vous êtes même assez bonne pour croire que je ne suis pas naturellement avare, & que je n'ai pas dessein de rien amasser. Quand vous êtes ici, ma chère bonne, vous parlez si bien à votre fils, que je n'ai qu'à vous admirer ; mais en votre absence, je me mêle de lui apprendre les manèges des conversations ordinaires, qu'il est important de sçavoir ; il y a des choses qu'il ne faut pas ignorer. Il seroit ridicule de paroître étonné de certaines nouvelles sur quoi l'on raisonne ; je suis assez instruite de ces bagatelles. Je lui prêche fort aussi l'attention à ce que les autres disent, & la présence d'esprit pour l'entendre vîte, & y répondre ; cela est tout-à-fait capital dans le monde. Je lui parle des prodiges de présence d'esprit, que Dangeau nous contoit l'autre jour ; il les admire, & je pèse sur l'agrément

& sur l'utilité même de cette sorte de vivacité. Enfin, je ne suis point désapprouvée par M. le Chevalier ; nous parlons ensemble de la lecture, & du malheur extrême d'être livré à l'ennui & à l'oisiveté ; nous disons que c'est la paresse d'esprit, qui ôte le goût des bons livres & même des romans : comme ce chapitre nous tient au cœur, il recommence souvent. Le petit d'Auvergne (*k*) est amoureux de la lecture ; il n'avoit pas un moment de repos à l'Armée, qu'il n'eût un livre à la main ; & Dieu sçait si M. du Plessis & nous, faisons valoir cette passion si noble & si belle : nous voulons être persuadez que le Marquis en sera susceptible, nous n'oublions rien, du moins, pour lui inspirer un goût si convenable. M. le Chevalier est plus utile à ce petit garçon qu'on ne peut se l'imaginer ; il lui dit toujours les meilleures choses du monde sur les grosses cordes de

---

(*k*) François-Egon de la Tour, Prince d'Auvergne, qui passa en 1702 de l'Armée du Roi, où il servoit en Allemagne, dans celle de l'Empereur.

l'honneur

l'honneur & de la réputation, & prend un soin de ses affaires, dont vous ne sçauriez trop le remercier ; il entre dans tout, il se mêle de tout, & veut que le Marquis ménage lui-même son argent, qu'il écrive, qu'il suppute, qu'il ne dépense rien d'inutile ; c'est ainsi qu'il tâche de lui donner son esprit de règle & d'économie, & de lui ôter un air de *grand Seigneur*, de *qu'importe, d'ignorance & d'indifférence*, qui conduit fort droit à toutes sortes d'injustices, & enfin à l'hôpital : voyez s'il y a une obligation pareille à celle d'élever votre fils dans ces principes. Pour moi, j'en suis charmée, & trouve bien plus de noblesse à cette éducation qu'aux autres. M. le Chevalier a un peu de goutte ; il ira demain, s'il peut, à Versailles ; il vous rendra compte de vos affaires. Vous sçavez présentement que vous êtes Chevaliers de l'Ordre ; c'est une fort belle & agréable chose au milieu de votre Province, dans le service actuel ; & cela siéra fort bien à la belle taille de M. de Grignan ; au moins, n'y aura-t-il personne qui lui dispute en Provence ; car il ne sera pas envié de

M. son oncle (1), cela ne sort point de la famille.

La Fayette vient de sortir d'ici, il a causé une heure d'un des amis de mon petit Marquis ; il en a conté de si grands ridicules, que le Chevalier se croit obligé d'en parler à son père qui est son ami ; il a fort remercié la Fayette de cet avis, parce qu'en effet il n'y a rien de si important que d'être en bonne compagnie, & que souvent, sans être ridicule, on est ridiculisé par ceux avec qui on se trouve : soyez en repos là-dessus, le Chevalier y donnera bon ordre. Je serai bien fâchée, s'il ne peut pas Dimanche présenter son neveu ; cette goutte est un étrange rabat-joie. Au reste, ma fille, pensiez-vous que Pauline dût être parfaite ? elle n'est pas douce dans sa chambre, il y a bien des gens fort aimez, fort estimez, qui ont eu ce défaut ; je crois qu'il vous sera aisé de l'en corriger ; mais gardez-vous, sur-tout, de vous accoûtumer à la gronder & à l'humilier. Toutes mes amies me chargent très-souvent de

(1) M. l'Archevêque d'Arles étoit Commandeur des Ordres du Roi.

mille amitiez, de mille complimens pour vous ; Madame de Lavardin vint hier ici me dire qu'elle vous estimoit trop pour vous faire *un compliment* ; mais qu'elle vous embrassoit de tout son cœur, & ce grand Comte de Grignan, voilà ses paroles. Vous avez grande raison de l'aimer.

Voici un fait : Madame de Brinon, l'ame de Saint Cyr, l'amie intime de Madame de Maintenon, n'est plus à Saint Cyr ; elle en sortit, il y a quatre jours : Madame d'Han .. qui l'aime, la ramena à l'Hôtel de Guise, où elle est encore. Elle ne paroît point mal avec Madame de Maintenon, car elle envoie tous les jours sçavoir de ses nouvelles ; cela augmente la curiosité de sçavoir quel est donc le sujet de sa disgrace. Tout le monde en parle tout bas, sans que personne en sçache davantage ; si cela vient à s'éclaircir, je vous le manderai.

LETTRE XL.
A LA MÊME.

1688. *A Paris, Lundi 13 Décembre.*

JE n'eusse jamais cru être bien aise de ne point voir M. de Grignan au premier jour de l'an; cependant il est certain que M. le Chevalier & moi, nous sommes en repos de la permission que le Roi lui donne de ne point venir. Vous ferez, comme les autres qui sont absens, & vous prendrez votre Cordon-bleu, quand on vous le dira; mais je crois que vous serez obligez de venir achever ici la cérémonie de Chevalier dans le cours de l'année prochaine; prendre le collier, prêter le serment, & achever ainsi la perfection d'un Chevalier sans reproche. Nous en raisonnerons, mais cela se voit à vue de pays. Votre enfant fut hier à Versailles avec M. du Plessis: M. le Chevalier n'a pu le mener, c'est un malheur; il est pourtant assez bien, mais c'est dans sa chaise;

je le gardois hier. Turi, Amelot, du Bellai & d'autres hommes, ne me chasserent point ; mais tout d'un coup, voilà Madame la Duchesse d'Elbeuf (*m*), & Madame le Cogneux sa cousine ; je tremblois que le Chevalier ne fût fâché, il ne le fut point du tout ; elle mena la parole si bien, si vigoureusement, si capablement, qu'il en fut ravi pour une demi-heure. Je reviens à ce petit Marquis, ne croyez pas que nous ayions été insensibles à la douleur de voir revenir cet enfant, sans vous retrouver au même endroit, où il vous avoit quittée ; je ne vous ai point dit ce que je sentois, & ce que je sçavois bien que vous souffriez ; je n'ai point appuyé là-dessus, & j'ai bien fait. Si vous aviez vu la violente contorsion de son épée, & la pesanteur du morceau de bombe qui l'a retournée sur sa hanche, vous diriez bien qu'il est heureux, & que Dieu l'a conservé visiblement par un coup si mesuré ; vous adoreriez cette main toute puissante, qui l'a conduit si à

(*m*) Françoise de Montault, fille de Philippes de Montault, Duc de Navailles, Pair & Maréchal de France.

propos pour vous & pour nous tous; car nous aimons parfaitement ce petit Capitaine. Soleri nous avoit conté comme vous étiez occupée de sa Compagnie ; mais ce que vous en mandez, est bien plus plaisant & plus agréable, nous l'avons lu & relu ; cette diversion vous a fait du bien. Ne soyez point en peine de la santé de votre enfant ; ni saignée ni médecine, rien du tout ; un bon appétit, un doux sommeil, un sang reposé, une grande vigueur dans les fatigues ; voilà ce qu'un Médecin pourroit lui ôter, si nous le mettions entre ses mains. * Pour Sanzei, le voilà revenu, il a été souvent à la tranchée, il ne s'est pas tenu dans les règles des Mousquetaires ; il a mangé avec MONSEIGNEUR, & pourquoi non ? deux autres y avoient mangé ; M. de Beauvillier lui fit ce plaisir sur la fin, afin que cela ne tirât point à conséquence. Madame de Bagnols nous a donné d'une douce langueur, souvent mêlée de larmes ; elle n'a point de rouge, elle est maigre ; elle conte souvent la cruelle & mortelle maladie de son ami, qu'elle prétend qu'un Médecin a tué. Madame de Coulanges est assez négligée, fort tranquille. L'Abbé Têtu a des vapeurs qui l'occupent, & toutes ses amies; ce sont des insomnies qui passent les bornes. Je vais à ma Messe de communauté, les Dames de onze heures ont pour pénitence la Messe de M. le Prieur, qui dure une heure; & je vais quelquefois à celle de la Duchesse du Lude, qui vous fait cent mille amitiez; répondez-y quelque chose que je lui puisse montrer. Madame de Saint-Germain, Madame de Villars, Madame d'Elbeuf, enfin mille que j'oublie. Je refusai Mercredi d'aller souper chez la Duchesse de Villeroi, je voulois dire adieu à Soleri; & Jeudi, chez la Duchesse du Lude, parce qu'il pleuvoit à verse; Vendredi, je fus manger des œufs frais avec elle chez Madame de Coulanges: je vous manderai toutes mes actions, j'aime que vous aimiez ces pauvretez, cela nous rapproche de vous. Je vois souvent le Chevalier, cette chambre m'attire (*n*); pas tant la Méri, quoique

(*n*) C'étoit la chambre de Madame de Grignan.

nous foyions fort bien enfemble. Vous êtes plaifante avec ce Coadjuteur ; il a une gaieté dont on s'accommode aifément, il paroît vous être attaché, ainfi que M. de Carcaffonne ; hé mon Dieu ! ne doivent-ils pas vous aimer paffionnément ? que n'êtes-vous pas pour eux, pour leur nom, pour leur famille ? toute livrée, toute dévouée, toute ruinée, toute détachée de votre famille, hors de votre maman, & pourquoi ? & parce que vous m'avez donné tous vos fentimens, je porte votre livrée, & vous m'aimez.

Mon Dieu, ma chère enfant ! que vos femmes font fotes, vivantes & mortes ! vous me faites horreur de cette fontange (*o*) ; quelle profanation ! cela fent le Paganifme. Ho ! cela me dégoûteroit bien de mourir en Provence ; il faudroit que du moins je fuffe affurée qu'on n'iroit point chercher une coëffeufe, en même temps qu'un plombier. Ah, vraiment ! fi, *ne parlons point de cela.*

(*o*) C'étoit l'ufage en Provence d'enterrer les morts à vifage découvert ; & les femmes qui avoient coûtume de fe coëffer avec des rubans, les conservoient encore dans leur biere.

Les

Les affaires d'Angleterre ne sçauroient aller plus mal, & votre Madame a bien l'air de ne *jouer* de long-temps (*p*). Je vous enverrai la feuille du bon Bigorre. Corbinelli est comblé de vos honnêtetez : mais ne vous tuez pas à répondre, vous seriez accablée. Songez que je n'ai que vous, voilà ma seule lettre, *paga lei*, *pago il mondo*. Madame de Chaulnes vous fait cent amitiez, & point de complimens par des raisons trop obligeantes. M. de Chaulnes écrit plaisamment ; il a pensé périr, en allant de Brest à Belle-Isle ; il se repose à Rennes présentement, je lui ai toujours mille obligations. J'ai vu MADEMOISELLE avec la Duchesse de Lesdiguières ; la Princesse dit qu'elle vous écrira ; la Duchesse vous dit des sortes de choses fort bonnes, sur-tout à M. de Grignan.

Je ne sçais encore rien de Madame de Brinon, si ce n'est que le Roi lui donne deux mille francs de pension ; on dit qu'elle ira à Saint Antoine. Elle prêchoit fort bien, comme vous

(*p*) Voyez la lettre du 8 Décembre, *page* 155.

sçavez ; voilà le bon Gobelin (*q*) à sa place, qui pour la remplir, & celle qu'il a déja, sera obligé de prêcher toute la journée. Vraiment, cette sotise que vous nous mandez de votre Prédicateur, n'a jamais été imaginée, quoiqu'il y ait long-temps qu'on se mêle d'en dire ; *Adam, le bon papa ; Eve, la cruelle maman.* On ne peut vous donner le paroli de celle-là.

Vous ne devez pas être honteuse de retrancher vos tables, puisque le Roi même, à l'exemple de son Grand Veneur (*r*), a retranché celles de Marli, il n'y a plus que celle des Dames. Madame de Leuville, la mère, me dit, l'autre jour, qu'elle ne donnoit plus à souper : enfin, on a bien des exemples à suivre.

Le Roi d'Angleterre est revenu à Londres, abandonné de ses plus fidéles en apparence ; il avoit un furieux saignement de nez : s'il avoit été où il avoit dessein d'aller, on l'eût mis entre les mains du Prince d'Orange. Il a été pressé de promettre un Parle-

(*q*) Confesseur de Saint Cyr.
(*r*) M. de la Rochefoucauld. *Voyez la lettre du 22 Novembre, page 122.*

de Madame de Sévigné. 171
ment libre pour le mois qui vient ; on dit que c'est sa perte assurée. Son gendre, le Prince de Danemarck, & son autre fille (*s*), qui est encore une *Tullie*, & que j'appelle la Demoiselle de Danemarck, sont allez trouver ce fléau de Prince d'Orange. On dit que le petit Prince (*t*) n'est point à Portsmouth, où l'on le croyoit assiégé : sa fuite fera un roman quelque jour. On ne doute pas que le Roi, son père, ne s'enfuie aussi. Voilà donc apparemment le Prince d'Orange maître & protecteur, & bientôt pis, à moins d'un miracle. C'est là ce qui se dit à trois heures, peut-être que ce soir l'Abbé Bigorre en sçaura davantage.

(*s*) Anne Stuart, femme du Prince George de Danemarck, depuis Reine d'Angleterre, après la mort de Guillaume III, son beau-frère. *Voyez la lettre du 8 Novembre, p. 90.*

(*t*) Jacques-François-Edouard, Prince de Galles, né le 20 Juin de cette même année.

P ij

LETTRE XLI.
A LA MÊME.

1688. *A Paris, Mercredi 15 Décembre.*

ME voici plantée au coin de mon feu, une petite table devant moi, labourant depuis deux heures mes lettres d'affaires de Bretagne ; une lettre à mon fils que je renvoie à M. de Chaulnes pour les nouvelles, car il eſt à Rennes ; & puis, je me vais délaſſer & rafraîchir la tête à écrire à ma chère fille. Il eſt certain que je me repoſe en vous écrivant ; & d'autant plus que voilà notre petit Héros qui n'eſt point poëtique, qui revient de Verſailles, & qui prendra la plume, quand je voudrai, pour vous conter ſes faits & geſtes de la Cour, comme la renommée vous a conté ceux de Philiſbourg & de Manheim.

J'approuve fort la réponſe que vous voudriez que M. le Dauphin eût faite à la lettre de M. de Montauſier ; cela eût été parfait, & digne du Héros. On voit une médaille, où l'on fait parler les ennemis : il y a un aiglon armé de la foudre, & pour légende ce vers d'Horace,

Cœlo tonantem credidimus Jovem.

Pour le deuil du pauvre S. Aubin, je ne trouve rien à dire à ce que vous avez fait, que de l'avoir pris dans un lieu si éloigné, & où ce pauvre garçon étoit si inconnu. Vous êtes trop bonne, & M. de Grignan trop honnête : ne manquez pas, au moins, de le quitter le premier jour de l'an ; c'est-là que Madame la Princesse de Conti a réglé le deuil de Mademoiselle de Sanzei ; M. de la Trousse fera de même. Je vois bien que les communions sont un peu fréquentes en Provence ; pour moi, je le dis à ma honte, j'ai laissé l'immaculée Conception de la Mère, afin de me garder tout entière pour la Nativité du Fils ; il est vrai qu'on ne sçauroit trop s'y préparer. Mais voilà le Marquis qui revient de là-haut, je commençois à chanter ;

Le Héros que j'attends, ne reviendra-t-il pas ?

Le voilà donc avec ma plume que je lui remets.

M. le Marquis DE GRIGNAN.

J'arrive de Verfailles, Madame, où j'allai Dimanche paffé. Je fus d'abord chez M. le Maréchal de Lorges, pour le prier de me préfenter au Roi; il me le promit, & me donna rendez-vous à la porte de l'appartement de Madame de Maintenon, pour le faluer quand il fortiroit. Je le faluai donc, il s'arrêta, & me fit un figne de tête en fouriant. Le lendemain, je faluai MONSEIGNEUR, Madame la Dauphine, MONSIEUR, MADAME, & les Princes du Sang chez eux, & je fus par-tout bien reçu. J'allai dîner chez Madame d'Armagnac, qui me fit mille honnêtetez, & me chargea de vous faire fes complimens. De-là je fus chez M. de Montaufier, où je demeurai jufques à la Comédie; on jouoit *Andromaque*, qui m'étoit toute nouvelle; jugez, Madame, du plaifir que j'y pris. J'allai le foir au fouper & aux couchers; le lendemain, qui étoit hier, aux levers : je paffai le reste de la matinée au Bureau & chez M. Charpentier ; je dînai chez M. de Montausier ; après-dîner, je fus voir Madame d'Armagnac, & de-là à *Sertorius* ; & puis, la même chose que le jour d'auparavant. Ce matin j'ai été aux levers ; après cela, M. de la Trousse m'a mené chez M. de Louvois, qui m'a dit de songer à ma Compagnie, je lui ai dit qu'elle étoit faite, & M. de laTrousse a ajoûté qu'elle étoit parfaitement belle. Voilà, Madame, un compte exact de ce qui s'est passé à Versailles. Permettez-moi, en voyant votre portrait, de gémir de ne pouvoir me jetter aux pieds de l'original, lui baiser les deux mains, & aspirer à une de ses joues.

LETTRE XLII.

A LA MÊME.

1688. *A Paris, Vendredi 17 Décembre.*

JE commence cette lettre dès le matin, & je l'acheverai ce soir, au cas qu'il plaise à la poste d'arriver à une heure raisonnable ; je ferai, enfin, comme le Chevalier. Nous avons une certaine envie de voir votre réponse au sujet du Cordon-bleu, dont la surprise a dû vous être agréable. Nous trouvons qu'il n'y a que vous, dans cette occasion, de distingué pour le commandement des Provinces ; car le frère de la Dame d'honneur, un Menin, un Ambassadeur, avoient des droits que vous n'avez pas. Les autres Commandans sont des Guerriers (*u*),

────────

(*u*) M. le Comte de Grignan, Lieutenant Général au Gouvernement de Provence, & des Armées du Roi, ne servoit depuis l'année 1670, que comme employé sur cette frontière, où il commandoit en l'absence de M. de Vendôme.

& tous les autres très-oubliez. Mais, ma chère belle, que nous sommes loin l'une de l'autre ! il y a quinze jours que nous attendons cette réponse. M. de Lamoignon va passer ces Fêtes à Bâville ; il étoit hier chez le Chevalier, & m'emmena souper avec lui. M. Amelot, qui est revenu de Portugal, & s'en va en Suisse sans avoir quasi le temps de respirer, y soupa aussi ; Coulanges y étoit, votre santé fut bue à la ronde, en vous regretant toujours ; on est bien loin de vous oublier ici, il n'est pas même besoin de ma présence. La Duchesse du Lude est comme malade, elle vomit, elle garde sa chambre, & me parle toujours de vous. Madame de Coulanges & *les Divines* sont occupées à consoler les vapeurs de l'Abbé Têtu, qui sont trop fortes & lui ôtent le sommeil ; M. du Bois, dont la capacité sur la santé est infinie, traite aussi cet Abbé ; il vous rend mille graces des souvenirs obligeans que vous avez de lui. Je fus hier dans notre quartier rendre mille visites que je reçois pour votre Chevalerie ; entr'autres M. de Richebourg qui vous adore, & Madame de Maisons qui est toute Grignan. Le Marquis avoit été chez elle, & l'avoit fort bien entretenue, il est fort façonné ; je suis affligée que vous ne le voyiez point.

M. le Chevalier est incommodé de sa haute réputation ; on le prend pour témoin des vies & mœurs, ses amis s'en font honneur. Il se traîna hier chez M. de Paris, & lui dit qu'il avoit fait un effort pour venir devant lui, tâcher de détromper le monde de la fausse réputation de M. de Beauvillier, il leva la main & dit sérieusement ce qu'il en pensoit, la main ne lui sécha point. Il en fera Dimanche autant pour M. de Dangeau. Il vous mandera ce soir tout ce que vous aurez à faire. J'en reviens toujours à dire, *ce qui est bon, est bon ;* personne, dans tout ceci, ne perd ni ne gagne : tout le monde se connoît, & il y en a quelques-uns qui sont embarrassez. On fait plusieurs vers & chansons ; je ne veux rien écouter, mais voici ce que la Comtesse cria tout haut l'autre jour chez MADEMOISELLE.

Le Roi, dont la bonté le met à mille épreuves,

Pour foulager les Chevaliers nouveaux,
En a difpenfé vingt de porter des manteaux,
Et trente de faire leurs preuves.

Et tout cela eft fort bien. Madame de Vaubecourt a gagné fon procès avec triomphe, comme vous. M. de Broglio a le Commandement de Languedoc qu'avoit la Trouffe ; nous croyons que ce dernier aura mieux ; la dépenfe qu'il faifoit dans cette Province, met le bouton bien haut à fon fucceffeur. Ma chère enfant, je vous conte des bagatelles, je laiffe le folide à M. le Chevalier ; je me contente de m'intéreffer auffi fenfiblement que lui à ce qui vous touche, d'en difcourir dans fa chambre au coin de fon feu, de fouhaiter que votre affaire d'Avignon foit bonne, & que votre voyage foit utile. Il y eut un tel bruit avant-hier, comme je finiffois ma lettre, que je ne vous dis pas la moitié de ce que je voulois ; & c'eft un bonheur que je vous aime conftamment trois jours de fuite pour pouvoir reprendre le fil de mon difcours fur le même ton.

Voilà M. le Duc de Coiflin qui

vient encore de prier le Chevalier d'être son témoin ; & M. l'Evêque d'Orléans aussi (*x*) : enfin, c'est une approbation qu'on veut avoir à toute force. Il ne fera pas difficile de trouver, le mois qui vient, deux Cordons-bleus qui se battent, il y en aura une belle quantité. En voilà assez, mon enfant, jusqu'à ce soir. Vous ne vous êtes point trompée à la poësie de *Sapho* (*y*), votre goût est juste & le sera toujours : le mien l'est fort aussi, quand je vous aime & je vous estime, comme je fais.

Me voilà revenue de la Ville. J'ai été remercier Madame de Meckelbourg de ses honnêtetez, & Madame d'Elbeuf de sa visite ; c'est vous qui m'attirez ces devoirs. Je ne sçais rien de nouveau. Les affaires d'Angleterre ne changent point d'un jour à l'autre. Vos lettres ne sont pas encore venues. Comme vous avez vu que du Mercredi au Vendredi je ne change pas d'avis pour vous aimer, je n'en

(*x*) Pierre de Cambout de Coislin, Evêque d'Orléans, alors Premier Aumônier du Roi, puis Cardinal, & Grand Aumônier de France.
(*y*) Mademoiselle de Scuderi.

change pas auffi du matin au foir : ainfi, ma chère enfant, je fuis tout entière à vous, & je vous conjure de m'aimer toujours, comme vous faites.

Ah ! voilà juftement votre lettre du dix ; je vous avoue que je l'attendois avec impatience, & que je voulois voir fi votre joie & vos fentimens reffembloient aux nôtres ; & je les trouve, Dieu merci, tout pareils. En vérité, vous devez être contens ; tous les complimens qu'on vous fait, font même d'une manière toute propre à vous plaîre & à vous flater. Madame de Lavardin dit qu'elle vous aime trop pour vous rien dire en forme : enfin, tout eft agréable pour vous, & ceux qui parlent & ceux qui fe taifent. Vous vous trompez, fi vous croyez qu'on ne penfe plus à cette promotion ; tout eft encore auffi vif, & les affaires d'Angleterre ne font qu'une légère diverfion ; en approchant même du jour de la cérémonie, cela redouble. M. de Charôt venoit, on l'a renvoyé de vingt lieues d'ici : tous ceux qui commandent dans les Provinces, ne reviendront pas ; jugez fi le plus éloigné & le seul en Provence, reviendra ; soyez en repos, je vous l'ai dit, la grace est complette. Quelque fatigue que me donne mon gendre par les complimens, je serois bien fâchée d'être en Bretagne, je vous en assure : j'ai eu trop de plaisir de tout ce que j'ai vu & entendu sur cette affaire ; j'en reçois vos complimens, ma chère Comtesse, vous n'y prenez pas plus d'intérêt que moi.

LETTRE XLIII.

A LA MÊME.

1688. *A Paris, Lundi 20 Décembre.*

EST-IL possible, ma très-chère, que j'écrive bien ? cela va si vîte, mais puisque vous en êtes contente, je n'en demande pas davantage. Vous aurez, avec un peu de patience, tout ce que vous desirez. M. de Grignan ne viendra point, & le Roi vous donnera & vous enverra le Cordon-bleu & la Croix au bout. Si les autres absens sont faits Chevaliers par un ancien Chevalier, comme on le dit, on demandera que Monsieur l'Archevêque (*d'Arles*) reçoive son cher neveu ; sinon, ce sera à votre premier voyage, & le Cordon en attendant. Enfin, vous ferez comme les autres, & vous recevrez vos instructions.

Comment êtes-vous avec Monsieur d'Aix ? il m'a tant louée, à ce que vous me mandez, que je n'oserois vous dire que je voudrois qu'il ne fût point chagrin contre vous tous : mais en général vous sçavez, & Monsieur le Coadjuteur aussi, combien l'on hait en ce pays-ci les démêlez des Provinces, cela s'appelle *éplucher des écrevisses*. Pour votre enfant, M. le Chevalier tâche de lui apprendre à être un homme avec une tête, lui faisant voir les grands inconvéniens qui arrivent de n'en avoir pas. Il ne tiendra pas à nous qu'en votre absence il n'apprenne tout ce qu'il ne sçait pas encore ; & cependant, il n'en est pas moins baisé & caressé, sa destinée est d'être parfaitement aimé. Je soupai hier chez la Duchesse du Lude avec Madame de Coulanges, le Premier Président de la Cour des Aides, & la

Maréchale de Créqui. Cette dernière me fit plaifir, je vous l'avoue, en me difant, après bien des complimens pour vous, que votre fils s'étoit acquis bien de l'honneur dans cette dernière campagne ; qu'elle le fçavoit d'un endroit non fufpect, & que nonfeulement pour la hardieffe & pour le fens froid, mais pour la fageffe, il s'étoit diftingué, s'étant retiré de certaines parties trop gaillardes fans faire le Caton, ni fans fe faire haïr ; & que ces commencemens étoient admirables ; qu'elle s'en réjouïffoit avec vous, & avec moi : ces louanges en détail, & appuyées d'une perfonne qui n'eft point flateufe, m'ont paru dignes de vous être mandées.

Nous tinmes hier chapitre chez Madame de Lavardin, toutes les veuves, & Mademoifelle de la Rochefoucauld reçue dans le corps, comme je vous ai dit ; il fembloit que nous ne fuffions affemblées que pour parler de vous, & vous célébrer. Vous connoiffez la folidité des tons de Madame de Lavardin. Nous y demeurames encore d'accord fur la chofe préfente, que chacun confervoit fa place, les grands
fans

sans être rabaissez, & les autres sans être rehaussez, au contraire.

M. de Grignan fait fort bien de triompher sur les louanges que je lui donne, touchant cette première campagne de son fils. Il n'en sçait pas encore tout le prix, jamais il n'a mieux pensé : mais pourquoi entend-il des tons ironiques sur les louanges que je lui donne ? quoi ! moi ! je serois capable de ne pas trouver admirable tout ce qu'il pense & tout ce qu'il a jamais pensé ! je me plains à mon tour ; & en attendant que cette querelle soit vuidée, je l'embrasse de tout mon cœur. Voilà ce qui nous l'a gâté ; car malgré tant d'orages & de naufrages, on l'aime toujours.

Madame de Broglio croit qu'elle s'en va demeurer avec vous, parce qu'elle va en Languedoc. Nous ne sçavons point encore la destinée de la Trousse, nous n'en sommes point en peine : il sera le plus joli des Chevaliers, je le verrai chez lui. Si M. de Grignan avoit été de la cérémonie, j'aurois souhaité de la voir, pour être témoin de sa parfaite bonne mine.

Le Roi d'Angleterre est toujours

trahi, même par ses propres Officiers; il n'a plus que M. de Lausun qui ne le quitte point. Il y aura un Parlement; on espère à un tiers parti, qui ne voudra point du Prince d'Orange. Le petit Prince est en sûreté jusqu'ici à Portsmouth. Que dites-vous de cette Nation Angloise?

LETTRE XLIV.

A LA MÊME.

1688. *A Paris, Mercredi 22 Décembre.*

VOus êtes si vive au milieu de nos cœurs, ma chère fille, & toutes nos actions, nos pensées roulent si fort sur vous; & comme vous disiez, nous sommes tellement assemblez en votre nom, que nous ne pouvons souffrir de ne plus voir entrer cette chère Comtesse, que nous aimons si passionnément, je parle en communauté; car votre enfant sent fort bien votre absence, & le malheur de ne vous point voir. Je lui dis sans cesse de profiter du solide bonheur d'avoir un oncle, comme le Chevalier ; nous caufons avec lui fort utilement ; il y a bien de petites chofes qu'il faut encore lui apprendre, pour le manége de la fociété & de la converfation. Quand il retombe quelquefois, ou à être diftrait, ou à faire des queftions mal placées, je me fouviens de la Fable de *la Chate* (z) qui devint femme ; elle s'échapoit quelquefois, quand elle voyoit paffer une fouris ; auffi le Marquis, qui eft un homme, laiffe voir quelquefois un moment qu'il eft enfant ; car de bonne foi, ne devroit-il pas entrer préfentement à l'Académie ? & voyez tout ce qu'il a fait, il eft affurément fort joli & fort changé : je l'embraffe fort fouvent, vous êtes mon prétexte ; car je le prends quelquefois en trahifon, & je lui explique d'où cela vient. Madame de la Fayette, chez qui fon oncle l'a mené, en eft fort contente. Je le menerai chez Madame de Lavardin, qui n'a pas voulu vous faire un compliment par excès d'eftime &

(z) Voyez la Fable qui a pour titre, *la Chate métamorphofée en femme*, par la Fontaine.

d'amitié ; celles qui vous en ont fait, vous aiment aussi, tout est bon.

Vous aurez vos instructions, & votre Cordon avec la Croix, comme les autres : vous serez tous traitez également, soit qu'un Chevalier vous donne l'Ordre, soit qu'on vous permette de le porter avant la reception ; vous n'avez qu'à vous donner un peu de patience. La lettre du Ministre n'est point du tout un congé : enfin, nous serions fâchez de voir M. de Grignan dans les circonstances présentes ; car tout est si brouillé du côté de l'Angleterre, que chacun demeure à son poste. Les contre-temps des lettres vous ont empêchez de prendre d'abord une bonne résolution. Vos Prélats vous ont quittée ; j'admire toujours également celui qui fait bâtir, & celui qui n'achève point son bâtiment ; mais ce dernier est plus insupportable, ayant commencé, de ne vouloir pas achever, & de laisser tout ce désordre dans votre Château. Cela nous impatiente, & donne la goutte ; cette goutte n'est point considérable ni fort douloureuse ; mais c'est une lanternerie & une foiblesse, qui empêche d'aller à Versailles, comme si elle étoit plus considérable. Nous vous envoyons des vers de Madame Deshoulières, que vous trouverez bien faits.

Sanzei (*a*) va quelquefois à Versailles, il mange chez Madame de Coulanges ; car au lieu de votre bonne table où vous nous avez si bien nourris, nous ne sommes plus que de petites miettes réunies : il aura une Lieutenance de Dragons ; il a été à la tranchée, comme les autres, il est content. Mais sans vous flater, les Fées ont soufflé sur toute la campagne du Marquis ; il a plu à tout le monde, & par sa bonne contenance dans le péril, & par sa conduite gaie & sage ; il n'y a qu'une opinion sur son sujet. Cette contusion étoit le dernier don de la dernière Fée, car elle a tout fini ; c'est ce qui s'appelle, la plume de l'oiseau, ou le pied du cerf. M. d'Avaux (*b*) doit être arrivé.

(*a*) Il étoit fils d'une sœur de Monsieur de Coulanges.

(*b*) Jean-Antoine de Mêmes, Comte d'Avaux, nommé depuis Ambassadeur extraordinaire auprès de Jacques II, Roi d'An-

L'Abbé de Guénegaud avoit pleuré Madame de Mêmes, avant qu'il se fût mis à bégayer. Madame de Saint-Geran (c) est accouchée d'une petite fille ; cela ne valoit pas la peine de s'y mettre.

LETTRE XLV.

A LA MÊME.

1688. *A Paris, Vendredi 24 Décembre.*

LE Marquis a été seul à Versailles, il s'y est fort bien comporté ; il a dîné chez M. du Maine, chez M. de Montausier ; soupé chez Madame d'Armagnac ; fait sa cour à tous les levers, à tous les couchers. MONSEIGNEUR lui a fait donner le bougeoir ; enfin, le voilà jetté dans le monde, & il y fait fort bien. Il est à la mode,

gleterre : il revenoit de son Ambassade de Hollande.

(c) Françoise-Madeleine-Claude de Warignies, Comtesse de Saint-Geran, accoucha pour la première fois d'une fille, après vingt-un ans de mariage.

& jamais il n'y eut de si heureux commencemens, ni une si bonne réputation ; car je ne finirois point, si je voulois vous nommer tous ceux qui en disent du bien. Je ne me console point que vous n'ayiez pas le plaisir de le voir & de l'embrasser, comme je fais tous les jours.

Mais ne semble-t-il pas, à me voir causer tranquillement avec vous, que je n'aie rien à vous mander ? Ecoutez, écoutez, voici une petite nouvelle qui ne vaut pas la peine d'en parler. La Reine d'Angleterre & le Prince de Galles, sa nourrice & une remueuse uniquement, seront ici au premier jour. Le Roi leur a envoyé les carrosses sur le chemin de Calais, où cette Reine arriva Mardi dernier 21 de ce mois, conduite par M. de Lausun. Voici le détail que M. Courtin, revenant de Versailles, nous conta hier chez Madame de la Fayette. Vous avez sçu comme M. de Lausun se résolut, il y a cinq ou six semaines, d'aller en Angleterre ; il ne pouvoit faire un meilleur usage de son loisir, il n'a point abandonné le Roi d'Angleterre, pendant que tout le monde le trahissoit & l'abandonnoit. Enfin, Dimanche dernier 19 de ce mois, le Roi qui avoit pris sa résolution, se coucha avec la Reine, chassa tous ceux qui le servent encore ; & une heure après se releva, pour ordonner à un Valet de Chambre de faire entrer un homme qu'il trouveroit à la porte de l'anti-chambre, c'étoit M. de Lausun. Le Roi lui dit, je vous confie la Reine & mon fils ; il faut tout hazarder, & tâcher de les conduire en France. M. de Lausun le remercia, comme vous pouvez penser ; mais il voulut mener avec lui un Gentilhomme d'Avignon, nommé Saint-Victor, que l'on connoît, qui a beaucoup de courage & de mérite. Ce fut Saint-Victor qui prit dans son manteau le petit Prince, qu'on disoit qui étoit à Portsmouth, & qui étoit caché dans le Palais. M. de Lausun donna la main à la Reine, vous pouvez jetter un regard sur l'adieu qu'elle fit au Roi ; & suivis de ces deux femmes que je vous ai nommées, ils allerent dans la rue prendre un carrosse de louage. Ils se mirent ensuite dans un petit bateau le long de la rivière, où ils essuyerent

un

de Madame de Sévigné.

en si gros temps, qu'ils ne sçavoient où se mettre. Enfin, à l'embouchure de la Tamise, ils entrerent dans un Yacht, M. de Lausun auprès du Patron, en cas que ce fût un traître, pour le jetter dans la mer. Mais comme le Patron ne croyoit mener que des gens du commun, ce qui lui arrive fort souvent, il ne songea qu'à passer tout simplement, au milieu de cinquante bâtimens Hollandois qui ne regardoient seulement pas cette petite barque ; & ainsi protégée du Ciel, & à couvert de sa mauvaise mine, elle aborda heureusement à Calais, où M. de Charôt reçut la Reine avec tout le respect que vous pouvez penser. Le courier arriva hier à midi au Roi, qui conta toutes ces particularitez ; & en même temps on donne ordre aux carrosses du Roi d'aller au-devant de cette Reine, pour l'amener à Vincennes que l'on fait meubler. On dit que Sa Majesté ira au-devant d'elle. Voilà le premier tome du Roman, dont vous aurez incessamment la suite. On vient de nous assurer que pour achever la beauté de l'aventure, M. de Lausun après avoir mis la Reine & le Prince en sûreté entre les mains de M. de Charôt, a voulu retourner en Angleterre avec Saint-Victor, pour courir la triste & cruelle fortune de ce Roi : j'admire l'étoile de M. de Lausun, qui veut encore rendre son nom éclatant, quand il semble qu'il soit tout-à-fait enterré. Il avoit porté vingt mille pistoles au Roi d'Angleterre. En vérité, ma fille, voilà une jolie action & d'une grande hardiesse ; & ce qui l'achève, c'est d'être retourné dans un pays, où selon toutes les apparences il doit périr, soit avec le Roi, soit par la rage qu'ils auront du coup qu'il leur vient de faire. Je vous laisse rêver sur ce Roman, & vous embrasse avec une sorte d'amitié qui n'est pas ordinaire.

LETTRE XLVI.
A LA MÊME.

A Paris, Lundi 27 Décembre. 1688.

Sçavez-vous bien que votre petit Capitaine est sur le chemin de Châlons, pour aller voir cette belle Compagnie que vous lui avez faite ? Il partit le jour de Noël pour aller coucher à Claie, & faire en passant la révérence à Livri ; il reviendra Dimanche. Le Chevalier a mesuré tous ses jours ; M. du Plessis est avec lui, toujours comblé des marques de votre estime & de votre confiance ; vous pouvez compter qu'il est entiérement à vous & à votre enfant, & qu'il y sera tant que vous voudrez. Il me paroît avec son audace au chapeau & cette cravate noire, comme ce Maréchal qui devint Peintre par amour : c'est bien l'amour aussi pour votre maison, qui l'a fait devenir guerrier ; enfin il a du courage, de la hardiesse, & de toutes sortes d'autres vertus, pour en faire tout ce qu'il vous plaira. Voilà son chapitre épuisé, celui du Marquis ne l'eſt pas ; vous le croyez gros, il ne l'eſt pas ; au contraire, ſa taille eſt devenue plus fine par en bas ; il eſt crû, mais en deux mois & demi, trouvez-vous que l'on croiſſe beaucoup ? Il s'eſt paſſé tant de choſes, ma chère enfant, depuis trois mois, qu'il nous ſemble qu'il y a trois ans. Enfin, le temps aſſurément ne va point, comme quand nous étions ici enſemble. Soleri vous a repréſenté notre ſociété, qui ne ſubſiſte qu'en vous & pour vous ; car vous êtes notre véritable lien ; & ce joli portrait... mais il ne dit jamais un mot, cela nous ennuie, vous êtes bien plus belle que lui ſans vous flater. J'ai fait voir ce matin à la Ducheſſe du Lude votre page d'écriture, elle en eſt bien contente ; il lui falloit cela pour les amitiez qu'elle me fait tous les jours pour vous. Elle m'a menée après la Meſſe chez l'Abbé Têtu avec Alliot ; cet Abbé ne dort point du tout, il eſt en vérité fort mal ; cela paſſe les vapeurs ordinaires, & on ne peut le voir ſans beaucoup de pitié : Madame de Coulanges & toutes ſes amies en ont des ſoins infinis.

On ne parle que de la Reine d'Angleterre ; elle a prié qu'on la laiſſât un peu reſpirer à Boulogne, juſqu'à ce qu'elle eût des nouvelles du Roi, ſon mari, qui s'eſt ſauvé d'Angleterre, ſans qu'on ſçache encore où il eſt. Le Roi a envoyé à cette Reine trois carroſſes à dix chevaux, des litières, des Pages, des Valets de pied, des Gardes, un Lieutenant & des Officiers. Nous vous dirons tout cela dans la feuille du bon Bigorre. M. de Lauſun doit être bien content de cette aventure ; il a montré de l'eſprit, du jugement, de la conduite, du courage ; & a trouvé, enfin, le chemin de Verſailles en paſſant par Londres, cela n'eſt fait que pour lui. La Princeſſe (d) eſt outrée de penſer que le Roi en eſt content, & qu'on le verra revenir à la Cour.

M. le Chevalier cauſe avec moi des affaires, au ſujet deſquelles vous lui écrivez ; je crois que vous le voulez ainſi, car vous ſçavez ce que c'eſt

(d) Anne-Marie-Louïſe d'Orléans, Ducheſſe de Montpenſier.

que la confiance dans l'amitié. Monsieur Coignet avoit, l'autre jour, dans la tête de marier votre fils avec la petite de Lamoignon, à qui Monsieur Voisin donne cent mille écus, en attendant mieux: M. le Chevalier aime cette pensée. M. de Mirepoix épouse la fille de la Duchesse de la Ferté (e) avec cinquante petits mille écus mal payez; ce mariage s'est fait, on ne sçait comment. Madame de Mirepoix donne son fils, qui est un grand parti, au plus médiocre de la Cour. Je veux voir ce que dit sur cela Madame du Pui-du-Fou (f).

La cérémonie (*des Chevaliers*) se fera sans cérémonie à Versailles dans la Chapelle. Elle commencera le Vendredi (g) à Vêpres, & sera continuée le jour de l'an le matin, & le reste à Vêpres. Le Roi a ôté l'obligation de communier dans la cérémonie; S. M.

(e) Anne-Charlotte-Marie de Saint-Nectaire.

(f) Madeleine de Bellièvre, Marquise du Pui-du-Fou, mère de Madeleine du Pui-du-Fou, Marquise de Mirepoix; & de Marie-Angélique du Pui-du-Fou, seconde femme de M. de Grignan.

(g) 31 Décembre.

n'aura pas son grand Manteau, il n'aura que le Collier : les Manteaux se prêtent, de sorte qu'il est vrai que plusieurs en sont dispensez présentement. Le Roi est fort content de la manière dont M. de Monaco (*h*) a reçu l'Ordre, il l'a dit tout haut, & cela embarrasse ceux qui l'ont refusé. Il y a bien de l'apparence que le même courier qui portera le Cordon à Monaco, le portera à M. de Grignan. Il me semble qu'il est comme ces chiens, à qui l'on dit long-temps, *tout-beau* ; & puis tout d'un coup, *pille*. La comparaison est riche, je crains qu'elle ne me fasse une querelle avec cet esprit pointilleux ; il dira que je le traite comme un chien. Adieu, très-chère & très-aimable, j'aurois encore cent choses à vous dire, mais c'est vous accabler.

(*h*) Il consentit de prendre rang, comme Duc de Valentinois, & non comme Prince de Monaco.

LETTRE XLVII.

A LA MÊME.

1688. *A Paris, Mercredi 29 Décembre.*

VOICI donc ce Mercredi si terrible, où vous me priez de négliger un peu ma chère fille ; mais c'est de lui écrire & de causer un peu avec elle, qui me console de mes fatigues. Je me souviens assez de Provence & d'Aix, & je sçais assez le sujet que vous avez de vous plaindre de l'élection (*des Consuls*) qui fut faite le jour de Saint André, pour approuver extrêmement que vous l'ayiez fait casser par le Parlement. J'ai vu le Père Gaillard (1) qui en est fort aise, il parlera à M. de Croissi, & fera renvoyer toute l'affaire à M. de Grignan. On ne sçauroit se venger plus honnêtement, ni d'une manière

_____

(1) Célèbre Jésuite, qui prenoit part à cette affaire par rapport à M. Gaillard, son frère, homme de mérite & de beaucoup d'esprit.

qui doive mieux guérir & corriger de la fantaisie de vous déplaire. J'en fais mon compliment à M. Gaillard ; je suis vraiment flatée de la pensée d'avoir ma place dans une si bonne tête ; je ne sçaurois oublier ses regards si pleins de feu & d'esprit. Ne causez-vous pas quelquefois avec lui ?

Je comprends cet ouvrage de deux mois, que vous avez à faire cet hiver à Aix ; il paroît grand & difficile, à le regarder tout d'une vue : mais quand vous serez en train d'aller & de travailler, étant tous les jours si accablée de devoirs & d'écritures, vous trouverez que malgré l'ennui & la fatigue, les jours ne laissent pas de s'écouler fort vîte. J'en ai passé de bien douloureux, sans que le temps se soit arrêté pour cela : ce qui est de vrai, c'est qu'au bout de trois mois, on croit qu'il y a trois ans qu'on est séparé. Si vous voulez m'en croire, vous demeurerez fort bien à Aix jusqu'à Pâques, le carême y est plus doux qu'à Grignan. La bise de Grignan, qui vous fait avaler la poudre de tous les bâtimens de vos Prélats, *me* fait mal *à votre poitrine* (*k*), & me paroît un petit camp de Maintenon. Vous ferez de ces pensées tout ce que vous voudrez ; pour moi, je ne souhaite au monde que de pouvoir travailler avec ma chère bonne, & achever ma vie en l'aimant & en recevant les tendres & *pieuses* marques de son amitié ; car vous me paroissez *le pieux Enée* en femme.

J'ai vu Sanzei, je l'ai embrassé pour vous ; il s'est mis à genoux, il m'a baisé les pieds ; je vous mande ses folies, comme celles de Dom Quichotte : il n'est plus Mousquetaire, il est Lieutenant de Dragons ; il a parlé au Roi, qui lui a dit que s'il servoit avec application, on auroit soin de lui. Voilà où il lui seroit bien nécessaire d'être un peu, *Monsieur du pied de la lettre.* Vous ne sçauriez croire comme cette qualité, qui nous faisoit rire, est utile à votre enfant, & combien elle contribue à composer sa bonne

---

(*k*) La mère ne pouvoit exprimer plus laconiquement ni avec plus d'énergie, le mal qu'elle souffroit, quand elle craignoit pour la poitrine de sa fille.

réputation ; c'est un air, c'est une mode d'en dire du bien. Madame de Verneuil, qui est revenue, commença hier par-là, & vous fit ensuite mille amitiez & mille complimens. Je crois que Mademoiselle de Coiflin (1) sera enfin Madame d'Enrichemont.

Madame de Coulanges que j'ai vue ce matin chez la Bagnols, m'a dit qu'elle avoit reçu votre réponse, & qu'elle me la montreroit ce soir chez l'Abbé Têtu. Vous voilà donc quitte de cette réponse ; mais vous me faites grand'pitié de répondre ainsi seule à cent personnes qui vous ont écrit : cette mode est cruelle en France. Mais que vous dirai-je d'Angleterre, où les modes & les manières sont encore plus fâcheuses ? M. de Lamoignon a mandé à M. le Chevalier que le Roi d'Angleterre étoit arrivé à Boulogne ; un autre dit à Brest, un autre dit qu'il est arrêté en Angleterre, un autre qu'il est péri dans les horribles tempêtes qu'il y a eu sur la mer : voilà

(1) Madeleine-Armande du Cambout, mariée le dix Avril suivant à Maximilien de Bethune, Duc de Sulli, Prince d'Enrichemont.

de quoi choisir. Il est sept heures ; M. le Chevalier ne fermera son paquet qu'au bel air de onze heures ; s'il sçait quelque chose de plus assuré, il vous le mandera. Ce qui est très-certain, c'est que la Reine ne veut point sortir de Boulogne, qu'elle n'ait des nouvelles de son mari ; elle pleure, & prie Dieu sans cesse. Le Roi étoit hier fort en peine de Sa Majesté Britannique. Voilà une grande scène, nous sommes attentifs à la volonté des Dieux,

. . . . Et nous voulons apprendre
Ce qu'ils ont ordonné du Beau-père & du
Gendre.

Je reprends ma lettre, je viens de la chambre de M. le Chevalier. Jamais il ne s'est vu un jour comme celui-ci ; on dit quatre choses différentes du Roi d'Angleterre, & toutes quatre par de bons auteurs. Il est à Calais, il est à Boulogne, il est arrêté en Angleterre, il est péri dans son Vaisseau, un cinquiéme dit, à Brest ; & tout cela tellement brouillé qu'on ne sçait que dire. M. Courtin d'une façon, M. de Rheims d'une autre, M. de

Lamoignon d'une autre. Les laquais vont & viennent à tout moment. Je dis donc adieu à ma chère fille, sans lui pouvoir rien dire de positif, sinon que je l'aime, comme le mérite son coeur, & comme le veut mon inclination, qui me fait courir dans ce chemin à bride abattue.

LETTRE XLVIII.

A LA MÊME.

A Paris, Vendredi 31 Décembre. 1688.

PER tornar dunque al nostro proposito, je vous dirai, ma fille, que toutes les incertitudes d'avant-hier, qui paroissoient pourtant fixées par l'assurance que M. de Lamoignon nous donnoit que le Roi d'Angleterre étoit à Calais, sont quasi devenues des certitudes qu'il est arrêté en Angleterre; & si ce n'étoit pas cette sorte de malheur, il seroit péri; car il devoit se sauver & s'embarquer quelques heures après la Reine. Ainsi, quoiqu'on n'ait point de nouvelles certaines qu'il est arrêté, il n'y a personne aujourd'hui qui ne le croie. Voilà où tout le monde en est, & comme nous finissons cette année, & comme nous commençons l'autre, cette année 89 si prédite, si marquée, si annoncée pour de grands événemens : il n'en arrivera aucun qui ne soit dans l'ordre de la Providence, aussi-bien que toutes nos actions, tous nos voyages. Il faut se soumettre à tout, & envisager tout ce qui peut arriver, cela va bien loin.

Cependant, M. le Comte, c'est à vous que je m'adresse; hier les Chevaliers de Saint Michel, & à l'heure que je vous parle après Vêpres, une grande partie de ceux du Saint-Esprit, & demain le reste. M. le Chevalier vous mandera ce qu'on fait pour les absens. Il faut que vous fassiez votre profession de foi, votre information de vie & moeurs. On vous mandera tout cela; vous n'êtes pas seul, & en attendant *tout-beau, tout-beau.* Hier M. de Chevreuse à l'Ordre de Saint Michel, passa devant M. de la Rochefoucauld; ce dernier lui dit, *Monsieur, vous passez devant moi, vous ne le devez* pas. M. de Chevreuse lui répondit ; *Monsieur, je le dois, car je suis Duc de Luines.* » Ah, Monsieur, par ce côté-là, » vous avez raison «. La Gazette vous apprendra, mon cher Comte, que M. de Luines a donné ce Duché à son fils avec la permission du Roi ; & M. de Chevreuse, qu'on appellera M. de Luines, a donné le Duché de Chevreuse à son fils, qu'on appellera le Duc de Montfort. Votre fils a des camarades bien titrez. On dit qu'on envoie des troupes en Bretagne avec M. de Momont, Maréchal de Camp, pour commander sous M. de Chaulnes ; il y aura des camps dans toutes les Provinces. Vous n'avez qu'à voir la carte, pour juger si nous avons besoin de nous tenir par-tout sur nos gardes : jettez un peu les yeux sur toute l'Europe. Madame de Barillon est fort en peine de son mari (*m*) ; mais on dit sans le sçavoir, car il ne vient point de lettres, qu'il est en sûreté, quoiqu'on ait abattu la Chapelle du Roi (*d'Angleterre*), & celle qui étoit dans la maison de l'Ambassa-

(*m*) Ambassadeur de France en Angleterre.

deur, tout cela s'éclaircira; mais à qui est-ce que je parle ? est-ce encore à ce Comte ? Ma chère enfant, votre Madame qui a juré de ne pas toucher de cartes, que le Roi d'Angleterre n'ait gagné une bataille, ne jouera de long-temps, la pauvre femme. On tient le Prince d'Orange à Londres, j'en reviens toujours là; c'est comme on fait dans toutes les conversations, car tout le monde se fait une affaire particulière de cette grande scène. La Reine est toujours à Boulogne dans un Couvent, pleurant sans cesse de ne point voir son cher mari qu'elle aime passionnément.

Madame de Brinon est tout-à-fait oubliée. On parle d'une Comédie d'Esther, qui sera représentée à Saint Cyr. Le carnaval ne prend pas le train d'être fort gaillard. Mon fils m'écrit toujours bien tendrement pour vous & pour M. de Grignan. Nous attendons vos lettres, mais peut-être n'y répondrons-nous que Lundi. Nous avons de grandes conversations, M. le Chevalier & moi, sur votre sujet; il se porte assez bien, & quand votre enfant sera de retour de Châlons, il
compte

compte le mener à Versailles. Voilà le bon Corbinelli qui s'épuise en raisonnemens sur les affaires présentes, & qui vous adore. Adieu, ma très-aimable, je vous embrasse mille fois, & vous souhaite une heureuse année 89.

LETTRE XLIX.

A LA MÊME.

A Paris, Lundi 3 Janvier. 1689.

VOTRE cher enfant est arrivé ce matin, nous avons été ravis de le voir & M. du Plessis; nous étions à table, ils ont dîné miraculeusement sur notre dîner, qui étoit déja un peu endommagé. Mais que n'avez-vous pu entendre tout ce que le Marquis nous a dit de la beauté de sa Compagnie! Il s'informa d'abord si la Compagnie étoit arrivée, & ensuite si elle étoit belle ; vraiment, Monsieur, lui dit-on, elle est toute des plus belles, *c'est une vieille Compagnie*, qui vaut bien mieux que les *nouvelles*. Vous pouvez penser ce que c'est qu'une telle louange à quelqu'un qu'on ne sçavoit pas qui en fût le Capitaine. Notre enfant fut transporté le lendemain de voir cette belle Compagnie à cheval ; ces hommes faits exprès, & choisis par vous qui êtes la bonne connoisseuse, ces chevaux jettez dans le même moule. Ce fut pour lui une véritable joie, à laquelle Monsieur de Châlons (*n*) & Madame de Noailles (*o*) prirent part ; il a été reçu de ces saintes personnes, comme le fils de M. de Grignan : mais quelle folie de vous parler de tout cela ! c'est l'affaire du Marquis.

* Je voulois vous demander des nouvelles de Madame d'Oppede, & justement vous m'en dites : il me paroît que c'est une bonne compagnie que vous avez de plus, & peut-être l'unique. Pour M. d'Aix, je vous avoue que je ne croirois pas les Provençaux sur son sujet. Je me souviens fort bien qu'ils ne se font valoir, & ne subsis-

(*n*) Louis Antoine de Noailles, Evêque de Châlons sur Ma e., puis Archevêque de Paris, & Cardinal.
(*o*) Mère de M. de Châlons.

tent que sur les dits & redits, & les avis qu'ils donnent toujours pour animer, & trouver de l'emploi. Il n'en faut pas tout-à fait croire aussi Monsieur d'Aix ; cependant, le moyen de penser qu'un homme *toute sa vie Courtisan*, & qui renie crême & baptême qu'il ne se soucie point des intrigues des Consuls, voulût se deshonorer devant Dieu & devant les hommes par de faux sermens ? mais c'est à vous d'en juger sur les lieux.

La cérémonie de vos frères fut donc faite le jour de l'an à Versailles. Coulanges en est revenu, il vous rend mille graces de votre jolie réponse : j'ai admiré toutes les pensées qui vous viennent, & comme cela est tourné, & juste sur ce qu'on vous a écrit. Il m'a conté que l'on commença dès le Vendredi, comme je vous l'ai dit : ces premiers étoient Profès avec de beaux habits & leurs Colliers. Deux Maréchaux de France étoient demeurez pour le Samedi. Le Maréchal de Bellefond totalement ridicule, parce que par modestie & par mine indifférente il avoit négligé de mettre des rubans au bas de ses chausses de Page, ce qui faifoit une véritable nudité. Toute la troupe étoit magnifique; M. de la Trouffe des mieux, il y eut un embarras dans fa perruque, qui lui fit paffer ce qui étoit à côté, affez long-temps derrière, de forte que fa joue étoit fort découverte ; il tiroit toujours, & ce qui l'embarraffoit, ne vouloit pas, cela fut un petit chagrin. Mais fur la même ligne, M. de Montchevreuil & M. de Villars s'accrocherent l'un à l'autre d'une telle furie ; les épées, les rubans, les dentelles, les clinquans, tout fe trouva tellement mêlé, brouillé, embarraffé; toutes les petites parties crochues étoient fi parfaitement entrelaffées, que nulle main d'homme ne put les féparer ; plus on y touchoit, plus on brouilloit, comme les anneaux des armes de Roger. Enfin, toute la cérémonie, toutes les révérences, tout le manége demeurant arrêté, il fallut les arracher de force, & le plus fort l'emporta. Mais ce qui déconcerta entiérement la gravité de la cérémonie, ce fut la négligence du bon M. d'Hocquincourt, qui étoit tellement habillé, comme les Provençaux

& les Bretons, que les chauſſes de Page étant moins commodes que celles qu'il a d'ordinaire, ſa chemiſe ne voulut jamais y demeurer, quelque prière qu'il lui en fît ; car ſçachant ſon état, il tâchoit inceſſamment d'y donner ordre, & ce fut toujours inutilement, de ſorte que Madame la Dauphine ne put tenir plus long-temps les éclats de rire. La Majeſté du Roi en penſa être ébranlée, & jamais il ne s'étoit vu dans les regiſtres de l'Ordre l'exemple d'une telle aventure, cela fut fort plaiſant. Il eſt certain, ma chère enfant, que ſi j'avois eu mon gendre dans cette cérémonie, j'y aurois été ; il y avoit bien des places de reſte, tout le monde ayant cru qu'on s'y étoufferoit, & c'étoit comme à ce Carrouſel. Le lendemain toute la Cour brilloit de Cordons-bleus ; toutes les belles tailles, & les jeunes gens par-deſſus les juſte-au-corps, les autres deſſous. Vous aurez à choiſir, tout au moins en qualité de belle taille. On m'a dit qu'on manderoit aux abſens de prendre le Cordon que le Roi leur envoie avec la Croix. C'eſt à M. le Chevalier à vous le mander.

voilà le chapitre des Cordons-bleus épuisé.

Le Roi d'Angleterre a été pris, on dit, en faisant le chasseur, & voulant se sauver. Il est à Witehal (*p*), il a son Capitaine des Gardes, ses Gardes, des Milords à son lever; mais tout cela est fort bien gardé. Le Prince d'Orange à Saint James (*q*), qui est de l'autre côté du jardin. On tiendra le Parlement, Dieu conduise cette barque. La Reine d'Angleterre sera ici Mercredi; elle vient à Saint-Germain, pour être plus près du Roi & de ses bontez.

L'Abbé Têtu est toujours très-digne de pitié; fort souvent l'opium ne lui fait rien; & quand il dort un peu, c'est d'accablement, ou parce qu'on a doublé la dose. Je fais vos complimens par tout où vous le souhaitez; les veuves vous sont acquises, & sur la terre & dans le troisiéme ciel. Je fus, le jour de l'an, chez Madame Croiset, j'y trouvai Rubantel qui me

(*p*) Palais des Rois d'Angleterre, dans le Fauxbourg de Westminster, à Londres.

(*q*) Autre Palais des Rois d'Angleterre, voisin de Witehal.

dit des biens solides de votre enfant, & de sa réputation naissante, & de sa bonne volonté, & de sa hardiesse à Philisbourg. On assure que M. de Lausun a été trois quarts d'heure avec le Roi ; si cela continue, vous jugez bien qui voudra le ravoir.

LETTRE L.

A LA MÊME.

A Paris, Mercredi 5 Janvier. 1689.

JE menai hier mon Marquis avec moi ; nous commençames par chez M. de la Trousse, qui voulut bien avoir la complaisance de se rhabiller & en Novice & en Profès, comme le jour de la cérémonie : ces deux sortes d'habits sont fort avantageux aux gens bien faits. Une pensée frivole, & sans regarder les conséquences, me fit regreter que la belle taille de M. de Grignan, n'eût point brillé dans cette fête. Cet habit de Page est fort joli ; je ne m'étonne point que Madame de Cléves aimât M. de Nemours avec ses belles jambes. Pour le manteau, c'eſt une repréſentation de la majeſté roya‑le; il en a coûté huit cent piſtoles à la Trouſſe, car il a acheté le manteau. Après avoir vu cette belle maſcara‑de, je menai votre fils chez toutes les Dames de ce quartier; Madame de Vaubecourt, Madame Ollier le re‑çurent fort bien : il ira bientôt de ſon chef.

La vie de Saint Louis m'a jettée dans la lecture de Mézerai; j'ai voulu voir les derniers Rois de la ſeconde race; & je veux joindre Philippe de Valois & le Roi Jean, c'eſt un endroit admirable de l'hiſtoire, & dont l'Ab‑bé de Choiſi a fait un livre qui ſe laiſſe fort bien lire. Nous tâchons de cogner dans la tête de votre fils l'envie de connoître un peu ce qui s'eſt paſſé avant lui, cela viendra : mais en at‑tendant, il y a bien des ſujets de ré‑fléxion, à conſiderer ce qui ſe paſſe préſentement. Vous allez voir par la nouvelle d'aujourd'hui comme le Roi d'Angleterre s'eſt ſauvé de Londres, apparemment par la bonne volonté du Prince d'Orange. Les politiques raiſonnent, & demandent s'il eſt plus

avantageux

avantageux à ce Roi d'être en France; l'un dit, oui, car il est en sûreté, & il ne courra pas le risque de rendre sa femme & son fils, ou d'avoir la tête coupée; l'autre dit, non, car il laisse le Prince d'Orange Protecteur, & adoré dès qu'il y arrive naturellement & sans crime. Ce qui est vrai, c'est que la guerre nous sera bientôt déclarée, & que peut-être même nous la déclarerons les premiers. Si nous faisions la paix en Italie & en Allemagne, nous pourrions vaquer à cette guerre Angloise & Hollandoise avec plus d'attention; il faut l'espérer, car ce seroit trop d'avoir des ennemis de tous côtez. Voyez un peu où me porte le libertinage de ma plume: mais vous jugez bien que les conversations sont pleines de ces grands événemens.

Je vous conjure, ma chère fille, quand vous écrirez à M. de Chaulnes, de lui dire que vous prenez part aux obligations que mon fils lui a; que vous l'en remerciez; que votre éloignement extrême ne vous rend pas insensible pour votre frère : ce sujet de reconnoissance est un peu nouveau, c'eſt de le diſpenſer de commander le premier des Régimens de milice qu'il fait lever en Bretagne. Mon fils ne peut enviſager de rentrer dans le ſervice par ce côté-là ; il en a horreur, & ne demande que d'être oublié dans ſon pays. M. le Chevalier approuve ce ſentiment, & moi auſſi, je vous l'avoue : n'êtes-vous pas de cet avis, ma chère enfant ? Je fais grand cas de vos ſentimens, qui ſont toujours les bons, principalement ſur le ſujet de votre frère. N'entrez point dans ce détail ; mais dites en gros que qui fait plaiſir au frère, en fait à la ſoeur. M. de Momont eſt allé en Bretagne avec des troupes, mais ſi ſoumis à M. de Chaulnes, que c'eſt une merveille. Ces commencemens ſont doux, il faut voir la ſuite.

Je trouvai hier Choiſeul avec ſon Cordon, il eſt fort bien ; ce ſeroit jouer de malheur de n'en pas rencontrer préſentement cinq ou ſix tous les jours. Vous ai-je dit que le Roi a ôté la communion de la cérémonie ? il y a long-temps que je le ſouhaitois ; je mets quaſi la beauté de cette action, avec celle d'empêcher les duels.

Voyez en effet ce que c'eût été de mêler cette fainte action, avec les rires immodérez qu'excita la chemife de Monfieur d'Hocquincourt (*q*). Plufieurs pourtant firent leurs dévotions, mais fans oftentation, & fans y être forcez. Nous allons vaquer préfentement à la réception de leurs Majeftez Angloifes, qui feront à Saint-Germain. Madame la Dauphine aura un fauteuil devant cette Reine, quoiqu'elle ne foit pas Reine, parce qu'elle en tient la place. Ma fille, je vous fouhaite à tout, je vous regréte partout, je vois tous vos engagemens, toutes vos raifons ; mais je ne puis m'accoûtumer à ne vous point trouver où vous feriez fi néceffaire : je m'attendris fouvent fur cette penfée. Voici une lettre tout en l'air, & qui ne fignifie rien ; ne vous amufez point à y répondre, confervez-vous, ayez foin de votre poitrine.

(*q*) Voyez les pages 212 & 213.

LETTRE LI.
A LA MÊME.

1689. *A Paris, Vendredi 7 Janvier.*

JE reçus votre lettre un jour plus tard que je n'ai accoûtumé ; nous en attendons encore aujourd'hui, mais comme elles arrivent le soir, nous n'y répondrons peut-être que Dimanche ou Lundi. Vous écrivez si bien, ma chère enfant, quand vous n'avez point de sujets, que je n'aime pas moins ces lettres-là toutes libertines, que celles qui font des réponses. Enfin, c'est cela qui soûtient le cœur pendant votre absence : je suis tellement, comme vous, pour trouver le temps infini depuis votre départ, que les trois mois me paroissent trois ans ; ce n'est pas que j'aie vu tant de différentes choses que vous, mais c'est par la quantité de pensées, d'occupations & d'inquiétudes, qui ont pris la place des objets. Je vous ai donc regretée, & je vous regréte encore tous les

jours ; le moyen, en effet, de me résoudre à ne plus voir ni rencontrer ma
chère fille, après une si aimable &
si longue habitude ? ce douloureux
jour de Charenton est encore tout vif
& tout sensible. Vous m'aviez donné
un rendez-vous chez le Chevalier,
où je n'ai pas manqué, & vous n'y
étiez pas ; votre portrait ne m'a point
du tout consolée. Je suis présentement dans sa chambre ; il a eu des
douleurs à la main droite cette nuit,
il les a encore. Il soupa la veille des
Rois assez gaiement chez M. de Lamoignon, & la nuit même ce mal lui
prit, cela est trop pitoyable. Il fait
tous les jours des projets pour Versailles, & n'est presque jamais en état
de les exécuter ; c'est votre malheur
& le sien, qui l'empêchent d'être en un
lieu, où il feroit une si bonne figure,
& si utile pour sa famille & pour son
neveu. Il a une patience & une résignation, que Corbinelli se vante de
lui apprendre comme un maître. Nous
ne le voyons guères ce Corbinelli,
tous ses amis le prennent, & je le
laisse aller par amitié pour lui, car
nous sommes sobres ; quelquefois les

T iij

soirs, il vient faire collation avec nous ; il est de fort bonne compagnie, & vous rend mille graces d'avoir nommé son nom, le vôtre est bien dans son esprit au-dessus de tous les autres. Nous ne voyons pas assez l'Abbé Bigorre, il vous enverra ce soir une belle feuille volante : quand il est question de parler de l'arrivée du Roi & de la Reine d'Angleterre, & du Prince de Galles, & de dire les détails de la réception que le Roi a faite à ces Majestez, toute pleine de générosité, d'humanité & de tendresse, vous jugez bien que la feuille doit être remplie.

J'attends avec impatience que vous m'appreniez que vous avez votre Cordon. M. le Grand, M. de Dangeau, M. de Châtillon, M. de la Rongère, ont porté les leurs à la Reine d'Angleterre, en lui allant faire compliment : elle trouvera notre Cour bien brillante de ce nouvel ornement. Je menai hier votre enfant chez Madame de Lavardin, qui le reçut comme son petit-fils, elle vous aime comme sa fille : de-là nous fumes chez Madame de la Fayette, j'y trouvai M. de

Villars (r) avec une mine toute pleine d'Orondate ; je lui dis bien tout ce que vous m'aviez mandé pour eux. Je ne pense pas qu'on danse beaucoup, cet hiver, à Versailles.

Madame de Ricouart est veuve, elle est encore à la campagne, je la verrai à son retour ; voulez-vous que je lui fasse un compliment ? il y a un air de n'en point faire, qui vaut son prix ; par exemple, Madame de Lavardin m'a toujours dit qu'elle ne vous en faisoit point ; j'en ai trouvé plusieurs dans cette fantaisie, qui n'ont pas envie de vous fâcher : ainsi croyez sur ma parole que tout est bon, & ceux qui ne vous accablent point, plus commodes que les autres ; car vos réponses sont sans nombre, & tiennent leur place dans la fatigue de vos écritures. Vous voulez donc que j'écrive à Madame de Solre (s) ; eh, mon

(r) Pierre Marquis de Villars, père du feu Maréchal Duc de ce nom, étoit connu dans le monde sous le nom d'*Orondate*, à cause de sa bonne mine, & de sa grande réputation pour le courage. Il avoit été Ambassadeur en Savoie, en Espagne & en Danemarck.

(s) Anne-Marie-Françoise de Bournonville, Comtesse de Solre.

Dieu ! à quoi m'engagez-vous ? il faut prendre un style qui est le cothurne pour moi. Coulanges nous fit, l'autre jour, un fort plaisant conte, ce fut comme un enthousiasme. Il dit que le Comte de Solre entra chez M. de Chauvri (*t*), suivi de deux crocheteurs ; qu'il fit mettre à terre deux coffres qu'ils avoient peine à porter ; qu'il tira du premier qui fut ouvert, une brassée de papiers, & lui dit en les jettant sur la table ; » Monsieur, » ce sont les titres de trente-sept Che- » valiers de la Toison d'or de ma Mai- » son « ; que M. de Chauvri, tout embarrassé, lui dit ; » hé, Monsieur ! » il n'en faut pas tant, vous me brouil- » lez tous mes papiers, je ne sçaurai » plus retrouver les preuves de Mon- » sieur un tel, & de Monsieur un tel ; » car ces deux noms ne sont pas com- » me le vôtre « ; que M. de Chauvri le pria d'en demeurer là ; & que le Comte de Solre ne l'écoutant seulement pas, lui tira une grande liasse ; » Monsieur, *lui dit-il*, voici le contrat » de mariage d'un de mes grands-

(*t*) Généalogiste des Ordres du Roi.

» pères avec Sabine de Bavière «. » Hé, Monsieur! hé, Monsieur! dit » M. de Chauvri, en voilà plus qu'il » n'en faut «. Là-dessus, M. de Solre prend un grand rouleau, & se faisant aider à le dérouler, l'étend tout du long de la chambre, & lui fait voir qu'il remonte & finit deux de ses branches par des têtes couronnées ; & toujours M. de Chauvri disant avec chagrin ; » hé, Monsieur! je ne re- » trouverai jamais tous mes papiers «. Coulanges nous joua cela si follement & si plaisamment, qu'autant que cette scène est plate sur le papier, autant elle étoit jolie à voir représenter. Dites-moi donc ce que vous voulez que j'écrive à cette femme toute pleine de Toisons d'or ; il faudra que nous nous réjouissions avec l'Ordre du Saint-Esprit d'avoir un si grand sujet ; je ne vous réponds pas que j'écrive. Voilà ce qui s'appelle causer, & dire des riens. Je suis auprès du Chevalier, qui est tout assoupi dans sa grande chaise. Il me semble que je cause avec vous, autant que je le puis ; mais ne vous amusez point à répondre à tout ceci. Si j'étois avec vous, j'aimerois bien que vous trouvaſſiez quelque douceur à me parler de vos affaires, à quoi je penſe ſi ſouvent, à quoi je prends tant d'intérêt. En attendant, ne donnez point aux Provençaux le plaiſir de vous brouiller avec les Archevêques & Intendans; vous les feriez trop aiſes, connoiſſez la vérité par vous-mêmes; & quoi qu'ils vous diſent, faites-leur entendre que vous en parlerez à ces Meſſieurs, à eux-mêmes pour vous en éclaircir : ah, que la crainte d'être nommez les feroit bien taire! car ils ne veulent que des *pétoffes*, ſans ſe ſoucier de dire vrai ni de vous ſervir. Si cet avis eſt bon, profitez-en : je crus voir à Lambeſc que la joie des Provençaux étoit d'animer, de brouiller, & de ſe rendre néceſſaires (*t*). Ah, fi! quittez ce ſtyle de Province & de Provence.

(*t*) Voyez la lettre du 3 Janvier, *pages* 210 & 211.

LETTRE LII.

A LA MÊME.

A Paris, Lundi 10 Janvier. 1689.

NOus pensons souvent les mêmes choses, ma chère belle; je crois même vous avoir mandé des Rochers ce que vous m'écrivez dans votre dernière lettre sur le temps. Je consens maintenant qu'il avance, les jours n'ont plus rien pour moi de si cher ni de si précieux; je les sentois ainsi, quand vous étiez à l'Hôtel de Carnavalet, je les goûtois, je ménageois les heures, j'en étois avare : mais dans l'absence, ce n'est plus cela, on ne s'en soucie point, on les pousse même quelquefois, on espère, on avance dans un temps auquel on aspire, c'est cet ouvrage de tapisserie que l'on veut achever; on est libérale des jours, on les jette à qui en veut. Mais je vous avoue que quand je pense, enfin, où me conduit cette dissipation & cette magnificence d'heures & de jours, je tremble, je n'en trouve plus d'assurez, & la raison me présente ce qu'infailliblement je trouverai dans mon chemin. Ma fille, je veux finir ces réfléxions avec vous, & tâcher de les rendre bien solides pour moi.

L'Abbé Têtu est dans une insomnie qui fait tout craindre. Les Médecins ne voudroient pas répondre de son esprit ; il sent son état, & c'est une douleur : il ne subsiste que par l'opium ; il tâche de se divertir, de se dissiper, il cherche des spectacles. Nous voulons l'envoyer à Saint-Germain pour y voir le Roi, la Reine d'Angleterre, & le Prince de Galles : peut-on voir un événement plus grand & plus digne de faire de grandes diversions ? Pour la fuite du Roi, il paroît que le Prince (d'Orange) l'a bien voulu. Le Roi fut envoyé à Exceller, où il avoit dessein d'aller ; il étoit fort bien gardé par le devant de sa maison, & toutes les portes de derrière étoient ouvertes. Le Prince n'a point songé à faire périr son beau-père ; il est dans Londres à la place du Roi, sans en prendre le nom, ne voulant que rétablir une Religion qu'il croit bonne, & maintenir les loix du pays, sans qu'il en coûte une goutte de sang : voilà l'envers tout juste de ce que nous pensons de lui ; ce sont des points de vue fort différens. Cependant le Roi fait pour ces Majestez Angloises des choses toutes divines ; car n'est ce point être l'image du Tout-Puissant, que de soûtenir un Roi chassé, trahi, abandonné ? la belle ame du Roi se plaît à jouer ce grand rolle. Il fut au-devant de la Reine avec toute sa Maison, & cent carrosses à six chevaux. Quand il apperçut le carrosse du Prince de Galles, il descendit, & l'embrassa tendrement ; puis, il courut au-devant de la Reine qui étoit descendue ; il la salua, lui parla quelque temps, la mit à sa droite dans son carrosse, lui présenta MONSEIGNEUR & MONSIEUR, qui furent aussi dans le carrosse, & la mena à Saint-Germain, où elle se trouva toute servie, comme la Reine, de toutes sortes de hardes, parmi lesquelles étoit une cassette très-riche avec six mille louis d'or. Le lendemain il fut question de l'arrivée du Roi d'Angleterre à Saint-Germain, où le Roi l'attendoit, il arriva tard ;

Sa Majesté alla au bout de la salle des Gardes au-devant de lui ; le Roi d'Angleterre se baissa fort, comme s'il eût voulu embrasser ses genoux ; le Roi l'en empêcha, & l'embrassa à trois ou quatre reprises fort cordialement. Ils se parlerent bas un quart-d'heure ; le Roi lui présenta MONSEIGNEUR, MONSIEUR, les Princes du Sang, & le Cardinal de Bonzi ; il le conduisit à l'appartement de la Reine, qui eut peine à retenir ses larmes : après une conversation de quelques instans, Sa Majesté les mena chez le Prince de Galles, où ils furent encore quelque temps à causer, & les y laissa, ne voulant point être reconduit, & disant au Roi ; » voici » votre maison, quand j'y viendrai, » vous m'en ferez les honneurs ; & je » vous les ferai, quand vous viendrez à » Versailles «. Le lendemain qui étoit hier, Madame la Dauphine y alla, & toute la Cour. Je ne sçais comme on aura réglé les chaises des Princesses, car elles en eurent à la Reine d'Espagne ; & la Reine mère d'Angleterre étoit traitée, comme fille de France ; je vous manderai ce détail.

Le Roi envoya dix mille louis d'or au Roi d'Angleterre ; ce dernier paroît vieilli & fatigué ; la Reine maigre, & des yeux qui ont pleuré, mais beaux & noirs ; un beau teint, un peu pâle ; la bouche grande, de belles dents, une belle taille, & bien de l'esprit ; tout cela compose une personne qui plaît fort. Voilà de quoi subsister long-temps dans les conversations publiques.

Le pauvre Chevalier ne peut encore écrire, ni aller à Versailles, dont nous sommes bien fâchez, car il y a mille affaires ; mais il n'est point malade, il soupa Samedi avec Madame de Coulanges, Madame de Vauvineux, Monsieur de Duras & votre fils, chez le Lieutenant Civil, où l'on but la santé de la première & de la seconde, c'est-à-dire, Madame de la Fayette & vous ; car vous avez cédé à la date de l'amitié. Hier, Madame de Coulanges donna un très-joli souper aux goutteux ; c'étoit l'Abbé de Marsillac, le Chevalier de Grignan, M. de Lamoignon, la néphrétique tint lieu de goutte ; sa femme & *les Divines*, toujours pleines de fluxions ;

moi, en considération du rhumatisme que j'eus, il y a douze ans ; Coulanges qui mérite la goutte. On causa fort, le petit homme chanta, & fit un vrai plaisir à l'Abbé de Marsillac, qui admiroit & tâtonnoit ses paroles avec des tons & des manières qui faisoient souvenir de celles de son père, au point d'en être touché. Votre enfant étoit chez Mesdemoiselles de Castelnau, il y a une cadette fort jolie & fort aimable, votre fils la trouve à son gré, & laisse *la biglesse* à Sanzei ; il avoit mené un hautbois, on y dansa jusqu'à minuit. Cette société plaît beaucoup au Marquis, il y trouve Saint-Hérem, Janin, Choiseul, Ninon ; il est en pays de connoissance. Il me semble que le Chevalier ne songe pas trop à le marier, & que M. de Lamoignon n'est pas trop pressé aussi de marier sa fille. On ne sçauroit parler sur celui de M. de Mirepoix (*u*);

(*u*) Gaston-Jean-Baptiste de Levis, Marquis de Mirepoix, épousa le 16 Janvier 1689 Anne-Charlotte-Marie de Saint-Nectaire, fille de Henri-François Duc de la Ferté, & de Marie-Gabrielle-Angélique de la Mothe-Houdancourt.

c'est

c'est l'ouvrage de M. de Montfort ; c'est comme un charme, toutes les têtes ne pensent plus, comme elles faisoient : enfin, c'est un homme fortement appellé à sa destinée, que voulez-vous qu'on y fasse ?

M. de Lausun n'est point retourné en Angleterre, il est logé à Versailles, il est fort content ; il a écrit à MADEMOISELLE pour avoir l'honneur de la voir, elle est en colère. J'ai fait encore un chef-d'œuvre, j'ai été voir Madame de Ricouart, revenue depuis peu, très-contente d'être veuve (*x*). Vous n'avez qu'à me donner vos reconnoissances à achever, comme vos romans, vous en souvient-il ? Je remercie l'aimable Pauline de sa lettre, je suis fort assurée que sa personne me plairoit : elle n'a donc pu trouver d'autre alliance avec moi que *Madame*, cela est bien sérieux. Adieu, ma chère enfant, conservez votre santé, c'est-à-dire, votre beauté que j'aime tant.

(*x*) Voyez la lettre du 7 Janvier, *page* 223.

*LETTRE LIII.

A LA MÊME.

1689. *A Paris, Lundi 10 Janvier, à dix heures du soir.*

J'AI été voir Madame du Pui-du-Fou sur ce mariage (*y*). M. de Montausier & Madame de Lavardin y sont venus ; j'ai dit à Madame de Lavardin vos souvenirs, elle vous aime tendrement. Un moment après, est arrivée une troupe toute brillante ; c'étoit Madame la Duchesse de la Ferté, tenant sa fille par la main, fort jolie ; & sa petite sœur des mêmes couleurs (*z*) ; Madame la Duchesse d'Aumont (*a*) ; M. de Mirepoix qui faisoit un contraste merveilleux. Quel

---

(*y*) Voyez la lettre précédente, *page 232*.

(*z*) Catherine-Louise de Saint-Nectaire, mariée en Juillet 1698 à François Thibaut, Marquis de la Carte, depuis Marquis de la Ferté.

(*a*) Françoise-Angélique de la Mothe-Houdancourt, sœur aînée de la Duchesse de la Ferté.

bruit ! quels complimens de tous côtez ! La Duchesse a toujours voulu M. de Mirepoix, elle y a jetté son coussinet ; & après avoir sçu assez en l'air que la proposition avoit été reçue, elle en a parlé au Roi, cela finit & abrège tout. Le Roi lui dit ; » Ma-
» dame, votre fille est bien jeune « :
» il est vrai, Sire, mais cela presse,
» parce que je veux M. de Mirepoix,
» & que dans dix ans, quand Votre
» Majesté connoîtra son mérite, &
» qu'elle l'aura récompensé, il ne vou-
» droit plus de nous « : voilà qui est dit. Sur cela, on veut faire jetter des bans, avant que les articles soient présentez ; jamais il ne s'est vu *tant de charretes devant les bœufs.* Madame d'Olonne (*b*) a donné un beau coulant ; Madame la Maréchale de la Ferté brille ; toute cette noce est contente. Madame de Mirepoix vous a écrit, Madame du Pui-du-Fou (*c*) est entraînée dans le tourbillon, on

(*b*) Catherine-Henriette d'Angennes, Comtesse d'Olonne, sœur aînée de Madeleine d'Angennes, Maréchale de la Ferté.
(*c*) Madeleine de Bellièvre, Marquise du Pui-du-Fou, mère de Madame de Mirepoix.

ne s'entend pas. Le jeune homme n'avoit jamais vu fa Maîtreffe, il ne fçait ce que c'eft que tout cela. Ma plume ne vaut rien, & je vous dis bon foir, ma chère belle.

LETTRE LIV.

A LA MÊME;

1689. *A Paris, Mercredi* 12 *Janvier.*

VOUS êtes retirée à cinq heures du foir, vous avez donc fait vos Rois à dîner: vous étiez en fort bonne compagnie, & auffi bonne qu'à Paris. Il ne tiendra pas à moi que l'Archevêque (*d'Aix*) ne fçache que vous êtes contente de lui; je le dis, l'autre jour, à Madame de la Fayette qui en fut fort aife; elle a réfolu que vous ne preniez point tous deux l'efprit ni les penfées de Provence. Mais parlons du Roi & de la Reine d'Angleterre; c'eft quelque chofe de fi extraordinaire d'avoir là cette Cour, qu'on s'en entretient fans ceffe. On tâche de régler les rangs, & de faire vie qui dure avec gens si loin d'être rétablis. Le Roi le disoit l'autre jour, & que ce Roi étoit le meilleur homme du monde ; qu'il chasseroit avec lui, qu'il viendroit à Marli, à Trianon, & que les Courtisans devoient s'y accoûtumer. Le Roi d'Angleterre ne donne point la main à MONSEIGNEUR, & ne le reconduit pas. La Reine n'a point baisé MONSIEUR qui en boude ; elle a dit au Roi, dites-moi comment vous voulez que je fasse ; si vous voulez que ce soit à la mode de France, je saluerai qui vous voudrez ; pour la mode d'Angleterre, c'est que je ne baisois personne. Elle a été voir Madame la Dauphine qui est malade, & qui l'a reçue dans son lit. On ne s'assied point en Angleterre ; je crois que les Duchesses feront avec elle à la mode de France, comme avec sa belle-mère (*d*). On est fort occupé de cette nouvelle Cour.

Cependant le Prince d'Orange est à Londres, où il fait mettre des Milords en prison ; il est sévère, & il se

(*d*) Henriette de France, fille de Henri IV, & femme de Charles I, Roi d'Angleterre.

fera bientôt haïr. M. de Schomberg est Général des Armes en Hollande, à la place de ce Prince, & son fils a la survivance : voilà le masque bien levé.

Je vous envoie la liste du remue-ménage des Intendans. M. de Pomereuil en Bretagne. Dieu veuille que M. de Luxembourg n'y commande point de troupes ; quelle douleur pour nos amis (e) ! nous en tremblons. Vous sçavez que le Maréchal de Lorges s'en va en Guyenne, Saint-Ruth sous ses ordres. Enfin, & dedans & dehors on sera également sur ses gardes. Voyez combien de troupes, & quelle puissance il faut avoir pour vaquer à tant de choses à la fois !

Le Chevalier est toujours dans sa chambre & dans sa chaise ; il ne s'est pas bien trouvé d'être sorti le soir ; cet état, qui le rend incapable d'aller à Versailles, lui donne un chagrin extrême ; je voudrois bien pouvoir le consoler & l'amuser un peu ; mais la noirceur de l'humeur de la goutte lui rend tout indifférent : je serois trop heureuse d'être bonne à quelque cho-

(e). Monsieur & Madame de Chaulnes.

fe, mais je suis fort inutile à mon grand regret. Je fais toujours vos complimens, je fais valoir vos souvenirs & vos douceurs : Madame de Coulanges en est fort reconnoissante, elle vous dit mille choses honnêtes & polies. Elle est fort occupée de l'Abbé Têtu, qui, en vérité, ne se porte pas bien ; sa maladie s'appelle tout au moins des vapeurs noires, & une insomnie qui commence à résister à l'opium.

Votre enfant est fort joli, il étoit hier à l'Opéra avec MONSEIGNEUR. Il a écrit à M. de Carcassonne, il lui écrira encore ; l'amitié de cet oncle ne va pas toute seule, il y faut de l'*entretenement* ; je prends soin d'en faire souvenir. Vous me représentez fort au naturel la sorte de laideur de vos mariez ; il me semble, en vérité, que je suis à la noce. Je suis fort aise que contre votre coûtume vous ayiez dit à M. Gaillard (*f*) le souvenir que j'ai de son mérite, & de ses regards perçans. Le mariage de M. de Mirepoix, me paroît un effet de magie.

(*f*) Voyez la lettre du 29 Décembre 1688, page 201.

LETTRE LV.
A LA MÊME.

1689. *A Paris, Vendredi 14 Janvier.*

ME voici, ma chère fille, après le dîner, dans la chambre du Chevalier; il est dans sa chaise avec mille petites douleurs, qui courent par toute sa personne. Il a fort bien dormi; mais cet état de résidence & de ne pouvoir sortir, lui donne beaucoup de chagrin & de vapeurs; j'en suis touchée, & j'en connois le malheur & les conséquences plus que personne. Il fait un froid extrême; notre thermometre est au dernier degré, notre rivière est prise, il neige, & gèle & regèle en même temps; on ne se soûtient pas dans les rues; je garde notre maison, & la chambre du Chevalier; si vous n'étiez point quinze jours à me répondre, je vous prierois de me mander, si je ne l'incommode point d'y être tout le jour; mais comme le temps me presse, je le demande

mande à lui-même, & il me semble qu'il le veut bien. Voilà un froid qui contribue encore à ses incommoditez ; ce n'est pas un de ces froids qu'il souhaite, il est mauvais quand il est excessif.

J'ai fait souvenir M. de Lamoignon de la sollicitation que vous lui avez faite pour M. B... cet homme sentira de loin, comme de près, votre reconnoissance. J'aime cette manière de n'avoir point de reconnoissances passagères : je connois des gens, qui non-seulement n'en ont point du tout, mais qui mettent l'aversion & la rudesse à la place.

M. Gobelin est toujours à Saint Cyr. Madame de Brinon est à Maubuisson, où elle s'ennuyera bientôt ; cette personne ne sçauroit durer en place, elle a fait plusieurs conditions, changé de plusieurs Couvens ; son grand esprit ne la met point à couvert de ce défaut. Madame de Maintenon est fort occupée de la Comédie (*g*) qu'elle fait jouer par ses petites Filles (*de Saint Cyr.*) ce sera une fort belle chose, à ce que l'on dit. Elle a été

(*g*) L'Esther de Racine.

voir la Reine d'Angleterre, qui l'ayant fait attendre un moment, lui dit qu'elle étoit fâchée d'avoir perdu ce temps de la voir & de l'entretenir, & la reçut fort bien. On est content de cette Reine, elle a beaucoup d'esprit. Elle dit au Roi, lui voyant caresser le Prince de Galles qui est fort beau; » j'avois envié le bonheur de » mon fils, qui ne sent point ses mal- » heurs ; mais à présent je le plains de » ne point sentir les caresses & les » bontez de Votre Majesté «. Tout ce qu'elle dit, est juste & de bon sens; son mari n'est pas de même, il a bien du courage, mais un esprit commun, qui conte tout ce qui s'est passé en Angleterre avec une insensibilité qui en donne pour lui. Il est bon homme, & prend part à tous les plaisirs de Versailles. Madame la Dauphine n'ira point voir cette Reine, elle voudroit avoir la droite & un fauteuil, cela n'a jamais été ; elle sera toujours au lit, la Reine la viendra voir. MADAME aura un fauteuil à main gauche, & les Princesses du Sang n'iront qu'avec elle, devant qui elles n'ont que des tabourets. Les Duchesses y seront, comme chez Madame la Dauphine ; voilà qui est réglé. Le Roi a sçu qu'un Roi de France n'avoit donné qu'un fauteuil à la gauche à un Prince de Galles, il veut que le Roi d'Angleterre traite ainsi M. le Dauphin, & passe devant lui. Il recevra Monsieur sans fauteuil & sans cérémonie. La Reine l'a salué, & n'a pas laissé de dire au Roi notre Maître, ce que je vous ai conté (*h*). Il n'est pas assuré que M. de Schomberg ait encore la place du Prince d'Orange en Hollande. On ne fait que mentir cette année. La Marquise (*d'Huxelles*) reprend tous les ordinaires les nouvelles qu'elle a mandées ; appelle-t-on cela, sçavoir ce qui se passe ? Je hais ce qui est faux.

L'étoile de M. de Lausun repâlit ; il n'a point de logement, il n'a point ses anciennes entrées : on lui a ôté le romanesque & le merveilleux de son aventure ; elle est devenue quasi tout unie, voilà le monde & le temps.

(*h*) Voyez la page 237.

LETTRE LVI.
A LA MÊME.

1689. *A Paris, Lundi 17 Janvier.*

VOILA donc ma lettre *nommée*; c'eſt une marque de ſon mérite ſingulier. Je ſuis fort aiſe que ma relation vous ait divertie; je ne devine jamais l'effet que mes lettres feront, celui-ci eſt heureux.

Si vous prenez le chemin de vous éclaircir avec l'Archevêque (*h*), au lieu de laiſſer cuver les chagrins qu'on veut vous donner contre lui, vous vuiderez bien des affaires en peu de temps, ou vous ferez taire *les rediſeurs*; l'un ou l'autre eſt fort bon, & vous vous en trouverez très-bien : vous finirez, à la vérité, le plaiſir & l'occupation des Provençaux ; mais vous retranchez de ſotes *pétoffes*. M. de Barillon eſt arrivé, il a trouvé *un paquet* de famille, dont il ne connoiſ-

(*h*) Voyez les lettres du 7 & du 12 Janvier, *pag.* 226 & 236.

soit pas tous *les visages*. Il est fort engraissé, il dit à M. de Harlai ; » Monsieur, ne me parlez point de ma » graisse, je ne vous dirai rien de » votre maigreur «. Il est vif, & ressemble assez par l'esprit à celui que vous connoissez. Je ferai tous vos complimens, quand ils seront vraisemblables ; je les ai faits à Madame de Sulli, qui vous en rend mille de très-bonne grace ; & à la Comtesse, qui est trop plaisante sur M. de Lausun, qu'elle vouloit mettre sur le pinacle, & qui n'a encore ni logement à Versailles, ni les entrées qu'il avoit. Il est tout simplement revenu à la Cour, & son action n'a rien de si extraordinaire ; on en avoit d'abord composé un fort joli roman (*i*).

Cette Cour d'Angleterre est tout établie à Saint-Germain ; ils n'ont voulu que cinquante mille francs par mois, & ont réglé leur Cour sur ce pied. La Reine plaît fort ; le Roi cause agréablement avec elle ; elle a l'esprit juste & aisé. Le Roi avoit desiré que Madame la Dauphine y allât la

(*i*) Voyez la lettre précédente, *page* 243.

première ; elle a toujours si bien dit qu'elle étoit malade, que cette Reine la vint voir, il y a trois jours, habillée en perfection ; une robe de velours noir, une belle jupe, bien coëffée, une taille comme la Princesse de Conti, beaucoup de majesté ; le Roi alla la recevoir à son carrosse, elle fut d'abord chez lui, où elle eut un fauteuil au-dessus de celui du Roi ; elle y fut une demi-heure ; puis, il la mena chez Madame la Dauphine qui fut trouvée debout ; cela fit un peu de surprise : la Reine lui dit ; » Ma- » dame, je vous croyois au lit «. » Madame, dit *Madame la Dauphine*, » j'ai voulu me lever pour recevoir » l'honneur que Votre Majesté me » fait «. Le Roi les laissa, parce que Madame la Dauphine n'a pas de fauteuil devant lui. Cette Reine se mit à la bonne place dans un fauteuil, Madame la Dauphine à sa droite, MADAME à sa gauche, trois autres fauteuils pour les trois petits Princes ; on causa fort bien plus d'une demi-heure ; il y avoit beaucoup de Duchesses, la Cour fort grosse. Enfin, elle s'en alla, le Roi se fit avertir, &

la remit dans son carrosse. Je ne sçais jusqu'où la conduisit Madame la Dauphine, je le sçaurai. Le Roi remonta, & loua fort la Reine ; il dit, » voilà » comme il faut que soit une Reine & » de corps & d'esprit, tenant sa Cour » avec dignité «. Il admira son courage dans ses malheurs, & la passion qu'elle avoit pour le Roi, son mari ; car il est vrai qu'elle l'aime, comme vous a dit cette diablesse de Madame de R... Celles de nos Dames qui vouloient faire les Princesses, n'avoient point baisé la robe de la Reine, quelques Duchesses en vouloient faire autant : le Roi l'a trouvé fort mauvais, on lui baise les pieds présentement. Madame de Chaulnes a sçu tous ces détails, & n'a point encore rendu ce devoir. Elle a laissé le Marquis à Versailles, parce que le petit compère s'y divertit fort bien ; il a mandé à son oncle qu'il iroit aujourd'hui au Ballet à Trianon ; M. le Chevalier vous enverra sa lettre. Il est donc là sur sa bonne foi, faisant toutes les commissions que son oncle lui donne pour l'accoûtumer à être exact, aussi-bien qu'à calculer ; quel bien ne lui fera point cette sorte d'éducation ? J'ai reçu une réponse de M. de Carcassonne, c'est une piéce rare, mais il faut s'en taire ; j'y répondrai bien, je vous en assure : il a pris sérieusement & de travers tout mon badinage. Ah, ma fille ! que je comprends parfaitement vos larmes, quand vous vous représentez ce petit garçon à la tête de sa Compagnie, & tout ce qui peut arriver de bonheur & de malheur à cette place ! L'Abbé Têtu est toujours dans ses vapeurs très-noires. J'ai dit à Madame de Coulanges toutes vos douceurs, elle veut toujours vous écrire dans ma lettre, mais cela ne se trouve jamais. M. le Chevalier ne veut pas qu'on finisse en disant des amitiez, mais malgré lui je vous embrasserai tendrement, & je vous dirai que je vous aime avec une inclination naturelle, soûtenue de toute l'amitié que vous avez pour moi, & de tout ce que vous valez ; hé bien ! quel mal trouve-t-il à finir ainsi une lettre, & à dire ce que l'on sent & ce que l'on pense toujours ?

Bon jour, Monsieur le Comte, vous êtes donc tous deux dans les

mêmes sentimens pour vos affaires &
pour votre dépense, plût à Dieu que
vous eussiez toujours été ainsi ! Bon
jour, Pauline, ma mignonne, je me
moque de vous, après avoir pensé
six semaines à me donner un nom entre ma *grand'mère* & *Madame*; enfin,
vous avez trouvé, *Madame*.

Monsieur DE CORBINELLI.

Depuis que vous êtes Cordon-bleu,
Madame, je n'ai trouvé que ce coin de
lettre pour vous dire que j'en suis parfaitement aise, d'autant plus que Madame de Cauvisson me fait tous les
jours pitié sur ce chapitre ; à force de
lui inspirer de la résignation, j'ai compris combien mon ouvrage étoit difficile, & combien par conséquent il
étoit agréable de n'avoir que faire de
moi en ces rencontres. Recevez donc
mes hommages, Madame, & trouvez
bon que je vous dise que jamais *Misantrope* Philosophe ne l'a été moins
que moi dans cette occasion, tant la
joie me démontoit. A propos de *Misantrope*, c'est une Secte qui a pris naissance au coin du feu de M. le Cheva-

lier, il en est le chef, & me fait l'honneur de me mettre dans cette honorable profession. Je vous en manderai le progrès, dès qu'il y aura de quoi vous amuser, de l'histoire que j'en ai commencée. Faites-moi la grace de dire à M. le Comte (*de Grignan*) mes sentimens sur le point de la Chevalerie. J'oubliois de vous dire que le titre de mon livre est *le Misantropisme*; mais Madame votre mère soûtient qu'il faut *la Misantropie*; obligez-moi de décider cette difficulté, & vous aurez le premier exemplaire.

LETTRE LVII.

A LA MÊME.

1689. *A Paris, Mercredi 19 Janvier.*

VOILA ce Mercredi si défendu par ma chère Comtesse; mais elle ne veut pas comprendre que je me repose en lui parlant. Je regarde souvent votre aimable portrait, & je vous assure que je commence trop tôt & trop tendrement à desirer de vous voir, de vous embrasser, & d'entendre le son de votre voix ; mon cœur est plein de ces desirs & de ces sentimens, & votre portrait les entretient sans les contenter : Madame de Chaulnes en fut charmée, l'autre jour, & le loua d'un ton si haut que vous devriez l'avoir entendu, quoique vous soyiez bien loin ; car je sçais où vous êtes, & cette connoissance démêle un peu mon imagination qui sçait où vous prendre à point nommé ; mais nous n'en sommes pas plus voisines. J'admire Madame de Langlée d'être en Provence, sans être dans sa famille ; il me paroît que vous n'êtes pas contente du dîner que vous lui avez donné, elle est d'une délicatesse qu'il ne faut pas entreprendre de satisfaire.

Je vois que le bon esprit du Chevalier ne trouve plus à propos d'aller à Avignon, & d'y faire de la dépense. Il y a vingt ans que vous brillez en Provence ; vous devez céder à celle que vous êtes obligée de faire pour votre fils, & courir au plus pressé : le bon sens va là tout droit ; & cette raison honnête à dire, est fort aisée à comprendre ; elle n'a point l'air d'un prétexte après tant de preuves de votre bonne volonté & de votre magnificence. Il faut céder à l'impossibilité, je crains que cette vérité ne soit point encore entrée dans l'esprit de M. de Grignan, & qu'en jugeant de l'avenir par le passé, il ne croie que comme il a toujours été, il ira toujours : cette espérance est vaine & trompeuse. Nous avons beaucoup raisonné sur tout cela, M. le Chevalier & moi ; dispensez-vous de souhaiter la paix avec le Pape, & tirez d'Avignon tout ce que le Roi vous permet d'en tirer : mais profitez de cette douceur comme d'une consolation que Dieu vous envoie pour soûtenir votre fils, & non pas pour en vivre plus largement ; car si vous n'avez le courage de vous retrancher, comme vous l'avez résolu, vous rendrez inutile ce secours de la Providence. Voilà, ma très-chère, la conversation d'une maman qui vous aime aussi solidement que tendrement.

* Nous attendons votre fils, il doit revenir ce soir de Versailles ; il y a sept jours qu'il est parti avec notre Duchesse de Chaulnes, j'ai fort envie

de sçavoir comme il s'y est diverti, & quelle société il a eue. Nous lui avions bien recommandé d'éviter la mauvaise compagnie ; nous sommes persuadez qu'il fait mieux, quand il est seul, que quand il se croit observé de quelqu'un qui est avec lui ; je sçaurai comme il se sera comporté par M. de la Fayette qui y prend intérêt.

* M. d'Avaux (*k*) me vint voir avant-hier ; ma lettre étoit déja fermée ; il me parla fort de vous, vous honorant & vous aimant quasi autant qu'à Livri. Il me demanda si vous aviez reçu votre Cordon-bleu ; je lui dis que vous ne l'aviez pas le 10 ; il me dit que les autres l'avoient, & que comme on oublioit beaucoup de choses, il alloit mettre quelque ordre à ce retardement ; qu'il seroit ravi d'avoir à vous en rendre compte ; & de se servir de cette occasion pour vous faire son compliment. Je suis fort aise qu'il ait pris ce soin ; s'il est inutile, tant mieux ; s'il ne l'est pas, tant mieux.

(*k*) Antoine de Mesmes, Comte d'Avaux, Prévôt & Maître des Cérémonies des Ordres du Roi.

* Madame de Chaulnes me mena hier à la noce de Madame de la Ferté; j'y fus à cause de Madame de Mirepoix (1); mais elle n'y étoit pas; ils sont déja comme brouillez; & la veille on disputoit encore, parce que l'argent comptant n'étoit pas encore arrivé. J'y trouvai le marié, & cette enfant de douze ans qui est toute disproportionnée à ce Roi d'Ethiopie. C'est un mariage tellement improuvé, que je crois qu'on ne verra plus la mère. La Duchesse de la Ferté leur tombera sur les bras, elle l'a bien compté ainsi. Elle dit qu'elle s'est épuisée; qu'elle n'a plus que dix mille livres de rente; qu'elle a voulu un gendre pour elle; qu'elle s'est mariée à son gendre, & ne finit point de parler sur ce ton. Elle loue une grande maison dans cette rue Sainte-Croix; elle dit que quand elle sera à Versailles, ils feront leur ménage; ce ménage doit être de la bouillie pour la petite femme. Ils iront quelquefois manger chez la Maréchale de la Mothe, mais ce n'est point un établisse-

(1) Madeleine du Pui-du-Fou, sœur de la seconde femme de M. de Grignan.

ment : tout cela fait prévoir la douceur de cette alliance.

Nous fumes hier chez la Marquise de Coiſlin, qui a perdu ſa mère, la vieille d'Alégre (*m*). Nous fumes chez l'amie de Mademoiſelle de Grignan ; on voit à cette heure les affligez, la cruelle mode ! Et puis, nous vimes MADEMOISELLE, qui me gronda de ne l'avoir point vue ; j'aime bien à ne me point mêler dans ſes impétuoſitez. Adieu, ma chère enfant, ne redoublez point vos peines, redoublez ſeulement votre courage & vos bonnes réſolutions.

Du même jour à ſept heures du ſoir.

Voilà votre lettre. Le mauvais temps, qui vous glace le Rhône & la Durance, nous a fait un miroir de la Seine : il nous a tranſis, & a tellement gâté nos rues, que j'ai été huit jours ſans ſortir, ſi ce n'eſt pour faire des viſites avec Madame de Chaulnes aux dépens de ſes chevaux ; les miens ne vouloient pas ſe ſoûtenir, & je ne leur ai rien propoſé. J'étois ſouvent

(*m*) Morte le 12 Janvier.

dans la chambre de M. le Chevalier, qui se porte assez bien, & qui compte aller à Versailles après le voyage de Marli, mais il le faut dire tout bas; car si la goutte l'entend, elle s'y opposera. Ce mauvais temps, qui devient plus doux aujourd'hui, a retardé nos lettres de vingt-quatre heures.

L'Archevêque (*d'Aix*) a de grandes pensées; mais plus il est vif, plus il faut s'approcher de lui, comme des chevaux qui ruent, & sur-tout ne rien garder sur votre cœur. Je comprends parfaitement l'impossibilité de ne pas donner à manger, comme vous faites, à trois, à quatre personnes; c'est le moyen de les contenter tous, & de faire autant de faveurs, & moins de dépense: M. le Chevalier dans ses chagrins est un peu trop austère & trop sévère; s'il étoit là, il en useroit comme vous, j'en suis assurée. Faites une amitié à Madame de Langlée, puisqu'elle se souvient de moi: il est vrai que j'admirois bien le choix & le goût de ses habits. Je suis plus aise que je n'étois que M. d'Avaux songe à votre Cordon, puisqu'il semble qu'on vous ait oubliez.

Madame

Madame de Maintenon va faire jouer Esther à ses petites Filles. Vous êtes trop plaisante d'avoir lu en public ma relation des Chevaliers, vous faites de moi & de mes lettres tout ce que vous voulez. Adieu, ma très-aimable, je suis comme vous m'avez laissée, hormis qu'au lieu d'avoir tous les jours une joie sensible & nouvelle de vous voir dans cette maison, je soupire souvent bien tendrement & bien douloureusement de ne vous y plus trouver. Je me doutois bien que vous seriez de notre avis sur votre frère (n).

LETTRE LVIII.

A LA MÊME.

A Paris, Vendredi 21 Janvier. 1689.

* LE courier n'est point encore arrivé, & je reviens sur votre dernière lettre pour remplir celle-ci. Je n'ai jamais vu d'amitié si tendre, si solide, ni si agréable que celle que

(n) Voyez la lettre du 5 Janvier, *pages* 217 & 218.

vous avez pour moi ; je songe quelquefois combien cet état, dont je sens la douceur présentement, a toujours été la chose que j'ai uniquement & passionnément desirée. Vous méritez bien d'être aimée de votre fils, comme je vous aime, & comme vous l'aimez. Il ne vous dit point ce qu'il sent, il vous fit avant-hier une relation si simple que je l'en grondai. M. le Chevalier lui fit voir ce que vous lui écrivez de lui ; vraiment, cela fait mourir de tendresse & de reconnoissance : a-t-on jamais vu un cœur comme le vôtre, & une maternité si parfaite ? Vos Prélats ont voulu juger d'où ils sont de l'effet de leurs lettres ; en vérité, on en juge bien mieux d'ici ; on a repoussé l'ombre même de la proposition (o) ; mais soyez persuadée qu'on aura trouvé le neveu d'un bon appétit ; & l'oncle, ou gouverné, ou ne sçachant plus les choses de ce monde. Enfin, on ne sçauroit plus

(o) Il s'agissoit de la place de Commandeur des Ordres du Roi, que M. l'Archevêque d'Arles, âgé de 86 ans, avoit demandée en survivance pour M. le Coadjuteur, son neveu.

mal imaginer, ni opiniâtrer plus mal à propos une affaire que l'a été celle-là; elle n'eſt bonne qu'à jetter dans l'abyſme du ſilence : je me ſçais bon gré de l'avoir toujours vue comme elle eſt. M. d'Avaux m'a mandé qu'il croyoit qu'on vous avoit envoyé votre Cordon ; un rhume l'a empêché d'aller à Verſailles, nous ſçaurons par lui ſi le courier a été noyé, ou ce qui eſt arrivé. Il admire la tranquillité de ne l'avoir pas demandé par un billet à M. de Châteauneuf; mais je n'ai oſé le faire ni même le propoſer.

Votre fils eſt occupé d'une maſcarade pour Dimanche au Palais Royal ; M. le Duc de Chartres l'a envoyé prier : Madame d'Eſcars nous donne ſon avis avec Mademoiſelle de Méri ; vous connoiſſez le mouvement de ces grandes affaires. Il eſt allé chez Madame de Bagnols avec Sanzei. On dit que le Maréchal d'Eſtrées va à Breſt, le prétexte de la mer rend cette nouvelle ſupportable ; il va traverſer toute la Bretagne, comme ſi on étoit au printemps ; & lui, au printemps de ſa vie ; ce ſont d'aſſez grandes fatigues. Parlez-moi de l'humeur de

Pauline ; si elle n'a pas été bien élevée, c'est à vous à raccommoder toute cette cire, qui est encore assez molle, pour prendre la forme que vous voudrez. J'ai vu M. de Barillon qui est fort grossi, il m'a demandé de vos nouvelles ; il avoit trouvé votre fils chez M. de Louvois, son petit visage lui parut si noble & si joli qu'il demanda son nom ; & le nom lui fit embrasser votre enfant cinq ou six fois, & le fit souvenir de père, de mère & de grand'mère. Adieu, ma chère enfant, je suis tellement à vous que je ne puis assez vous le dire.

LETTRE LIX.

A LA MÊME.

1689. *A Paris, Lundi 24 Janvier.*

ENFIN, votre Durance a laissé passer nos lettres ; de la furie dont elle court, il faut que la glace soit bien habile pour l'attraper & pour l'arrêter. Nous avons eu de cruels temps, de cruels froids, & je n'en ai seulement pas été enrhumée. J'ai gardé plusieurs fois la chambre de M. le Chevalier; & pour parler comme Madame de Coulanges, il n'y avoit que lui qui fût à plaindre de la rigueur de la saison ; mais je vous dirai plus naïvement qu'il me semble qu'il n'étoit point fâché que j'y fusse. Voilà le dégel, je me porte si bien que je n'ose me purger, parce que je n'ai rien à desirer, & que cette précaution me paroît une ingratitude envers Dieu. M. le Chevalier n'a plus de douleurs, mais il n'ose encore hazarder Versailles. Il faut que je vous dise un mot de Madame de Coulanges, qui me fit rire & me parut plaisant. M. de Barillon est ravi de retrouver toutes ses vieilles amies ; il est souvent chez Madame de la Fayette & chez Madame de Coulanges ; il disoit, l'autre jour, à cette dernière ; « ah, Madame, que votre maison me » plaît ! j'y viendrai bien les soirs, » quand je serai las de ma famille «. *Monsieur*, lui dit-elle, *je vous attends demain*. Cela partit comme un trait, & nous en rimes tous plus ou moins.

Votre enfant fut hier au soir au bal

chez M. de Chartres, il étoit fort joli, il vous mandera ses prospéritez. Il ne faut point, au reste, que vous comptiez sur ses lectures ; il nous avoua hier tout bonnement qu'il en est incapable présentement, sa jeunesse lui fait du bruit, il n'entend pas. Nous sommes affligez qu'au moins il n'en ait point d'envie, & que ce soit la volonté qui lui manque, plutôt que le temps. Sa sincérité nous empêcha de le gronder ; je ne sçais ce que nous ne lui dimes point, le Chevalier & moi, & Corbinelli qui s'en échauffe : mais il ne faut point le fatiguer ni le contraindre ; cela viendra, ma chère bonne, il est impossible qu'avec autant d'esprit & de bon sens, aimant la guerre, il n'ait point envie de sçavoir ce qu'ont fait les grands hommes du temps passé, & *César à la tête de ses Commentaires*. Il faut avoir un peu de patience, & ne vous en point chagriner ; il seroit trop parfait, s'il aimoit à lire.

Vous m'étonnez de Pauline, ah, ma fille ! gardez-la auprès de vous ; ne croyez pas qu'un Couvent puisse redresser une éducation, ni sur le sujet de la Religion que nos Sœurs ne sçavent guères, ni sur les autres choses. Vous ferez bien mieux à Grignan, quand vous aurez le temps de vous y appliquer. Vous lui ferez lire de bons livres ; l'*Abbadie* (*p*) même, puisqu'elle a de l'esprit ; vous causerez avec elle, M. de la Garde vous aidera : je suis persuadée que cela vaudra mieux qu'un Couvent.

Pour la paix du Pape, l'Abbé Bigorre nous assure qu'elle n'est point du tout prête ; que le Saint Père ne se relâche sur rien, & qu'on est très-persuadé que M. de Lavardin & le Cardinal d'Estrées reviendront incessamment : profitez donc du temps que Dieu, qui tire le bien du mal, vous envoie (*q*). La vieille Sanguin est morte, comme une Héroïne, promenant sa carcasse par la chambre, se mirant pour voir la mort au naturel. Il faut un compliment à M. de

(*p*) Jacques Abbadie, Ministre Protestant, Auteur d'un Traité fort estimé *de la Vérité de la Religion chrétienne.*

(*q*) Cette circonstance faisoit que M. de Grignan commandoit pour le Roi dans le Comtat.

Senlis, & à M. de Livri, mais non pas des lettres ; car ils font déja confolez : il n'y a que vous, ma chère enfant, qui ne vouliez pas entendre parler de l'ordre établi depuis la création du monde. Vous dépeignez Mademoifelle d'Or... de manière qu'elle me paroît aimable ; il faudroit la prendre, fi fon père étoit raifonnable : mais quelle rage de n'aimer que foi, de fe compter pour tout, de n'avoir point la penfée fi fage, fi naturelle & fi chrétienne, d'établir fes enfans ! vous fçavez bien que j'ai peine à comprendre cette injuftice ; c'eft un bonheur que notre amour propre fe tourne précifément où il doit être. J'ai fait une réponfe à M. de Carcaffonne, que M. le Chevalier a fort approuvée, & qu'il appelle un chef-d'œuvre. Je l'ai pris à mon avantage, & comme je le tiens à cent cinquante lieues de moi, je lui fais part de tout ce que je penfe ; je lui dis qu'il faut approcher de fes affaires, qu'il faut les connoître, les calculer, les fupputer, les régler ; prendre fes mefures, fçavoir ce qu'on peut & ce qu'on ne peut pas ; que c'eft cela feul qui le fera riche ; qu'avec
cela

cela rien ne l'empêchera de suffire à tout, & aux devoirs & aux plaisirs & aux sentimens de son cœur pour un neveu, dont il doit être la ressource; qu'avec de l'ordre on va fort loin; qu'autrement on ne fait rien, on manque à tout; & puis, il me prend un enthousiasme de tendresse pour vous, pour M. de Grignan, pour son fils, pour votre Maison, pour ce nom qu'il doit soûtenir: j'ajoûte que je suis inséparablement attachée à tout cela, & que ma douleur la plus sensible, c'est de ne pouvoir plus rien faire pour vous; mais que je l'en charge, que je demande à Dieu de faire passer tous mes sentimens dans son cœur, afin d'augmenter & de redoubler tous ceux qu'il a déja: enfin, ma fille, cette lettre est mieux rangée, quoiqu'écrite impétueusement. M. le Chevalier en eut les yeux rouges en la lisant; & pour moi, je me blessai tellement de ma propre épée, que j'en pleurai de tout mon cœur! M. le Chevalier m'assura qu'il n'y avoit qu'à l'envoyer, & c'est ce que j'ai fait.

Vous me représentez fort plaisamment votre Sçavantas; il me fait souvenir du Docteur de la Comédie, qui veut toujours parler. Si vous aviez du temps, il me semble que vous pourriez tirer quelque avantage de cette Bibliothéque; comme il y a de bonnes choses & en quantité, on est libre de choisir ce qu'on veut: mais hélas! mon enfant, vous n'avez pas le temps de faire aucun usage de la beauté & de l'étendue de votre esprit; vous ne vous servez que du bon & du solide, cela est fort bien, mais c'est dommage que tout ne soit pas employé; je trouve que M. Descartes y perd beaucoup.

Le Maréchal d'Estrées va à Brest, cela fait appréhender qu'il ne commande les troupes réglées; je crois cependant qu'on donnera quelque contenance au Gouverneur, & qu'on ne voudra pas lui donner le dégoût tout entier. M. de Charôt est revenu un moment, pour se justifier de cent choses que M. de Lausun a dites assez mal à propos, & de l'état de sa Place, & de la reception qu'il a faite à la Reine; il fait voir le contraire de tout ce qu'a dit Lausun; cela ne fait point d'honneur à ce dernier, dont il semble que la colère de MADEMOI-SELLE arrête l'étoile ; il n'a ni logement ni entrées, il est simplement à Versailles.

On craint que l'habileté de l'Archevêque (*d'Aix*) ne vous surprenne ; mais je réponds que non, & que personne ne pèse plus ses paroles que vous sur les choses importantes. Madame de Coulanges m'a dit mille amitiez pour vous, elle veut toujours vous écrire. Depuis que j'ai causé avec M. le Chevalier, j'ai sçu que vous n'aurez votre Cordon qu'après le Chapitre du deux Février, parce que vos informations ne sont venues qu'après le premier jour de l'an, ainsi voilà qui est réglé. Il doit bien vous mander des nouvelles, car il a vu Dangeau qui en sçait beaucoup. M. de Chaulnes n'aura aucun chagrin, le Maréchal d'Estrées ne se mêle que de la mer & des côtes.

LETTRE LX.

A LA MÊME.

1689. *A Paris, Mercredi 26 Janvier.*

CORBINELLI a été charmé de la peinture au naturel de votre Sçavantas; vous parlez de peinture, celle que vous faites de cet homme pris & possédé de son sçavoir, qui ne se donne pas le temps de respirer ni aux autres, & qui veut rentrer à toute force dans la conversation; ma chère enfant, cela est du Titien. Je soupai avant-hier chez Mmes de Coulanges avec ces bonnes Duchesses (r); Barillon y étoit, il but votre santé avec un air d'adoration pour Mademoiselle de Sévigné & pour Madame de Grignan; il n'est point gâté de dix ans d'Ambassade.

 Madame d'Acigné me vint voir hier, elle me conta comme M. de Richelieu est un Chevalier de la Chandeleur, aussi-bien que M. de Grignan,

(r) Mesdames de Chaulnes & du Lude.

& plusieurs autres dont les preuves ou les attestations n'étoient pas venues avant le jour de l'an. Tilladet sera Chevalier ce jour-là, & les autres seront proposez au Chapitre ; on vous envoie le Cordon en même temps : voilà le vrai, & ce que nous n'avions pas sçu.

* Vous vous lamentez sur ce pauvre Chevalier, qui n'a plus de douleurs ; il fut hier tout le jour en visites avec son neveu ; il le mena chez le Maréchal de Lorges, chez M. de Pomponne, chez la Marquise d'Huxelles, il pense à Versailles ; c'est ainsi qu'on dérange & qu'on déplace tous ses sentimens. Votre enfant se divertit, il a été en masque fort joli (s). Ils font fort bien, Sanzei & lui ; il ne paroît nulle aversion, nulle envie, nulle picoterie ; ils ne sont guères empressez chez ces petites filles (t), ils ne font que des enfances ; je ne sçais comme ces petits garçons sont faits, ils ne songent qu'à leurs

(s) Voyez la lettre du 21 Janvier, page 259.
(t) Voyez la lettre du 10 Janvier, page 232.

équipages. Sanzei s'en va Lundi en Poitou pour tâcher d'avoir de l'argent, il paſſera par Autri, & de-là à ſon Régiment de Dragons, qui eſt à douze lieues de ſes terres ; voilà ſa deſtinée, il fera tout de ſuite ſa campagne : Dieu les conſerve ces pauvres enfans. Le vôtre a le plaiſir d'entendre tous les jours louer ſa Compagnie, c'eſt-à-dire, la vôtre (*u*) ; tous ceux qui l'ont vue, lui en font compliment. M. le Chevalier vous pourra dire, comme moi, que M. de Lamoignon n'a nulle envie de marier ſi-tôt ſa fille (*x*). On parle de pluſieurs mariages ; il faut un peu attendre qu'ils ſoient avancez pour vous les dire.

M. le Maréchal d'Eſtrées s'en va à Breſt ; c'eſt la mer, c'eſt la marine, c'eſt les côtes, il y aura des troupes :

(*u*) C'étoit une Compagnie de nouvelle levée, qui avoit été formée dans le Comté de Grignan, & en quelque ſorte ſous les yeux & par les ſoins de Madame de Grignan.

(*x*). Madeleine de Lamoignon, mariée en 1693 à Claude de Longueil, Marquis de Maiſons, depuis Préſident à Mortier au Parlement de Paris.

Dieu nous garde d'une échauffourée qui l'oblige à prendre seul le commandement. Nous espérons qu'on ne voudra pas donner un tel dégoût à notre Gouverneur, & qu'on partagera les emplois, la Bretagne est assez grande. Peut-être que le Prince d'Orange n'aura pas le temps, cette année, de songer à la France ; il a des affaires en Angleterre & en Irlande, où l'on veut armer pour le Roi : nos mers sont tout émues, il n'y a que votre Méditerranée qui soit tranquille. Je ne sçais à qui en ont vos femmes avec leurs vœux extravagans ; j'y voudrois ajoûter de ne plus manger d'oranges, & de bannir l'oranger en arbre & en couleur : ce devroit être sur nos côtes que l'on fît toutes ces folies. Je crois, en vérité, que le Roi & la Reine d'Angleterre sont bien mieux à Saint-Germain que dans leur perfide Royaume. Le Roi d'Angleterre appelle M. de Lausun son Gouverneur ; mais il ne gouverne que ce Roi ; car, d'ailleurs, sa faveur n'est pas grande. Ces Majestez n'ont accepté de tout ce que le Roi vouloit leur donner, que cinquante mille francs par mois, & ne veulent point vivre comme des Rois ; il leur eſt venu bien des Anglois, ſans cela ils ſe réduiſoient encore à moins ; enfin, ils veulent faire vie qui dure. Ils m'ont d'abord fait ſouvenir de mes chers romans, mais il faudroit un peu d'amour ſur le jeu. J'achève juſtement ici vos reconnoiſſances, comme j'achevois autrefois vos romans, & l'amitié de vos chiens. La Chau s'en va, j'envoie un petit Saint-Eſprit à M. de Grignan ; je veux qu'il vole ſur ſon juſte-au-corps, en même temps que le courier, qui lui porte ſon Cordon, arrivera. Je vous prie, mon cher Comte, de recevoir ce petit préſent, c'eſt pour vous conſoler de l'affront que vous fait quelquefois ma fille de me nommer au lieu de vous. Voilà d'étranges préſens, un ruban, une ceinture, un petit pigeon, une ombre, un ſouffle, un rien ; c'eſt ce qu'on donne, quand on n'a plus rien à donner. Il eſt vrai que je me ſuis livrée tout entière ; j'en ai enviſagé toutes les ſuites & les conſéquences d'un ſeul côté, & je n'en ai point été ébranlée, & j'ai dit ; hé bien ! ſi on me manque, ſi on me ruine, Dieu sera peut-être de cette ingratitude, le sujet de ma retraite & de mon salut; & avec cette pensée, je ne me suis point repentie de tout ce que j'ai fait: votre amitié, & votre cœur pour moi, rendent ma vie trop heureuse; mais, ma très-chère, vous êtes quelquefois bien loin, & je sens bien tendrement cette absence.

LETTRE LXI.

A LA MÊME.

A Paris, Vendredi 28 Janvier. 1689.

JE suis ravie du commerce lointain que vous entretenez avec ce bon Gouverneur (y) qui vous révère, & qui me donne mille marques de son amitié en toute occasion. Sa femme ne cesse de vous louer, de vous remercier de votre souvenir, & de me prier de vous dire mille douceurs de sa part. Elle est allée à Versailles, elle verra la Reine d'Angleterre; elle

(y) M. le Duc de Chaulnes, qui étoit dans son Gouvernement de Bretagne.

me contera bien des choses que je vous manderai.

On a déja représenté à Saint Cyr la *Comédie* (z) ou *Tragédie* d'Esther. Le Roi l'a trouvée admirable, M. le Prince y a pleuré : Racine n'a rien fait de plus beau ni de plus touchant ; il y a une prière d'Esther pour Assuerus, qui enlève. J'étois en peine qu'une petite Demoiselle représentât ce Roi, on dit que cela est fort bien. Madame de Caylus fait Esther, & fait mieux que la Champmêlé ; si cette Piéce s'imprime, vous l'aurez aussi-tôt. On veut y faire aller l'Abbé Têtu ; il est, en vérité, fort à plaindre, il n'y a point de jour qui n'augmente son mal ; l'opium ne le fait plus dormir, il ne sert qu'à le rendre un peu plus tranquille : cela fait grand'pitié, cependant il va & vient. Je lui ai dit tous vos soins, il m'a fort priée de vous en témoigner sa reconnoissance.

Le mariage de M. de Rouci (*a*)

(z) Toutes les Piéces de Théatre avoient été comprises jusqu'alors sous le nom de *Comédie*.

(*a*) François de Roie de la Rochefoucauld, Comte de Rouci, épousa le 8 Février

s'avance fort, j'en suis étonnée, *sans tabouret*. Mademoiselle de la Marck avec M. de Brionne, étonnée encore à cause de l'âge de la Demoiselle (*b*), qu'on dit qui passe trente ans. On dit en l'air M. de Mortain & Mademoiselle d'Usez (*c*) ; & M. de Crussol (*d*) & Mademoiselle de Ventadour (*e*), je ne réponds point de tout cela.

Je suis dans la chambre de M. le Chevalier, il est dans sa chaise, & tape du pied gauche ; je lui demande,

suivant Catherine-Françoise d'Arpajon, fille du Duc de ce nom, & de Catherine-Henriette d'Harcourt.

(*b*) Ce mariage ne se fit point. Mademoiselle de la Marck épousa, le 7 Mars de cette même année, Jacques-Henri de Durfort, Duc de Duras.

(*c*) Louise-Catherine de Crussol-d'Usez ne fut mariée qu'en Novembre 1691, & ce fut avec Louis François le Tellier, Marquis de Barbesieux.

(*d*) Louis Marquis de Crussol, puis Duc d'Usez, mourut en 1693 sans avoir été marié.

(*e*) Anne-Géneviéve de Levis fut mariée le 16 Février 1691 à Louis-Charles de la Tour de Bouillon, Prince de Turenne, tué à Steinkerque en 1692, & remariée le 15 Février 1694 à Hercules-Mériadec de Rohan, Duc de Rohan-Rohan.

» Monsieur, quelles nouvelles sça-
» vez-vous ? qu'est-ce qu'il y a do
» vrai « ? Il me répond ; *Dieu est
Dieu, Madame, je ne sçais que cela.*
J'ai envie de n'en pas dire plus que
lui, & de vous laisser après vous avoir
confié cette vérité.

M. de Charôt est ici, il s'est parfaitement bien justifié de tout ce qu'a-
voit dit, sous cape, M. de Lausun.
Il sera Chevalier à la Chandeleur. Le
Roi a ôté de Calais le vieux Courtebonne, qui est allé à Hesdin ; c'est le
Gouvernement de son fils, ses appoin-
temens sont conservez ; on met à sa
place, Laubanie, bon Officier, sous
les ordres de M. de Charôt, à qui le
Roi a fort adouci ce changement : il
ne retournera que dans deux mois.
Tout le monde a ses tribulations ; je
suis souvent en des lieux, où l'on dit
qu'il n'y a que celui qui commande
en Provence, qui n'en ait point, &
qui ait une belle & agréable place.
C'est dommage que cela ne s'accorde
avec tout ce que l'on quitte ici ; mais
cependant il faut jouir de cette distinction, & de la paix & du silence
qui règne dans cette seule Province.

Je suis étonnée, comme vous, que vos femmes se *déguisent* & fassent des *vœux* (*f*) ; c'est aux nôtres à trembler, & à ne point *jouer*. Je n'ai jamais vu de craintes si dérangées. Adieu, ma chère enfant, je ne vous dis point combien je vous aime, puisque vous le sçavez.

A huit heures du soir.

* C'est trop long-temps vous faire espérer que Madame de Coulanges vous écrira ; il faut qu'elle fasse voir qu'elle a quelque chose de plus que les bonnes intentions.

Madame DE COULANGES.

* Madame de Sévigné ne veut jamais que je vous écrive, Madame ; elle ne comprend point que l'on puisse être occupée de vous ; je n'ai jamais vu une telle personne. Cependant, je

(*f*) Ces vœux consistoient à porter le blanc, le violet, le minime, &c. à se priver des Spectacles, du jeu, &c. *Voyez les lettres du 8 & du 13 Décembre précédent, pages 155 & 169.*

vous avertis que si vous voulez faire votre cour, vous demandiez à voir Esther ; vous sçavez ce que c'est qu'Esther, toutes les personnes de mérite en sont charmées, vous en seriez plus charmée qu'une autre. Ce n'est pas une affaire de venir de Grignan coucher à Versailles, je m'y trouverai avec une extrême joie ; car, en vérité, je doute qu'on puisse vous desirer plus vivement que je fais. Voilà un avis que je ne puis manquer de vous donner, sçachant très-bien, Madame, que si on laissoit faire Madame de Sévigné, elle vous oublieroit toujours. Je ne finirai jamais ce compliment sans embrasser Monsieur de Grignan, c'est un droit que je ne veux point perdre, je l'embrasserai toujours malgré son S. Esprit. Voilà Madame de Frontenac & Mademoiselle d'Outrelaise qui me prient de vous dire bien des choses de leur part. Le pauvre Abbé Têtu a toujours des vapeurs ; j'ai la honte de faire de mon mieux pour le guérir, sans y pouvoir réussir. M. de Coulanges dit qu'il ne se peut donner l'honneur de vous écrire, parce qu'il a mal au pied ; il croit avoir la goutte, il crie comme un enragé ; & tout cela, pour contrefaire M. le Chevalier de Grignan.

LETTRE LXII.

A LA MÊME.

A Paris, Lundi 31 Janvier. 1689.

AH! oui, assurément j'ai la mine d'avoir été en peine de votre mal de gorge ; & je ne vous puis dire aussi combien cette lettre du 24, qui m'apprend votre guérison, me fait respirer à mon aise : me voilà donc en repos autant qu'on le peut être dans l'absence ; car j'avoue que l'imagination est cruelle, & abuse bien de notre foiblesse dans ce temps-là. Mais conservez votre santé, si vous m'aimez, si vous nous aimez, si vous voulez que nous nous portions bien ; il semble que la mienne ne songe qu'à vous plaire, tant elle est de suite & parfaite. Je vais sur votre parole dans la chambre du Chevalier, cette pauvre petite chambre qui m'attire si naturellement, que j'habite depuis plus de dix ans, j'y suis encore fort bien reçue. Ce Chevalier s'en va tantôt à Versailles, il se porte bien, j'en suis aise par mille raisons, & fâchée parce qu'il m'ennuyera de ne le point voir : nous nous rallions, nous parlons de vous, & je suis ce qu'on appelle tombée des nues, quand il n'est pas ici. Il y a trois jours que votre fils est Courtisan : le Duc de Charôt, qui est ici & qui l'a vu, m'en dit hier beaucoup de bien.

Madame de Chaulnes a vu la Reine d'Angleterre, elle en est fort contente ; le petit Prince habillé, comme un godenot ; mais beau, gai, qu'on élève en dansant : voilà le vrai temps du bonheur des enfans. Les histoires qu'on relit à cause de cet événement, ne sont pleines que de la perfidie des Peuples. Le Prince d'Orange n'est pas tout-à-fait content à Londres, il y a trois partis ; celui du Roi & des Evêques, fort petit ; celui du Prince d'Orange, fort grand ; & le troisième des Républiquains & non-Conformistes. Toute l'Irlande est au Roi,

il

de Madame de Sévigné. 281

il eût bien fait de s'y fauver : on ne l'aime pas tant que la Reine. Il appelle M. de Laufun fon Gouverneur, le Gouverneur auroit befoin d'en avoir un ; MADEMOISELLE triomphe. Le Maréchal d'Eftrées eft parti pour Breft, & pour la mer. On eft fort content du fervice & de la vigilance de M. de Chaulnes, il court comme un homme de vingt-cinq ans.

Je ne trouve pas que votre voyage d'Avignon puiffe jamais être mieux placé ; le carême fait une bonne circonftance ; l'air y eft doux, & de la façon que le Pape vous confidère, il vous laiffera encore long-temps jouir de ce revenu. Il faut fe moquer des nouvelles de *la Place des Prêcheurs* (g) ; l'enlèvement de la Princeffe d'Orange, & la prife de fon mari, font à faire rire ; mettons-y le fiége de Bois-le-Duc, qui n'étoit qu'une plaifanterie : tout eft encore calme, on ne parle que de fe divertir. Le Roi & toute la Cour font charmez de la Tragédie d'Efther. Madame de Mi-

(g) C'eft une Place, où l'on s'affemble à Aix le matin, & où fe débitent les nouvelles les plus abfurdes & les plus fauffes.

Tome VII. A a

ramion (*h*), & huit Jésuites, dont le Père Gaillard étoit, ont honoré de leur présence la dernière représentation : enfin, c'est un chef-d'œuvre de Racine ; si j'étois dévote, j'aspirerois à voir jouer cette Piéce. Madame la Princesse de Conti a voulu louer l'Opéra ; c'est, dit-on, qu'il y a de l'amour, & on n'en veut plus.

M. de Charôt a eu une admirable conversation avec le Roi. Il paroît que M. de Lausun lui avoit rendu inutilement de mauvais offices ; cela ne fait pas d'honneur à un homme que le Roi sçait que Charôt a toujours aimé, & servi comme un camarade. On ôte de Calais le vieux Courtebonne, craignant qu'à son âge il ne soit pas assez éveillé. Le Roi le met dans Hesdin, le Gouvernement de son fils ; & met à Calais Laubanie, bon Officier & alerte. M. de Charôt dit au Roi qu'il en étoit fort aise ; qu'il joindroit son zèle à celui de Laubanie, des lumières & de l'expérience duquel il seroit ravi de profiter ; & qu'ils

(*h*) Dame célèbre pour sa piété, & pour le grand nombre de bonnes œuvres & de fondations qu'elle a faites.

s'uniroient pour le bien de son service. Le Roi a paru fort content de cette manière. M. de Charôt retournera à Calais ce carême ; en attendant il va être Chevalier, & ne s'opposera point à la proposition qu'on fera au Chapitre, de M. de Grignan ; après quoi le S. Esprit volera droit à vous.

* Je ne sçais ce que sont devenus tous les mariages que je vous avois mandez. Celui de M. de Mirepoix devient sombre. La Duchesse (*de la Ferté*) dit, je me suis épuisée, je ne sçaurois les nourrir ni les loger ; on lui dit, pourquoi vous épuisiez-vous ? Madame de Mirepoix dit, je les prends & les nourris ; la petite enfant pleure ; enfin, je n'ai jamais vu épouser une poupée, ni un si sot mariage : n'étoit-ce pas aussi le plus honnête homme de France ? Ma chère enfant, ne comparez votre cœur avec nul autre, Dieu vous l'a donné parfait, remerciez-l'en : vos humeurs étoient une vapeur, un brouillard sur le Soleil ; mais celles des autres sont gâtées dans le fond & dans leurs principes ; ainsi, vous ne servirez jamais d'excuse.

LETTRE LXIII.

A LA MÊME.

1689. *A Paris, Mercredi 2 Février.*

C'EST aujourd'hui que selon toutes les apparences vous avez été admis par le Chapitre avec quelques autres traîneurs ; & je ne sçaurois douter que le courier ne parte demain pour vous porter votr. Cordon, ainsi qu'à M. de Monaco. Voici la glu à quoi tenoit l'aîle de votre pigeon ; c'est que vos actes de foi, & informations de vie & mœurs, n'arriverent que le propre jour qu'on tenoit le premier Chapitre, & par conséquent trop tard. Vous faites trop d'honneur à Marie de Rabutin-Chantal de prendre son fait & cause : mais sçavez-vous que si Jeanne Frémiot (1) n'étoit dans le ciel, elle vous gronderoit ? elle étoit fille de deux ou trois

(1) Grand'mère de Madame de Sévigné, connue aujourd'hui sous le nom de *la Bienheureuse Mère de Chantal.*

Préſidens ; ho, ho, pour qui nous prenez-vous ? & *Berbiſi* par ſa mère. Quand on a eu un procès, il faut ſonger à ce que l'on dit.

Ne vous épuiſez point, ma chère enfant, à m'écrire de grandes lettres ; vous ne doutez pas qu'elles ne me ſoient agréables, mais cela vous tue ; parlez-moi ſeulement de votre ſanté, de vos affaires, de vos deſſeins ; ah, mon Dieu, que tout cela me tient au cœur ! laiſſez-moi diſcourir, & ne vous amuſez point à me répondre ; renvoyez-moi ſur certaines choſes à M. le Chevalier : enfin, je ne demande que votre ſanté & votre ſoulagement. Vous avez donc eu quelque peur des pauvres petites *chouettes noires* (*k*), je m'en doutai, & j'en ris en moi-même : vous trouvez qu'elles ont l'air *triſte*, mais elles ne ſont point rechignées (*l*) ; elles n'ont point *une voix de Mégère* ; & quand vous verrez ce qu'elles ſçavent faire, vous trouverez qu'au lieu d'être de mauvais augure, elles font la beauté, au moins, de la coëffure.

(*k*) C'étoit une mode de ce temps-là.
(*l*) Voyez la Fable de *l'Aigle & du Hibou*, par la Fontaine.

La Reine d'Angleterre a toute la mine, si Dieu le vouloit, d'aimer mieux regner dans le beau Royaume d'Angleterre, où la Cour est grande & belle, que d'être à Saint-Germain, quoiqu'accablée des bontez héroïques du Roi. Pour le Roi d'Angleterre, il y paroît content, & c'est pour cela qu'il est là. J'embrasse ma très-aimable Comtesse, & ce Comte à cause de la bonne Fête ; & cette bonne Fête fait que je vous quitte, il faut aller à Vêpres & au Sermon. Je lis avec plaisir les *Règles chrétiennes* (m) de M. le Tourneux ; je n'avois fait que les envisager sur la table de Madame de Coulanges, elles sont à présent sur la mienne.

(m) *Principes & règles de la vie chrétienne*, imprimez en 1688 pour la première fois.

LETTRE LXIV.
A LA MÊME.

A Paris, Vendredi matin 4 Février. 1689.

J'ATTENDOIS hier au soir M. le Chevalier & votre enfant. J'ai sçu qu'on vous avoit envoyé le brevet pour prendre votre Cordon-bleu, & qu'aujourd'hui on vous enverroit le Cordon avec la Croix que le Roi vous donne, me voilà donc contente. Gardez-le bien cet aimable Cordon *ad multos annos*, parez-en votre bonne mine, & ne l'allez pas oublier pendant les trois heures que vous destinez tous les jours à être amoureux ; c'est un ornement qui doit accompagner l'agrément de cette fidelle passion : ma fille m'en paroît si contente, que je puis entrer dans cette confidence. C'est insensiblement à vous que je parle, mon cher Comte, & je me trouve obligée à vous embrasser pour finir mon discours.

Je reviens à vous, ma fille. Il m'a

semblé que M. le Chevalier pouvoit bien être demeuré pour aller à Saint Cyr, où Madame de Maintenon fait aller tous les gens d'une profonde sagesse ; par exemple, Racine lui parla de M. de Pomponne, elle fit un cri, & le Roi aussi ; & Sa Majesté lui fit ordonner d'y aller. Il y fut donc hier, cet illustre Pomponne ; je ne finirai point cette lettre que je ne l'aie vu, & que le Chevalier & votre fils ne soient arrivez : ainsi, ma chère belle, je ballote. Nous soupames Mercredi, Madame de Chaulnes & moi, sur la véritable poularde de Madame de Coulanges, dans le cabinet de Coulanges qui a la goutte, comme un petit débauché ; il crie, on le porte sur le dos, il voit du monde, il souffre, il ne dort point ; mais tout cela se fait, comme pour rire ; il ne souffre pas même ses douleurs sérieusement.

Je dînai hier chez Madame de la Fayette, avec Tréville & Corbinelli ; c'étoient des perdrix d'Auvergne, & des poulardes de Caen ; son fils, qui est, comme vous sçavez, l'espion du Marquis, me dit qu'il
faisoit

faisoit fort bien, qu'il avoit un bon air, voyoit bonne compagnie, mangeant aux bonnes tables; qu'on l'aimoit fort, qu'on prenoit quelquefois la liberté de l'appeller *le petit matou* (*n*); d'autres plus polis, à cause de sa jeunesse, *le minet*. Enfin, il me paroît que cela va fort bien; M. le Chevalier me le mandoit aussi; tenez, voilà son billet, cette louange en l'air toute naturelle vous fera plaisir. Vous ne serez pas fâchée aussi d'apprendre ce que c'est que d'avoir une belle Compagnie, ou d'en avoir une mauvaise. M. de Louvois dit, l'autre jour, tout haut à M. de Nogaret; » Monsieur, votre Compagnie est en fort » mauvais état «. » Monsieur, *dit-il*, » je ne le sçavois pas «. » Il faut le » sçavoir, *dit M. de Louvois*, l'avez- » vous vue «? » Non, Monsieur, *dit* » *Nogaret* «. » Il faudroit l'avoir vue, » Monsieur «. » Monsieur, j'y donnerai » ordre «. » Il faudroit l'avoir donné; » il faut prendre parti, Monsieur, ou » se déclarer Courtisan, ou s'acquit- » ter de son devoir quand on est Of-

(*n*) Madame de Sévigné avoit appellé autrefois son gendre, *le matou*.

» ficier «. Il me paroît que tout cela perce à jour Madame de Cauvisson (o); elle voit ce que c'est que de négliger le service; & vous devez avoir une grande joie de la belle & bonne Compagnie du Marquis, que vous avez faite; & de son exactitude, & de son *pied de la lettre*, & de son voyage à Châlons : voilà le payement de vos peines & des siennes. C'est de M. le Chevalier que je sçais ce petit dialogue ; mais comme il dit qu'il ne vous mande pas ces sortes de détails, j'ai cru vous divertir de vous l'apprendre.

Madame de la Fayette, qui ne dort point, qui est dans une mauvaise veine de santé, vous fait mille amitiez. M. de Tréville assure votre esprit & votre visage de son admiration particulière. Madame de Lavardin met au premier degré de toutes ses louanges, la force héroïque que vous eutes de partir, en même temps que votre fils pour Philisbourg : enfin, ma chère enfant, votre modestie auroit eu beaucoup à souffrir.

M. de la Vieuville est mort ; il a rompu le premier le nombre des Che-

(o) Mère de M. de Nogaret.

valiers. Benférade dit, qu'on ne sçauroit *élever* des Gouverneurs à M. de Chartres (*p*).

Vendredi à deux heures après midi.

Dans ce moment, ma chère fille, je vois entrer Poirier dans ma chambre, qui m'apporte votre Cordonbleu. Voilà le billet que le Chevalier m'écrit, & qui vous fera voir que ces Messieurs ne s'ennuyent point à Versailles, que le Chevalier est ravi & transporté d'Esther, & qu'il juge à propos de vous envoyer votre Cordon par la poste, comme on fera pour M. de Monaco. Je m'en vais de ce pas chez M. Orceau lui recommander ma petite boëte. M. le Chevalier a bien fait son devoir à Versailles, & je

---

(*p*.) Charles Duc de la Vieuville, mort le 2 Février 1689, fut nommé le 28 Février 1686 Gouverneur de Philippe Duc de Chartres, depuis Duc d'Orléans & Régent du Royaume. Il avoit succédé à Godefroi Comte d'Estrades, Maréchal de France, qui, après avoir été fait Gouverneur de ce Prince en 1685, mourut le 26 Février 1686 ; en sorte que M. le Duc de Chartres perdit deux de ses Gouverneurs en moins de quatre ans.

m'en vais faire le mien, qui ne me laisse que la gloire de vous dire, que *je n'ai pas nui* à vous faire recevoir ce bienheureux Cordon. Mettez-le vîtement sans cérémonie ; quand vous ferez reçu Chevalier, vous ferez comme les autres. Je vous embrasse, ma chère enfant, de tout mon cœur, vous n'en doutez pas.

LETTRE LXV.

A MONSIEUR DE GRIGNAN.

1689. *A Paris, Lundi 7 Février.*

BON jour, Monsieur le Comte, êtes-vous bien paré ? avez-vous bonne mine ? il me semble que le Cordon-bleu vous sied fort bien. Je vous fais mon compliment, & vous embrasse avec cette nouvelle parure.

A Madame DE GRIGNAN.

J'allai Vendredi chez M. de Pomponne, après avoir fermé ma lettre ; il revenoit de Saint Cyr. Madame de

Vins vous aura mandé comme Madame de Maintenon le nomma, & comme il eut ordre du Roi de venir le lendemain à cette belle Tragédie. Le Roi lui dit le matin qu'il étoit fort digne d'en juger, & qu'il en seroit assurément content. M. de Pomponne le fut au dernier point : Racine s'est surpassé, il aime Dieu comme il aimoit ses maîtresses, il est pour les choses saintes, comme il étoit pour les profanes ; la sainte Ecriture est suivie exactement dans cette Piéce, tout y est beau, tout y est grand, tout y est traité avec dignité. Vous avez vu ce que M. le Chevalier m'en a écrit ; ses louanges & ses larmes sont bonnes. Le Roi & la Reine d'Angleterre étoient à la représentation de Samedi ; plût à Dieu que ma chère fille eût pu s'y trouver !

Votre grande lettre m'a fait un grand plaisir, & répond fort bien à tous les articles des miennes ; mais, mon enfant, elle est trop grande, quoiqu'elle soit écrite & de l'esprit & de la main avec une facilité qui paroît. Je ne laisse pas d'être en peine de la quantité de lettres que vous écrivez, & de votre longue résidence dans ce cabinet, dont il faut que vous sortiez avec un grand mal au dos, un grand mal à la tête, un grand épuisement ; ainsi, le plaisir que je reçois en lisant vos lettres, est toujours mêlé de quelques peines, comme les autres choses de la vie. Par exemple, Avignon dont je ne parle point par vos mêmes raisons, Avignon est bon & vient fort à propos pour votre enfant : c'est une providence paternelle, dont il faut remercier Dieu ; & de l'autre côté, voilà le vent, le tourbillon, l'ouragan, les diables déchaînez, qui veulent emporter votre Château ; voilà une dépense de mille écus, à quoi on ne s'attend pas. Pourquoi ce démon n'a-t-il pas emporté le bâtiment dégingandé du Carcassonne ? où étoit le Coadjuteur ? Ah, ma fille, quelle furie, quel ébranlement universel, quelle frayeur répandue par-tout ! vous dépeignez cette horreur comme Virgile ; mais il n'y avoit là personne pour dire, *quos ego*... on a parlé ici de cette tempête. Un Evêque de Languedoc dit à Coulanges, qu'il craignoit pour le

Château de Grignan. Dieu vous préserve d'y passer jamais aucun hiver, tant qu'il y aura d'autres lieux & d'autres villes en France.

* Je veux dire encore un mot de ce mariage (*q*), qui est tous les jours plus ridicule. La mère quitte la partie, parce qu'elle s'est, dit-elle, épuisée. Je trouve fort plaisant ce que dit le Duc de la F. il a raison ; la sagesse & la morgue de M. de M. ne doivent point lui faire peur, puisqu'il est son gendre. Enfin, le mariage de Mademoiselle de Coislin & de M. d'Enrichemont paroît vouloir se finir (*r*); ils ont envoyé à Rome, c'est quelque chose. Mademoiselle d'Arpajon est fiancée aujourd'hui à Versailles avec M. le Comte de Rouci : on veut qu'il ait dit à Mademoiselle d'Arpajon ; » Mademoiselle, encore que vous » soyez laide, je ne laisserai pas de » vous bien aimer «. Tous les autres mariages dont je vous ai parlé, ne

(*q*) Voyez les lettres du 10, du 19 & du 31 Janvier, *pages* 234, 254 & 283.

(*r*) Ce mariage se fit au mois d'Avril suivant.

font point fûrs (s). J'attends demain nos Courtisans. Il faut espérer que votre enfant aimera quelque jour à lire ; sans cette espérance je serois affligée, c'est sa jeunesse qui l'occupe & qui lui prend tout son temps.

Vous me parlez de la Bretagne, & vous me dites toutes les raisons qui me doivent porter à y aller. Il est vrai que M. de Chaulnes m'écrit sans cesse pour me conjurer de venir avec Madame de Chaulnes, qui s'en va ce carême avec deux carrosses ; il me promet d'achever toutes mes affaires, & de me ramener après les Etats, en sorte que je ne puis jamais prendre mieux mon temps. Madame de Chaulnes me presse de son côté, comme vous le pouvez penser. J'ai, d'ailleurs, un véritable besoin de finir en ce pays-là deux ou trois affaires avec l'Abbé Charier, qui me prie de ne point perdre l'occasion du séjour qu'il fait en Bretagne, qui ne sera que jusqu'après les Etats ; il redevient ensuite Lyonnois, & m'offre de me mener à Grignan : voilà, ma chère

(s) Voyez la lettre du 28 Janvier, page 275.

belle, l'état où je suis; mettez-vous en ma place, représentez-vous les circonstances & les occasions qui se présentent, & dites-moi votre avis; car je veux être approuvée de vous, & que vous pensiez avec quelque plaisir qu'après ce voyage nécessaire à mes affaires, je serai tout entière à vous, comme j'y suis par le cœur & par l'inclination.

Pauline n'est donc pas parfaite; je n'eusse jamais cru que la principale de ses imperfections eût été de ne pas sçavoir sa religion; vous la lui apprendrez, vous la sçavez fort bien, vous avez les bons livres, c'est un devoir : en récompense, votre belle-sœur l'Abbesse lui apprendra à vivre dans le monde. Relevez vos idées pour M. de Lausun, le Roi lui a redonné ses entrées; c'est une grande affaire qui a surpris tout le monde, & qui fait enrager la Princesse. Il avoit dit que Calais étoit en mauvais état, & que le Gouverneur (*t*) avoit mal reçu la Reine : M. de Charôt a fait voir l'un & l'autre très-faux. J'ai vu Corbinelli chez Madame de Coulan-

(*t*) Armand de Bethune, Duc de Charôt.

ges, il a Molinos (*u*) dans la tête. Adieu, ma chère enfant, je suis à vous, & ce n'est point une manière de parler.

LETTRE LXVI.

A MADAME DE GRIGNAN.

1689. *A Paris, Mercredi 9 Février.*

NOs deux Grignans sont revenus, j'en suis ravie ; il m'ennuyoit de leur absence ; votre fils est trop joli, je ne veux quasi point vous le dire, cela vous fait du mal. Il est tout accoûtumé à la Cour, il est charmé d'y être, il est aimé de tout le monde : M. le Chevalier en est tout-à-fait content ; vous avez raison de préférer tant de bonnes qualitez à la hauteur de sa taille ; mais il n'est point petit, il sera tout au moins, comme le Chevalier ; & sa figure est, en vérité, fort aimable & fort noble.

(*u*) Prêtre Espagnol, Auteur d'une nouvelle doctrine sur *la Mysticité*, connue sous le nom *de Quiétisme*.

L'Abbé Têtu vous rend mille graces de vos bontez; il a porté ses vapeurs à Versailles; il m'a nommée à Madame de Maintenon pour voir Esther; elle a répondu mieux que je ne mérite: j'irai à Saint Cyr Samedi ou Mardi, je parlerai de vous en vous plaignant de ne point voir cette merveille; on en aura tous les ans pour consoler les absentes.

Vendredi 11 Février.

Je vous ai mandé comme M. de Charôt est content de son Maître, & son Maître de lui; & comme ce qu'avoit dit Lausun, n'a fait tort qu'à lui-même; cependant il a les entrées comme il les avoit; il les doit, à ce qu'on croit, au Roi d'Angleterre. On continue à représenter Esther: Madame de Cailus qui en étoit la Champ-mêlé, ne joue plus; elle faisoit trop bien, elle étoit trop touchante; on ne veut que la simplicité toute pure de ces petites ames innocentes. J'irai voir cette Piéce, je vous rendrai bon compte de tout. Le voyage de Madame de Chaulnes en Bretagne, n'est ni proche ni trop assuré ; je vous manderai jour à jour ce qui m'en paroîtra.

Mademoiselle d'Arpajon est à présent Madame de Rouci ; il n'est point question de Mademoiselle de la Marck avec personne. Le mariage des Coislins n'est pas encore fait, *c'est un enfant bien difficile à baptiser.* Vous me contez trop plaisamment votre malhonnête Sermon ; il n'en faut pas davantage pour mettre le feu dans un Couvent ; vous êtes sujets en Provence à d'étranges Prédicateurs. Nous n'étions point en peine du retardement du courier ; mais nous admirions le hazard qui nous le faisoit manquer précisément le jour que nous souhaitions vos lettres avec plus d'empressement qu'à l'ordinaire ; & là-dessus, Monsieur le Chevalier disoit, *Dieu est Dieu* (x).

Rien n'est plus vrai, ma fille, que tous vos maux ne viennent que de trop écrire ; vous le sentez bien, vous ne voulez pas le dire. Il faudroit un peu marcher, prendre l'air quand il est bon ; il y a des heures charmantes,

(x) Voyez la lettre du 28 Janvier, *page* 276.

comme ici, par exemple, il fait un temps parfait : le mois de Février est bien plus beau que le mois de Mai ; il doit faire chaud à Aix ; faites donc de l'exercice, car c'est mourir que d'être toujours dans ce trou de cabinet, j'en étouffe.

Je soupai hier chez M. de Lamoignon avec la Duchesse du Lude revenue de la Cour, Madame de Coulanges, M. de Beauvais & M. de Troyes. Pendant le souper, Mademoiselle de Méri déguisoit votre fils avec trois vieilles jupes noires, si bien rangées, si plaisamment coqueluchonnées, que tout le monde l'attaquoit ; c'étoit chez MONSIEUR, qui lui parla long-temps sans le connoître, & M. de Chartres aussi ; il répondoit à tout fort plaisamment : cela lui apprend encore à être hardi, quoiqu'en vérité le Chevalier vous dira qu'il l'est assez. Adieu, ma très-chère & très-aimable, vous irez à Marseille, vous y verrez à mon gré le plus beau coup d'œil qu'on puisse voir.

LETTRE LXVII.
A LA MÊME.

1689. *A Paris, Lundi 14 Février.*

VOus appuyez trop sur nos inquiétudes, elles n'ont point été excessives ; quand nous sçûmes que personne n'avoit reçu de lettres de Provence, nous ne tirames aucune conséquence, sinon que le courier n'étoit pas arrivé. Il est vrai que nous n'aimons pas votre mal de gorge, moins au serein d'Aix qu'ailleurs, & que nous avions quelque espéce d'envie de recevoir de vos lettres ; nous en reçumes avec bien de la joie, il n'y a rien à tout cela que de bien naturel, & que vous n'eussiez senti pour nous. Vous nous disiez que vous aviez tort, que vous aviez fait une promenade à la pluie, dont vous aviez été incommodée ; nous disons, comme vous, & croyant sur votre parole que vous avez tort, nous vous grondons ; sur cela, vous nous grondez aussi, &

nous vous regrondons. Nous sommes bien loin de ne vouloir pas que vous vous promeniez ; ah, ma chère enfant ! tout au contraire, promenez-vous, faites de l'exercice, respirez votre bel air, ne demeurez point toujours dans ce noir Palais (*y*), ni dans ce trou de cabinet ; allez, allez exercer vos chevaux, qui sans cela créveroient comme vous : mais cachez-vous, quand il fait froid, & que vous avez mal à la gorge ; & sur-tout, ne vous repentez point de nous parler sincérement de votre santé ; nous aimons la vérité, ne nous trompons point, ma chère bonne. M. du Bois, qui est le Médecin de Madame de la Fayette & le mien, veut être le vôtre ; il veut vous écrire pour vous ordonner une saignée du pied ; & puis, de votre bonne pervenche qui vous restaurera, & vous purifiera le sang ; voilà, dit-il, la vraie saison, & votre vrai remède. Ce qui m'afflige extrêmement, c'est l'état affreux de votre Château, & par le désordre des vents, & par la fureur de M. le

(*y*) M. de Grignan étoit logé à Aix dans l'ancien Palais des Comtes de Provence.

Coadjuteur, aussi préjudiciable que le tourbillon : quelle rage est la sienne ! quoi ! bâtir & *débâtir*, justement comme on voit faire aux petites filles, qui s'exercent sur un morceau de canevas : il fait tout de même, il met votre maison sans dessus dessous ; il en fait un petit camp de Maintenon, dont l'air ne sera pas moins mortel (z). C'est tout de bon que vous devriez venir à Paris, ne sçachant où vous mettre en sûreté. Je ne crois pas que M. de Grignan vous laisse passer l'été dans un lieu si désagréable, & si peu propre à vous recevoir, & si contraire enfin à la santé. Je vous le dis, ma fille, tout comme je le pense, il faut vous sauver quelque part : mais que dit M. de Grignan de cette furie ? je ne crois pas qu'il y ait d'exemple d'une pareille conduite, de venir renverser le Château de ses pères, & de le rendre

---

(z) Le remuement des terres avoit causé de grandes maladies parmi les troupes du camp de Maintenon, qui étoient employées pendant la paix aux travaux qui se faisoient pour le canal de la rivière d'Eure dès l'année 1684 jusqu'en 1688. Voyez *la lettre du* 13 *Décembre* 1684, *tome* 6, *pag.* 354.

inhabitable.

inhabitable. Je m'en vais en écrire à M. de la Garde, je suis assurée qu'il pensera comme nous.

Je ne veux point encore songer au départ de nos pauvres Grignans, cela me touche sensiblement ; & j'admire, comme vous, la résolution de M. le Chevalier ; le Dieu des Armées le soûtiendra, car il ne lui faut pas un moindre appui. Madame de Chaulnes me mande que je verrai Esther, que Madame de Coulanges viendra à Versailles avec moi, & qu'elle nous donnera son équipage, car je ne vais qu'à cette condition. Je rends donc la liberté à M. le Chevalier, qui m'auroit menée après-dîner ; il va faire sa cour, cette cour que je suis ravie qu'il puisse faire, & fâchée que ce soit en quittant cette petite chambre, qui fait tout ce qui reste de supportable & de liant à ce triste Hôtel de Carnavalet ; sans cela chacun est dans son trou. Adieu, très-chère & très-aimable, je vous embrasse mille fois. Mon Dieu ! que tous vos sentimens passent vîte dans mon cœur ! que tous vos intérêts sont véritablement les miens !

LETTRE LXVIII.
A LA MÊME.

1689. *A Paris, Mercredi 16 Février.*

MONSIEUR le Chevalier est encore à Versailles, je l'attends ce soir. Le Marquis dîna, l'autre jour, avec moi ; je le fis fort causer, & j'en fus, je vous assure, très-contente. Il y a un air de vérité & de modestie dans tout ce qu'il dit, qui ne sent point le style de ces jeunes gens évaporez, qui ont toujours l'air d'être fous ou de mentir. Il me contoit les fatigues de son voyage de Philisbourg, elles furent extrêmes ; le petit d'Auvergne en eut quatre jours la fièvre de pure lassitude ; le Marquis est vigoureux, il soutint avec bien du courage cette première épreuve ; il me conta toutes ses autres aventures, tous les coups qui avoient passé autour de lui, & sa contusion ; & tout cela sans ostentation, avec un air froid & reposé & vrai, qui plaît infiniment. J'aime à parler à lui, je n'en perds point d'occasion ; il soupa hier avec M. Turgot & quelques jeunes gens chez le petit la Martillière qui est si riche, il revint à minuit. Il est allé au marché aux chevaux, il est occupé de son équipage ; il vous écrira ce soir, il vous aime, & connoît votre extrême tendresse ; vous ne faites rien pour lui, à quoi il ne soit sensible autant que vous le pouvez souhaiter ; il n'a pas même besoin d'être réveillé là-dessus.

Je dînai hier chez Mademoiselle de Goileau ; c'étoit un dîner de beaux esprits, l'Abbé de Polignac, l'Abbé de Rohan, son Docteur, un Abbé David, Corbinelli ; ils discoururent, après le dîner, fort agréablement sur la Philosophie de votre père Descartes ; ils avoient bien de la peine à comprendre ce mouvement que Dieu donne à la boule poussée par l'autre, ils vouloient que la première communiquât son mouvement, & vous sçavez comme l'Abbé de Polignac & Corbinelli crioient là-dessus ; cela me divertissoit, & me faisoit souvenir grossiérement de ma chère petite Cartéſienne, que j'étois ſi aiſe d'entendre quoiqu'indigne. J'allai de-là chez Madame de la Fayette, où le bonheur fit que je trouvai uniquement M. de Pomponne & M. de Barillon ; nous y fumes deux heures avec plaiſir, d'autant plus que ce bonheur eſt rare. Ils aſſurent que le Parlement d'Angleterre a élu le Prince d'Orange pour Roi, diſant que celui-ci a quitté ſon Royaume, & rompu le traité du Souverain avec ſes Sujets ; que ſa fuite eſt une abdication, & qu'on veut rendre ce Royaume électif ; & en effet, le Parlement n'a point voulu de la Princeſſe d'Orange pour Reine : voilà ce qui ſe diſoit hier, M. le Chevalier nous apportera des nouvelles de Verſailles. Quelqu'un a dit, ſur la froideur du Roi d'Angleterre, que quand on l'écoutoit, on voyoit bien pourquoi il étoit ici.

Je n'irai que Samedi à Saint-Cyr avec M. de Lamoignon, & Madame de Coulanges qui m'a promis d'y revenir avec moi. Je vous rendrai compte de ce voyage. Madame de Chaulnes ne parle plus du ſien ; je ſçais ſeulement qu'elle ſera fort aiſe de m'emmener, je lui laisse démêler toutes ses fusées. Je fermerai ma lettre ce soir, quand M. le Chevalier sera arrivé.

A huit heures du soir.

M. le Chevalier n'est point arrivé. Je crois qu'il est bien aise d'attendre que tous les Officiers Généraux soient nommez, pour sçavoir où chacun servira. J'ai vu Madame de Chaulnes & Madame de Coulanges, elles sont ravies d'Esther. Cette première vous embrasse & vous aime, & veut m'emmener en Bretagne, elle vous en demandera la permission; mais comme elle est ici pour quelques affaires, elle ne partira pas si-tôt. Madame de Coulanges vous a vengée de la Maréchale d'Estrées (a); elle lui dit, la voyant se taire sur les louanges d'Esther; » il faut que Madame la Maréchale ait » renoncé à louer jamais rien, puis- » qu'elle ne loue pas cette Piéce «. La Maréchale est enragée contre Madame de Coulanges, qui vous prie de

(a) Marie-Marguerite Morin, femme de Jean Comte d'Estrées, Maréchal & Vice-Amiral de France.

vous consoler de n'être pas louée de la Maréchale, puisqu'elle ne loue point Esther.

LETTRE LXIX.

A LA MÊME.

1689. *A Paris, Vendredi 18 Février.*

MONSIEUR le Chevalier revint hier au soir assez bien ; il a un rhume qui va & vient, & qui me paroît l'humeur de la goutte en paroles couvertes. Le Marquis, après avoir donné ordre à son équipage, ira faire sa cour à son tour, & passer les trois jours gras à Versailles. Madame de Coulanges en est revenue, & de Saint Cyr ; elle y a été tout-à-fait bien reçue, & assise auprès de Madame de Maintenon, & disant choses & louanges nouvelles. Elle y retourne demain avec moi, nous attendons la réponse ; car la presse est devenue si extrême, que je ne croirai y aller que quand je serai partie. Je vous ai mandé le discours de Madame de

Coulanges à la Maréchale d'Estrées, la scène se passa chez M. de Croissi, la compagnie fit un éclat de rire qui déconcerta la Maréchale, & donna courage à Madame de Coulanges, qui dit tout bas à M. de Charôt; » songez » qu'elle n'a jamais voulu louer Ma- » dame de Grignan non plus qu'Es- » ther «. Et tout d'un coup, la conversation se tourne à parler des goûts de M. de Charôt. Madame de Coulanges nomma Madame de Brissac (*b*) & vous; on l'approuva, & on dit, *le pauvre homme!* La Maréchale voulut louer l'esprit de Madame de Brissac; Madame de Coulanges dit; » ah! » pour l'esprit, Madame de Grignan » étoit au dessus d'elle, comme les » yeux de Madame de Brissac étoient » au-dessus de ceux de Madame de » Grignan «. Tout le monde applaudit, & la Maréchale encore débellée. ensuite, Canaples dit qu'il n'avoit jamais rien vu de si beau que vous, & que Madame de Mazarin étoit de cet avis, & qu'il lui avoit ouï dire vingt-

(*b*) Gabrielle-Louise de Saint-Simon, Duchesse de Brissac, morte le 24 Février 1684.

fois que de tous les visages il n'y en avoit point à sa fantaisie comme le vôtre ; que vous avez toutes les graces & tous les agrémens, on en convint ; jamais la Maréchale n'osa souffler, & ce lion muet, & *les pates croisées*, comme celui que vous avez vu autrefois, parut un prodige si nouveau, que l'on ne s'en pouvoit taire ; & on en faisoit des complimens à Madame de Coulanges, comme d'un miracle qui étoit réservé à sa vivacité. La Maréchale s'est plainte doucement du reproche d'Esther, & que c'étoit pour lui faire une affaire. Madame de Coulanges est cependant une ingrate, car jamais la Maréchale ne lui avoit arraché les yeux.

M. le Chevalier vous a parlé d'Angleterre, on attend la nouvelle de ce qu'ils auront fait, après avoir dit que leur Roi n'étoit plus Roi, dès qu'il avoit quitté le Royaume ; il faut sçavoir s'ils en auront élu un autre.

A neuf heures du soir.

Voici enfin la nouvelle d'Angleterre, qui est fort bonne pour nous.
Le

Le Prince d'Orange n'est pas encore le maître ; tout cela ne va pas si vîte, & la guerre ne se fera pas dans un moment, comme on le croyoit. Elle ne sera point si terrible cette année, nous sommes sur la défensive : mais vous aurez bien des transes, bien des frayeurs inutiles, & vous ne voudriez pas même en être distraite ; vous ne voudriez pas qu'on vous détournât un moment des dragons que je vois tout prêts à vous dévorer ; cet état m'en fait aussi beaucoup qui me dévoreront ; mais nos dragons ne se mordront pas, car je vois, ma très-chère, que je m'en irai en Bretagne avec Madame de Chaulnes ; toutes sortes de raisons m'y convient, hormis celles qui plairoient à mon cœur : il faut nécessairement que je donne ordre à une terre que j'ai en ce pays-là, & qui vient à rien, si la capacité de l'Abbé Charier & ma présence ne la rétablissent. Il faut donc que j'aie le courage de prendre ce voyage sur moi, sur ma vie, sur ma tendresse, qui me feroit courir naturellement à vous, ma chère Comtesse.

LETTRE LXX.

A LA MÊME.

1689. *A Paris, Lundi 21 Février.*

IL est vrai que nous voilà bien cruellement séparées l'une de l'autre, *aco sa trambla* (c). Ce seroit une belle chose, si j'y avois ajoûté le chemin d'ici aux Rochers ou à Rennes : mais ce ne sera pas si-tôt ; Madame de Chaulnes veut voir la fin de plusieurs affaires, & je crains seulement qu'elle ne parte trop tard, dans le dessein que j'ai de revenir l'hiver prochain, par plusieurs raisons dont la première est que je suis très-persuadée que M. de Grignan sera obligé de revenir pour sa Chevalerie, & que vous ne sçauriez prendre un meilleur temps pour vous éloigner de votre Château culbuté & inhabitable, & venir faire un peu votre cour avec M. le Chevalier de l'Ordre, qui ne le sera qu'en

(c) Phrase Provençale.

ce temps-là. Je fis la mienne, l'autre jour, à S. Cyr, plus agréablement que je n'eusse jamais pensé. Nous y allames Samedi, Madame de Coulanges, Madame de Bagnols, l'Abbé Têtu & moi. Nous trouvames nos places gardées; un Officier dit à Madame de Coulanges que Madame de Maintenon lui faisoit garder un siége auprès d'elle; vous voyez quel honneur. Pour vous, Madame, me dit-il, vous pouvez choisir; je me mis avec Madame de Bagnols au second banc derrière les Duchesses. Le Maréchal de Bellefond vint se mettre par choix à mon côté droit, & devant c'étoient Mesdames d'Auvergne, de Coiflin, de Sully; nous écoutames, le Maréchal & moi, cette Tragédie avec une attention qui fut remarquée, & de certaines louanges sourdes & bien placées. Je ne puis vous dire l'excès de l'agrément de cette piéce; c'est une chose qui n'est pas aisée à représenter, & qui ne sera jamais imitée : c'est un rapport de la musique, des vers, des chants, des personnes, si parfait & si complet, qu'on n'y souhaite rien; les filles qui font des Rois & des personnages, sont faites exprès : on est attentif, & on n'a point d'autre peine que celle de voir finir une si aimable Tragédie ; tout y est simple, tout y est innocent, tout y est sublime & touchant : cette fidélité de l'Histoire Sainte donne du respect ; tous les chants convenables aux paroles qui sont tirées des Pseaumes ou de la Sagesse, & mis dans le sujet, sont d'une beauté singulière ; la mesure de l'approbation qu'on donne à cette piéce, c'est celle du goût & de l'attention. J'en fus charmée, & le Maréchal aussi, qui sortit de sa place, pour aller dire au Roi combien il étoit content ; & qu'il étoit auprès d'une Dame qui étoit bien digne d'avoir vu Esther. Le Roi vint vers nos places, & après avoir tourné, il s'adressa à moi, & me dit ; » Madame, je » suis assuré que vous avez été con- » tente «. Moi sans m'étonner, je répondis ; » Sire, je suis charmée, ce » que je sens est au-dessus des paro- » les «. Le Roi me dit ; » Racine a » bien de l'esprit «. Je lui dis ; » Sire, » il en a beaucoup ; mais, en vérité, » ces jeunes personnes en ont beau-

» coup auſſi ; elles entrent dans le » ſujet, comme ſi elles n'avoient ja-» mais fait autre choſe «. » Ah ! pour » cela, *reprit-il*, il eſt vrai «. Et puis, Sa Majeſté s'en alla, & me laiſſa l'objet de l'envie : comme il n'y avoit quaſi que moi de nouvelle venue, le Roi eut quelque plaiſir de voir mes ſincères admirations ſans bruit & ſans éclat. M. le Prince & Madame la Princeſſe me vinrent dire un mot ; Madame de Maintenon, un éclair ; elle s'en alloit avec le Roi : je répondis à tout, car j'étois en fortune. Nous revinmes le ſoir aux flambeaux ; je ſoupai chez Madame de Coulanges, à qui le Roi avoit parlé auſſi avec un air d'être chez lui, qui lui donnoit une douceur trop aimable. Je vis le ſoir M. le Chevalier, je lui contai tout naïvement mes petites proſpéritez, ne voulant point les cachoter, ſans ſçavoir pourquoi, comme de certaines perſonnes ; il en fut content, & voilà qui eſt fait. Je ſuis aſſurée qu'il ne m'a point trouvé, dans la ſuite, ni une ſote vanité ni un tranſport de bourgeoiſe, demandez-lui. M. de Meaux me parla fort de vous, M. le Prince aussi, je vous plaignis de n'être pas là, mais le moyen ? on ne peut pas être par-tout. Vous étiez à votre Opéra de Marseille : comme *Atys* est non-seulement *trop heureux*, mais trop charmant, il est impossible que vous vous y soyiez ennuyée. Pauline doit avoir été surprise du spectacle, elle n'est pas en droit d'en souhaiter un plus parfait. J'ai une idée si agréable de Marseille, que je suis persuadée que vous vous y êtes amusée, & je parie pour cette dissipation contre celle d'Aix.

Mais ce Samedi même, après cette belle Esther, le Roi apprit la mort de la jeune Reine d'Espagne (*d*), en deux jours, par de grands vomissemens ; cela sent bien le fagot. Le Roi le dit à MONSIEUR le lendemain, qui étoit hier ; la douleur fut vive, MADAME crioit les hauts cris, le Roi en sortit tout en larmes.

On dit de bonnes nouvelle d'Angleterre ; non-seulement le Prince d'Orange n'est point élu ni Roi ni

(*d*) Marie-Louise d'Orléans, fille de MONSIEUR, & de Henriette-Anne d'Angleterre, sa première femme.

Protecteur ; mais on lui fait entendre que lui & ses troupes n'ont qu'à s'en retourner, cela abrège bien des soins. Si cette nouvelle continue, notre Bretagne sera moins agitée, & mon fils n'aura point le chagrin de commander la Noblesse de la Vicomté de Rennes & de la Baronnie de Vitré ; ils l'ont élu malgré lui pour être à leur tête ; un autre seroit charmé de cet honneur, mais il en est fâché, n'aimant, sous quelque nom que ce puisse être, la guerre par ce côté-là.

Votre enfant est allé à Versailles pour se divertir ces jours gras ; mais il a trouvé la douleur de la Reine d'Espagne : il seroit revenu, sans que son oncle le va trouver tout à l'heure. Voilà un carnaval bien triste, & un grand deuil. Nous soupames hier chez le Civil (e), la Duchesse du Lude, Madame de Coulanges, Madame de S. Germain, le Chevalier de Grignan, M. de Troyes, Corbinelli & moi, nous fumes assez gaillards, nous parlames de vous avec bien de l'amitié, de l'estime, du regret de votre absence ; enfin, un sou-

(e) M. le Camus, Lieutenant Civil.

venir tout vif, vous viendrez le renouveller.

Madame de Durfort se meurt d'un hoquet d'une fiévre maligne. Madame de la Vieuville aussi du pourpre de la petite vérole. Adieu, ma très-aimable, de tous ceux qui commandent dans les Provinces croyez que M. de Grignan est le plus agréablement placé.

LETTRE LXXI.

A LA MÊME.

1689. *A Paris, Mercredi des Cendres 23 Février.*

MA chère enfant, votre vie de Marseille me ravit ; j'aime cette ville qui ne ressemble à nulle autre. Ah ! que je comprends bien les sincères admirations de Pauline ! que cela est naïf ! que cela est vrai ! que toutes ses surprises sont neuves ! que je la crois jolie ! que je lui crois un esprit qui me plaît ! Il me semble que je l'aime, & que vous ne l'aimez pas

de Madame de Sévigné. 321

assez ; vous voudriez qu'elle fût parfaite, avoit-elle gagé de l'être au sortir de son Couvent ? vous n'êtes point juste, & qui est ce qui n'a point de défauts ? en conscience, vous attendiez-vous qu'elle n'en eût point ? où preniez-vous cette espérance ? ce n'étoit pas dans la nature ; vous vouliez donc qu'elle fût un prodige *prodigieux*, comme on n'en voit point. Il me semble que si j'étois avec vous, je lui rendrois de grands offices, rien qu'en redressant un peu votre imagination, & en vous demandant si une petite personne qui ne songe qu'à plaire & à se corriger, qui vous aime, qui vous craint, & qui a bien de l'esprit, n'est pas dans le rang de tout ce qu'il y a de meilleur. Voilà ce que mon cœur vous a voulu dire de ma chère Pauline, que j'aime & que je vous prie d'embrasser tout à l'heure pour l'amour de moi. Ajoutez-y cette bonne conscience qui la fait si bien renoncer au pacte, quand elle voit les diableries des joueurs de gobelets. Cette vie, quoiqu'agréable, vous aura fatiguée ; en voilà trop pour vous, ma chère fille, vous

vous couchiez tard, vous vous leviez matin; j'ai eu peur pour votre fanté. Ce qui fait que je ne vous parle point de la mienne, c'eſt qu'elle eſt, comme je fouhaite la vôtre, & que je n'ai rien à dire ſur ce ſujet.

Vous fongez toujours à moi trop obligeamment ; vos raifonnemens font bons ſur mon voyage de Bretagne, j'y penferai ; & ſi Madame de Chaulnes n'y alloit point, car que fçait-on ? il faut voir comme on réglera tous les commandemens ; ſi donc elle n'y alloit pas, je m'en irois, moi, de mon chef à Nantes, où je ferois venir l'Abbé Charier ; il n'eſt plus poſſible de laiſſer cette terre dans le défordre où elle eſt tombée. Nous avons du temps pour le moins juſqu'après Pâques, on ne fonge point à partir le Carême. Je crois vous avoir dit que nous foupames Dimanche dernier chez le Civil ; le Lundi, ce fut chez M. de Lamoignon avec Coulanges & l'Abbé Bigorre en familiarité ; le Mardi, chez Madame de Coulanges avec Madame de Chaulnes & *les Divines* en toute liberté, retirées à onze heures. Ce matin, la

Messe des Cendres, écrire en repos à sa chère fille ; voilà la vie de votre pauvre maman, pendant que le Chevalier & *le Minet* sont à Versailles, où tous plaisirs ont fini pour faire place à la vive douleur de MONSIEUR & de MADAME (*f*). Cette pauvre Reine d'Espagne, plus âgée d'un an que sa mère, est morte, comme elle, d'une étrange manière ; elle tomba, le dix de ce mois, dans des vomissemens si extrêmes & si violens, que nul remède n'a pu la secourir ; & jusqu'au douze à midi qu'elle mourut, elle n'a pas eu un moment pour respirer. M. de Rebenac mande que rien n'est si digne d'admiration que son courage & sa fermeté, avec de grands sentimens de christianisme, mandant au Roi qu'elle n'a point de regret à la vie, & qu'elle meurt de sa mort naturelle, quoique d'abord elle eût dit, comme feue MADAME (*g*);

(*f*) Elisabeth-Charlotte Palatine du Rhin, belle-mère de la Reine d'Espagne.

(*g*) Henriette-Anne d'Angleterre, première femme de MONSIEUR, morte à Saint-Cloud le 29 Juin 1670 d'une colique violente à l'âge de vingt-six ans.

& fe repentant, comme elle, de l'avoir dit : enfin, on ne parle point de poifon, ce mot eft défendu à Verfailles & par toute la France ; mais la pauvre Princeffe eft morte, & c'eft une perte dans l'état préfent des affaires. On parle étrangement de celles d'Angleterre ; ils ont élu Roi, après de grandes conteftations, cet enragé de Prince d'Orange, & l'ont couronné : on croyoit le contraire, il y a huit jours, mais ce font des Anglois.

Madame de la Vieuville (*h*) eft morte de toute forte de venin, tout étonnée fans doute de fe trouver fi-tôt auprès de fon beau-père (*i*) aux Minimes (*de la Place Royale.*)

(*h*) Anne-Lucie de la Mothe-Houdancourt.
(*i*) Voyez la lettre du 4 Février, *pag.* 290 & 291.

# LETTRE LXXII.
A LA MÊME.

A Paris, Vendredi 25 Février. 1689.

NOs deux Grignans revinrent de Versailles, une heure après que j'eus fait mon paquet. Le Chevalier vous aura mandé comme ce petit Capitaine avoit pris congé, comme le Roi l'avoit regardé d'un bon air, comme il a été question de sa Compagnie, & de son voyage de Châlons. Il a l'honneur de partir le premier, & de montrer l'exemple ; ce zèle d'un jeune Novice sied fort bien ; il badine fort joliment avec ceux qui lui demandent pourquoi il part si-tôt, il répond qu'il a un Colonel qui le chasse ; le Colonel (*k*) s'en défend très-bien aussi, & je vous assure qu'il n'y a rien de mieux, ni qui fasse tant d'honneur, & à peu de frais ; il n'a point d'affaires ici, & il est ravi d'aller courir, & faire le bon Officier : il aura

(*k*) M. le Chevalier de Grignan.

le temps de se reposer à Philippeville, & son équipage aussi ; & il sera tout frais quand il s'agira de marcher. Je deviens avare de ce *Minet*, comme vous sçavez qu'on fait sur les derniers jours ; il mange avec moi, je le menerai dîner chez Madame de Chaulnes & chez Madame de Coulanges, pour leur dire adieu ; & je ménagerai les sept ou huit jours que nous avons encore à être ensemble. Mais, ma chère enfant, ne prenez pas de si loin votre escousse pour être en peine ; ne donnez point à votre imagination la liberté de vous inquiéter ; il n'est encore question de rien, votre enfant sera à sa garnison, comme ici ; il n'y a que cinquante lieues de différence.

Parlez-moi donc de vous, ma chère belle, votre vie de Marseille m'a paru bien agréable. Pour moi, je vous avoue que je n'aurois pas l'esprit de m'ennuyer au milieu de tous les respects, & des démonstrations sincères que vous recevez dans tout votre Gouvernement ; nous ne sommes jamais d'accord sur cela, M. le Chevalier & moi. Je sçais bien que toujours, ce seroit trop, & qu'il faut venir reprendre de la considération en ces pays-ci ; mais un temps de l'année, je vois bien des personnes, à qui ces honneurs rendus par des gens de nom & de qualité, ne seroient point du tout désagréables ; je les ai vus, & j'en étois surprise & touchée ; mais chacun a son goût. Je parie pour le joli tourbillon de Marseille, avec *les Chevaliers* (1) & l'Opéra & les diableries, & les étonnemens de Pauline, contre les visites & les Dames d'Aix. Mandez-moi quelles sont vos Dames du Palais, car il y a toujours des favorites.

On dit que le Roi d'Angleterre s'en va en Irlande, ce bruit est répandu : je ne réponds de rien cette année, on ne fait que mentir. On prend aujourd'hui le deuil de la Reine d'Espagne. J'acheverai ce soir cette

___

(1) Quand Madame de Sévigné fut à Marseille en 1672, elle regardoit comme un des ornemens de cette Ville, le grand nombre d'Officiers de Galère, presque tous Chevaliers de Malte, qui venoient voir M. de Grignan. *Voyez la lettre* 71 *du tome* 2, *p.* 320.

lettre, après avoir reçu la vôtre.

Voilà votre lettre du 18, ma chère enfant; mais ne le dites pas à M. de Grignan, car il se moqueroit de moi, j'ai été ravie de vous sçavoir arrivée à Aix: je me souviens qu'il y a un grand vilain précipice que l'on côtoie fort long-temps, & qui me faisoit mal à l'imagination; vos lieues sont insupportables, il y a aussi loin de Marseille à Aix, que de Paris à Meaux, ouï je le soûtiens; je vous remercie donc de m'avoir dit que vous êtes arrivée. Vous aurez été bien fatiguée d'aller souper chez l'Archevêque, au lieu de vous coucher. Je comprends le plaisir que vous faites à M. de Grignan de vous donner au public de si bonne grace, cette complaisance en mérite bien d'autres de sa part. Il craignoit ici que vous ne fussiez toujours cachée & chagrine, & je lui disois; » ah, » Monsieur! laissez-la faire, elle ne » sçauroit faire mal, ni rien de ri- » dicule «. Et en effet, la manière dont vous vivez, est toute noble, & toute pleine de bon esprit dans la place où vous êtes. Comment vous portez

portez-vous de toutes ces merveilles ? car il y a un peu de peines corporelles dans ces agitations. Je suis toujours résolue d'aller en Bretagne, malgré mon cœur qui voudroit fort aller à vous ; mais je ne serois pas digne d'être votre mère, vous eussiez été une vraie Romaine avec votre amour de la patrie. Adieu très chère, adieu aimable. J'écrirois jusqu'à demain, mes pensées, ma plume, mon encre, tout vole ; mais il faut envoyer à la poste, il faut aussi ne vous pas accabler.

Le Roi d'Angleterre a dîné ici chez M. de Lausun ; il a été chez MADEMOISELLE après-dîné. On dit qu'il s'en va en Irlande, & qu'il a donné l'Ordre de la Jarretière à M. de Lausun. Je ne réponds de rien cette année, que de vous aimer chérement.

LETTRE LXXIII.

A LA MÊME.

1689. *A Paris, Lundi 28 Février.*

MONSIEUR le Chevalier s'en alla hier après-dîné à Versailles, pour apprendre sa destinée; car ne s'étant point trouvé sur les listes qui ont paru, il veut sçavoir si on le garde pour servir dans l'armée de M. le Dauphin, dont on n'a point encore parlé. Comme il a dit qu'il étoit en état de servir, il est en droit de croire qu'on ne l'a pas oublié; en tout cas, ce ne seroit pas sa faute, il est bien tout des meilleurs. C'est tout de bon que le Roi d'Angleterre est parti ce matin pour aller en Irlande, où il est attendu avec impatience, il sera mieux là qu'ici. Il passe par la Bretagne, comme un éclair; & s'en va droit à Brest, où il trouvera le Maréchal d'Estrées, & des Vaisseaux tout prêts & des Frégates; il porte cinq cent mille écus.

Le Roi lui a donné des armes pour armer dix mille hommes ; comme Sa Majesté Angloise lui disoit adieu, elle finit par lui dire, en riant, que des armes pour sa personne étoient la seule chose qui avoit été oubliée : le Roi lui a donné les siennes ; nos Héros de roman ne faisoient rien de plus galant. Que ne fera point ce Roi brave & malheureux avec ces armes toujours victorieuses ? Le voilà donc avec le casque, la cuirasse de Renaud, d'Amadis, & de tous nos Paladins les plus célèbres ; je n'ai pas voulu dire d'Hector, car il étoit malheureux. Il n'y a point d'offres de toutes choses que le Roi ne lui ait faites ; la générosité & la magnanimité ne vont point plus loin. M. d'Avaux (*m*) va avec lui, il est parti deux jours plûtôt. Vous m'allez dire, pourquoi n'est-ce pas M. de Barillon (*n*) ?

(*m*) Jean-Antoine de Mesmes, Comte d'Avaux, neveu de Claude de Mesmes, aussi Comte d'Avaux, célèbres l'un & l'autre par la supériorité de leurs talens dans les négociations, & par les plus rares qualitez de l'esprit & du cœur.

(*n*) M. de Barillon avoit été Ambassadeur en Angleterre.

c'est que Monsieur d'Avaux qui possède fort bien les affaires de Hollande, est plus nécessaire que celui qui ne sçait que celles d'Angleterre. La Reine est allée s'enfermer à Poissi avec son fils ; elle sera près du Roi & des nouvelles ; elle est accablée de douleur, & d'une néphrétique qui fait craindre qu'elle n'ait la pierre : cette Princesse fait grand'pitié. Vous voyez, ma chère enfant, que c'est la rage de causer, qui me fait écrire tout ceci ; M. le Chevalier & la Gazette vous le diront mieux que moi. Vôtre enfant m'est demeuré, je ne le quitte point, il en est content ; il dira adieu à ces petites de Castelnau, son cœur ne sent encore rien ; il est occupé de son devoir, de son équipage ; il est ravi de s'en aller, & de montrer le chemin aux autres. Il n'est encore question de rien, nous n'assiégerons point de place, nous ne voulons point de bataille, nous sommes sur la défensive, & d'une manière si puissante qu'elle fait trembler : jamais Roi de France ne s'est vu trois cent mille hommes sur pied, il n'y avoit que les Rois de Perse ; tout est nouveau, tout est miraculeux.

Je menai hier le Marquis dire adieu à Madame de la Fayette, & souper chez Mme de Coulanges. Je le mène tantôt chez M. de Pomponne, chez Madame de Vins & la Marquise d'Huxelles ; demain chez Madame du Pui-du-Fou & Madame de Lavardin ; & puis il attendra son oncle, & partira sur la fin de la semaine ; mais, ma chère enfant, soûtenez un peu votre cœur contre ce voyage, qui n'a point d'autre nom présentement. Parlons un peu de Pauline, cette petite grande fille, tout aimable, toute jolie ; je n'eusse jamais cru que son humeur eût été farouche, je la croyois toute de miel ; mais ne vous rebutez point, elle a de l'esprit, elle vous aime, elle s'aime elle-même, elle veut plaire, il ne faut que cela pour se corriger, & je vous assure que ce n'est point dans l'enfance qu'on se corrige, c'est quand on a de la raison ; l'amour propre si mauvais à tant d'autres choses, est admirable à celle-là : entreprenez donc de lui parler raison, & sans colère, sans la gronder, sans l'humilier, car cela révolte, & je vous réponds que vous en ferez une petite merveille. Faites-vous de cet ouvrage une affaire d'honneur, & même de conscience; apprenez-lui à être habile, c'est un grand point que d'avoir de l'esprit & du goût, comme elle en a. Esther n'est pas encore imprimée. J'avois bien envie de dire un mot de vous à Madame de Maintenon, je l'avois tout prêt; elle fit quelques pas pour me venir dire un demi mot; mais comme le Roi, après ce que je vous ai mandé qui s'étoit passé, s'en alloit dans sa chambre, elle le suivoit; & je n'eus que le moment de faire un geste de remerciment & de reconnoissance, c'étoit un tourbillon. M. de Meaux me demanda de vos nouvelles. Je dis à M. le Prince en courant; *ah! que je plains ceux qui ne sont pas ici!* il m'entendit, & tout cela étoit si pressé, qu'il n'y avoit pas moyen de placer une pensée. Racine va travailler à une autre Tragédie, le Roi y a pris goût, on ne verra autre chose: mais l'histoire d'Esther est unique; ni Judith, ni Ruth, ni quelque sujet que ce puisse être ne sçauroit si bien réussir.

Madame de Chaulnes est à Versailles ; peut-être ira-t-elle aider à sa belle-sœur (*n*) à recevoir la Reine à Poissi. Nous ne disons encore rien de Bretagne, il faut voir qui y commandera (*o*). Vous êtes bien heureux que personne ne vienne vous aider à faire votre Charge. M. de Grignan donnera la chasse à ces démons (*p*) qui sortent des montagnes, & vont s'y recacher. Il y en a beaucoup en Languedoc ; M. de Broglio (*q*) & M. de Basville (*r*) courent après ; ce sont comme des esprits, ils disparoissent ; aussi vous voyez dans les Provinces des armées, qui ne seront pas les moins nécessaires.

Le Roi d'Angleterre donna hier dans l'Eglise de Notre-Dame, l'Or-

(*n*) Charlotte d'Ailli, sœur de M. de Chaulnes, Prieure de Poissi.
(*o*) De M. le Duc de Chaulnes ou de M. le Maréchal d'Estrées.
(*p*) Les Religionnaires qui remuoient en ce temps là.
(*q*) Commandant en Languedoc.
(*r*) Intendant de Languedoc.

dre de la Jarretière à M. de Laufun ; on y lut une efpéce de ferment, qui en fait la cérémonie ; le Roi lui mit le Collier à l'autre côté du nôtre, & un S. George qui vient du feu Roi fon père, & qui eft enrichi de diamans, il vaut bien dix mille écus. Pendant que le Roi d'Angleterre étoit chez MADEMOISELLE, M. de Laufun alla chez Madame de la Fayette avec cette parure, il ne lui dit rien ; Madame de la Fayette regardoit ce Cordon-bleu, & comme elle fçavoit qu'il n'avoit pas celui de France, elle ne comprenoit rien à cette mafcarade, elle ne difoit mot, ni lui auffi. Enfin, il fe mit à rire, & à lui conter ce qui venoit de fe paffer. Il faut pourtant que le Roi d'Angleterre croie lui être obligé, puifqu'il le traite fi bien. Le Roi dit à M. de Laufun que cet Ordre n'étoit pas une exclufion au fien : en ce cas, pour n'être pas croifé, il mettra l'Ordre de France comme les autres (*s*), & gardera le Saint George du côté droit avec un ruban bleu.

(*s*) C'eft-à-dire, fous le jufte-au-corps.

L'étoile

L'étoile de ce petit homme est tout extraordinaire.

A huit heures du soir.

Je viens de chez M. de Pomponne ; je l'ai entendu raisonner sur les affaires présentes, il trouve que toutes ces grandes montagnes s'applanissent. L'affaire d'Irlande est admirable, & occupe tellement le Prince d'Orange, qu'il n'y a rien à craindre sur nos côtes. Les Seigneurs mêmes qui ont élu, malgré eux, le Prince d'Orange, ont fait leur protestation de la violence de la Chambre-basse, disant qu'on ne peut point élire un Roi, que le Royaume ne soit déclaré vacant par un jugement juridique. Tout cela est fort bon, on ne veut rien animer, on ne fera point de siége : si l'Espagne se déclaroit, on iroit plutôt du côté de Pampelune & de la Navarre, que du côté de la Flandre, parce que ce seroit un moyen presque sûr d'avoir celle-ci. Enfin, il paroît que nous sommes si forts & si puissans, que nous n'avons qu'à nous tenir à nos places,

& à faire bonne mine. Entrez donc dans ces raisonnemens, jusqu'à ce qu'au moins vous voyiez quelque chose de contraire, & ne vous mettez point si-tôt en travail ; c'est dommage de perdre vos douleurs. Je vous ai souhaitée à cette conversation. Je ne sçais point d'autres nouvelles. M. le Chevalier viendra demain. Voilà l'Abbé Bigorre qui me mande que le Président Barantin est mort ce matin à sa place au Grand Conseil. Adieu, chère enfant, ne vous amusez pas à me répondre par une si grande lettre ; songez que voilà bien des discours où vous n'avez qu'à dire, *Amen*. J'ai mille amitiez de M. de Lamoignon pour vous, de Madame de Lavardin, de Madame de Mouci ; tout brille encore de votre souvenir.

LETTRE LXXIV.

A LA MÊME.

À Paris, Mercredi 2 Mars. 1689.

LE jour de Carême-prenant n'est pas un jour indifférent pour Pauline ; je vous gronde, ma chère enfant, de ne l'avoir pas envoyée joliment chez la bonne Langlée, pour y danser un peu avec Mademoiselle d'Oraison ; quel mal y avoit-il à lui donner ce petit plaisir ? Je suis assurée que cette petite personne est jolie, qu'elle a bon air, & qu'elle soûtient, & même efface des beautez plus régulières. Je vous gronde aussi de lire toutes vos lettres en vous couchant ; je sçais bien qu'il n'est guères possible de les garder pour le lendemain ; mais il faut compter de ne point dormir, car outre que souvent il y a des choses fâcheuses par les réfléxions, c'est que quand il n'y auroit que des pensées & des nouvelles, vous n'en seriez pas mieux ; avant que tout cela soit dévidé dans l'imagination, la nuit est passée : ainsi, comme vous sçavez que je dis vrai, ménagez-vous selon votre santé. Je menai hier mon Marquis chez Madame du Pui-du-Fou, elle est bien vieillie. M. de Mirepoix, qui m'étoit déja venu voir ici, y revint une seconde fois, & ne me parla jamais dans l'une & l'autre visite, que de la considération qu'il avoit faite, en se mariant, sur l'agrément de la famille (*t*) : la petite poupée meurt d'ennui dans cette noire maison. Je fus ensuite chez Madame de Lavardin, à qui je fis voir votre souvenir ; elle embrassa dix fois votre fils, elle vous aime chérement, ainsi que Madame de Mouci (*u*) ; mais cette dernière est dans le troisiéme ciel, elle a perdu une sœur Religieuse qu'elle n'aimoit guères ; je lui ferai vos complimens, & à son sage frère (*x*). M. le Cheva-

(*t*) Voyez les lettres du 10 & du 19 Janvier, *pag.* 234 & 254.
(*u*) Marie de Harlai, Marquise de Mouci.
(*x*) Achilles de Harlai, alors Procureur Général, & depuis Premier Président au Parlement de Paris en Novembre 1689.

lier arriva hier au soir, il se porte bien, il sera employé, il ne sçait encore en quel pays, j'admire son courage. Votre enfant est fort aimable & fort joli, il se mêle déja de toutes ses affaires, il ordonne, il marchande, il suppute ; c'est dommage que son père n'en ait usé de même. M. le Chevalier doit vous mander ce que dit le Roi au Roi d'Angleterre, en lui disant adieu ; » Mon- » sieur, je vous vois partir avec dou- » leur ; cependant je souhaite de ne » vous revoir jamais : mais si vous » revenez, soyez persuadé que vous » me retrouverez tel que vous me » laissez «. Peut-on mieux dire ? Le Roi l'a comblé de toutes choses & grandes & petites ; deux millions, des Vaisseaux, des Frégates, des Troupes, des Officiers, M. d'Avaux qui fait en cette occasion la plus belle & la plus brillante figure du monde ; oui, je ne vois personne qui ne trouve cet emploi digne d'envie, & d'un homme consommé dans les affaires, & capable de donner de bons conseils : si M. de Barillon (*y*) ne sent cela, il

(*y*) Voyez la lettre précédente, *page* 331.

est bien heureux. Je reviens aux petites choses, des toilettes, des lits de camp, des services de vaisselle de vermeil & d'argent, des armes pour sa personne, qui sont celles du Roi ; des armes pour des troupes qui sont en Irlande ; celles qui vont avec lui, sont considérables ; enfin, la générosité, la magnificence, la magnanimité, n'ont jamais tant paru qu'en cette occasion. Le Roi n'a pas voulu que la Reine soit allée à Poissi (y), elle verra peu de monde ; mais le Roi en aura soin, & elle aura sans cesse des nouvelles. L'adieu du Roi son mari & d'elle, faisoit fendre le cœur de tout le monde ; ce furent des pleurs, des cris, des sanglots, des évanouissemens, cela est aisé à comprendre. Le voilà où il doit être, il a une bonne cause, il protège la bonne Religion, il faut vaincre ou mourir, puisqu'il a du courage.

Vous ai-je mandé que le Président Barantin mourut à sa place du Grand Conseil, il y a deux jours ? il tomba mort tout d'un coup : sa femme qui rit toujours, rira-t-elle de cette aven-

(y) Voyez la page 332.

ture ? Le bon homme la Troche est mort, écrivez à sa femme. Madame de Nesle (z) est accouchée d'un fils ; je ne sçais si cette *Becasse* (a) en est bien aise, car elle n'aime plus que le Comte de Mailli, qui est allé conduire le Roi d'Angleterre jusqu'à Brest ; cet emploi auroit honoré un Duc & un Prince. M. de Duras est passé Duc au Parlement, & va commander la plus belle Armée qu'il y ait jamais eu en France.

Je reviens de chez Madame de la Fayette, où étoient M. de Pomponne, M. Courtin, M. de la Trousse, le Duc d'Estrées ; on a fort politiqué. M. d'Avaux est Ambassadeur extraordinaire auprès du Roi d'Angleterre ; il a soin des troupes, des finances ; enfin, c'est l'ame de l'entreprise, & l'homme de confiance. J'ai dîné avec votre enfant chez Madame de Chaulnes qui vous fait mille amitiez ; nous ne partirons qu'après Pâques ; ah ! ma

(z) Marie de Coligni, mère de Louis de Mailli, Marquis de Nesle, né posthume.
(a) Jeanne de Monchi-Montcavrel, grand'mère du Marquis de Nesle, & mère de Louis Comte de Mailli.

chère bonne, rien ne m'attire en Bretagne que mes affaires uniquement ; mon fils ni sa femme ne sont plus aux Rochers, ils sont attachez à Rennes auprès de leur mère. Mon fils sera peut-être avec cette Noblesse. La retraite & la solitude des Rochers ne sont plus aimables pour eux, ils y seront par complaisance, & je leur rendrai toute leur liberté au mois d'Octobre. Je ne doute nullement que vous ne veniez à Paris cet hiver avec M. de Grignan ; je n'aurai plus qu'à être avec vous en quelque lieu que vous soyiez. Je crois la maxime de M. de la Rochefoucauld véritable, *les peines sont jettées assez également dans tous les états des hommes :* il y en a, cependant, qui paroissent bien pesantes. Adieu, chère enfant, vous me faites rire, quand vous dites que vous n'avez plus d'esprit, vous croyez n'en faire plus d'usage ; mais si vous heurtiez tant soit peu à cette porte, vous trouveriez bien qui vous répondroit. Ne dites point de mal de vos lettres, il y a du tour & de l'esprit par-tout. Je vous embrasse mille fois.

LETTRE LXXV.
À LA MÊME.

A Paris, Vendredi 4 Mars. 1689.

IL nous prend une inquiétude, à M. le Chevalier & à moi, depuis que nous sçavons l'heure que vous recevez nos lettres; c'est de comprendre que si vous les lisez avant votre coucher, nous vous empêchons tendrement de dormir, justement trois fois la semaine. Avouez-nous la vérité, quand vous ne voudriez pas nous le dire, nous n'en croirions pas autre chose; il est impossible qu'après avoir lu nos volumes, supposé même qu'il n'y eût rien de fâcheux ni de désagréable, vous ne trouviez à penser & à rêver dans les nouvelles qu'on vous mande; il n'en faut pas tant pour ôter le sommeil à une personne aussi éveillée que vous : si cela se joint à la vivacité de votre sang & à l'air subtil de Provence, vous trouverez que les personnes du monde qui vous aiment le plus, vous font malade & vous aſſaſſinent réglément tous les jours de courier. Cette penſée, ma chère enfant, n'eſt que trop bien fondée pour me donner de l'inquiétude, & me faire admirer, combien l'on peut faire de mal par l'amitié aux perſonnes qui ſont les plus chères. Voilà un mal ſans remède, & qu'il faut mettre entre les mains de Dieu, comme tout le reſte.

M. de Lauſun a refuſé, dit-on, d'aller en Irlande avec le Roi d'Angleterre, & il a, cependant, laiſſé entendre qu'il iroit, ſi on vouloit le faire Duc. Il eſt certain que les Majeſtez de Saint-Germain en avoient parlé : je ne ſçais ſi cette manière de convention ne fera point de mal à M. de Lauſun.

Votre cher enfant donne ordre encore aujourd'hui à toutes ſes affaires. Il eſt fort gai, il partira demain par le plus beau temps du monde ; quoique ce ne ſoit qu'un voyage, je ne ſçaurois m'empêcher d'avoir le cœur preſſé. Je vis hier Jarzé, il eſt gai malgré ſon malheur (*b*) ; il cauſa ici

(*b*) Le Marquis de Jarzé eut le poignet

deux heures, & me raconta toute sa triste aventure. Le Roi lui en a demandé le détail d'un bout à l'autre, cela est trop pitoyable ; il a beaucoup souffert, & souffre encore à cette main qu'il n'a plus.

Nous venons de recevoir vos lettres du 25 ; vous êtes bien fatiguée des mauvais Sermons ; vous avez grande raison, c'est un martyre : c'est là où votre grandeur est bien incommode, faut-il tous les jours représenter? cela est cruel, j'en ferai vos plaintes au Père Gaillard. Je vais quelquefois aux Sermons de Saint Gervais avec Madame de Coulanges qui n'en perd pas un ; c'est le Père Soanen (c) qui fait fort bien. Le P. Gaillard (d) brille dans Saint Germain de l'Auxerrois ; mais où prendre de tels Prédicateurs dans le pays où vous êtes? Il n'y a pas à balancer sur votre retour à la Saint Martin ; car au lieu de retourner à Lambesc & à Aix, il faut

emporté d'un coup de canon au siége de Philisbourg.

(c) Jean Soanen, célèbre Prédicateur de l'Oratoire, depuis Evêque de Senez.

(d) Célèbre Prédicateur Jésuite.

que vous veniez défendre votre Requête civile, vous seule pouvez l'entreprendre ; fongez à difpofer toutes chofes pour cela : de vous dire comme vous pourrez faire, c'eft ce que je ne fçais pas ; mais comme il y a long-temps que vous fubfiftez fur l'impoffible, il faut prendre encore fur ce fonds miraculeux ; vous voyez bien qu'il ne faut pas laiffer votre ouvrage imparfait. Je m'en irai avec cette douce efpérance de vous revoir l'hiver ; c'eft une perfpective agréable, qui me confolera d'un voyage que je ne fais pas affurément pour mon plaifir.

Vous voulez donc que je croie que vous n'avez plus d'efprit, que vous ne fçavez plus écrire ; vos lettres ne me perfuadent pas, donnez-m'en d'autres marques, comme difoit Buffi. J'embraffe ma chère fille & fa fille ; ah, mon Dieu ! voilà qui va bien loin : ne vous faites jamais vieille ni malade, vous fçavez où cela me jette. Le Chevalier vous envoie Efther, dites-en votre avis.

* Nous avons tranfi de l'horrible hiftoire de ce pendu, quelle affreufe mort ! voilà un homme bien appellé

dans l'enfer : il faut dire, comme Saint Augustin, *s'il avoit été d'avec nous, il seroit demeuré avec nous.* Cependant, je voudrois qu'on lui eût donné quelques jours, pour tâcher de le ramener ; car c'est une chose bien terrible que de l'étrangler au milieu des blasphêmes.

LETTRE LXXVI.

A LA MÊME.

A Paris, Lundi 7 Mars. 1689.

SI vous aviez vu partir votre cher enfant, vous auriez pleuré Samedi aussi-bien que nous, il n'y eut pas moyen de s'en empêcher ; cependant, comme il n'est question de rien du tout encore, il fallut comprendre que c'étoit un voyage. Le Marquis étoit joli, gai, se moquant de nous, & tout occupé de son équipage qui est en fort bon état. M. du Plessis est avec lui, il en aura un soin extrême, jusqu'à ce qu'il l'ait remis entre les mains des Officiers de son oncle. Tous les jeunes gens suivent le bon exemple de notre enfant ; je vous conseille de vous fortifier comme les autres, & de croire que Dieu vous le conservera ; vous avez besoin de courage pour achever l'affaire de M. d'Aiguebonne, il faut ôter cette épine du pied de votre fils. Vous pourrez voir encore une partie des choses que vous regretez de n'avoir pas vues. Racine commence une nouvelle Pièce pour cet hiver, c'est ou *Jephté* ou *Absalon* (*e*). Vous irez à Saint Cyr, vous verrez recevoir Chevalier M. de Grignan ; vous trouverez, tout au moins, la Reine d'Angleterre qui vous consolera de ne point voir son mari ; &, s'il plaît à Dieu, nous nous retrouverons aussi, après que nous aurons fait chacun notre tour. Je comprends que vous sentirez notre éloignement ; nous le sentirons bien de notre côté, je vous en assure. Je regarde cette Bretagne, comme un écart, comme un voyage, où je suis forcée par mes affaires. Nous ne partirons qu'après Pâ-

(*e*) Ce n'étoit ni l'un ni l'autre ; ce fut *Athalie*, la dernière Pièce & le chef-d'œuvre de Racine.

ques. Si nous trouvions quelque chose de bon pour votre enfant, nous ne manquerions pas de faire valoir notre marchandise ; enfin, nous verrons ce que la Providence nous garde.

LETTRE LXXVII.

A LA MÊME.

A Paris, Mercredi 9 Mars. 1689.

*Mademoiselle d'Alerac est aux Feuillantines pour quelques jours ; il y a souvent de la froideur entre Madame d'Usez (f) & elle; je crois pourtant qu'elle retournera à Versailles avec cette Duchesse ; la pauvre fille n'est pas heureuse, son étoile n'est pas si brillante que celle de Mademoiselle de Coislin (g), qui semble présentement toute tournée du côté de M. d'Enrichemont ; les ar-

(f) Julie-Marie de Sainte-Maure, Duchesse d'Usez, cousine germaine de Mademoiselle d'Alerac.

(g) Madeleine-Armande du Cambout, fille d'Armand du Cambout, Duc de Coislin.

ticles furent signez Lundi, mais avec protestation que si on ne réformoit un article dans le contrat, le mariage étoit rompu. On ne voulut pas s'en retourner sans signer, de peur de faire rire le monde ; on prit ce milieu qui ne laisse pas d'être plaisant, le jour que toute une famille est assemblée, & qu'ordinairement tout est d'accord : mais M. de Coislin a de grandes ressources pour les difficultez ; cependant, c'est cette fois que le courier de Rome est parti (*h*).

La lettre de M. de Grignan m'a fait frémir, moi, qui ne puis souffrir la vue ni l'imagination d'un précipice ; quelle horreur de passer par dessus, & d'être toujours à deux doigts de la mort affreuse ! Je ne comprends pas comme M. de Grignan peut aller dans un pays, dont les ours ne peuvent souffrir la demeure. Vraiment, Mesdemoiselles de la Charce sont agréablement établies, voilà un joli Château. Ce qui me fâche, c'est que je crains que ces *Démons*, qui disparoissent dès qu'ils ont peur & qu'ils

(*h*) Voyez la lettre du 7 Février, page 295.

voient M. de Grignan, ne reparoissent avec la même facilité, aussi-tôt qu'il n'y sera plus (1) ; ce seroit donc toujours à recommencer. En vérité, ma chère fille, le Roi est bien servi ; on ne compte guères ni son bien ni sa vie, quand il est question de lui plaire ; si nous étions ainsi pour Dieu, nous serions de grands Saints.

Nous avons ri, le Chevalier & moi, de la peine que nous eumes à comprendre qu'à Marseille vous fussiez revenue chez vous pour prier Dieu, nous demandant l'un à l'autre, mais qu'a-t-elle voulu dire ? entendez-vous cela ? non, ni moi non plus ; comme si vous eussiez été en délire, ou que vous eussiez dit une chose pour une autre : enfin, je n'ai jamais vu un aveuglement pareil ; moi, qui sçais que vous avez toujours quelque mouvement pour le jour du Seigneur, j'étois tellement dépaysée par Marseille, par l'Opéra, par cette foule de monde dont vous étiez entourée, que jamais je ne pus me remettre dans l'esprit votre régularité. En vérité, ma

(1) Voyez la lettre du 28 Février, page 335.

chère enfant, je pense qu'il faut vous demander pardon de cette injustice. Je vous plains d'être obligée d'entendre de mauvais Sermons, c'est une véritable peine. J'en entends ici de fort bons, le Père Soanen à Saint Gervais, l'Abbé Anselme à S. Paul, mais non pas tous les jours : c'est une contrainte que donne la place où vous êtes. J'avoue que quand elle oblige à communier, sans autre raison que cette représentation extérieure, je ne m'y résoudrois pas aisément ; & j'aimerois mieux ne pas édifier des sotes & des ignorantes, que de mettre tant au jeu dans une occasion si importante ; car je suis assurée que tous les premiers Dimanches du mois, toutes les douze ou treize Fêtes de la Vierge, il faut en passer par-là. O mon Dieu ! dites-leur que Saint Louis, qui étoit plus saint que vous n'êtes sainte, ne communioit que cinq fois l'année. Mais sçait-on sa Religion dans vos Provinces ? tout est en *Pélerins*, en *Pénitens*, en *ex voto*, en femmes déguisées de différentes couleurs *k*).

(*k*) Voyez la lettre du 28 Janvier, pag. 277.

Que fait votre *folle* du Roi d'Angleterre ? l'Irlande ne lui permettra-t-elle pas de *jouer* un peu ? M. du Bois est l'homme du monde qui en sçait le plus sur notre sainte Religion toute défigurée : il est tout aussi mal content que moi de la furie du bourreau qui tourna son exécution en un combat particulier contre son pendu ; il falloit bien se garder de le faire mourir dans les reniemens, c'est une damnation trop visible & trop scandaleuse ; il falloit, dit M. du Bois, le remettre en prison, lui donner de l'opium, le rappaiser, lui donner du temps, lui faire parler ; on auroit eu ensuite la conscience en repos ; mais c'en est fait (1).

Vous me parlez de Pauline, comme ayant une vocation, vous la croyez du prix de la vôtre selon l'estimation de feu M. d'Agen ; cela pourroit bien être, mais ne laissez pas de m'apprendre ce qu'elle vous en dit, & en quel lieu elle s'imagine qu'elle veut être : le Coadjuteur sera fort propre à l'examiner. Il est vrai que je sens de l'inclination pour elle, seroit ce parce

(1) Voyez la lettre du 4 Mars, *pag.* 348 & 349.

qu'elle auroit quelque sorte de rapport avec vous, par l'endroit même le moins parfait ? ce seroit la violence de mon étoile, qui m'y porteroit ; mais outre qu'il est rare qu'on ait pour deux personnes le même penchant, je crains bien que si Pauline a des humeurs, elle n'ait pas, comme vous, une amitié solide & tendre, qui fasse qu'on ne voie plus que ce qu'il y a de bon & d'exquis. Enfin, ma très-chère, nous en jugerons quelque jour, s'il plaît à Dieu ; en attendant, dites-moi comme elle est ; je la croyois la douceur même avec cette envie de plaire qui fait qu'on plaît.

La nouvelle de M. de Beauvillier, de M. de Chevreuse & de M. de Lausun, est une fausseté de cette année, cela courut deux jours ici, la vraisemblance entraînoit tout le monde ; je la mandai à Madame de Coulanges & à la Duchesse du Lude ; l'Abbé Bigorre me la manda : mais M. de Lamoignon ne voulut point la recevoir, & cela n'étoit point vrai ; je ne m'étonne pas qu'elle ait été reçue & crue en Provence. Vous avez Esther, l'impression a produit son effet ordinaire ;

vous sçavez que M. de la Feuillade dit que c'est une requête civile contre l'approbation publique, vous en jugerez. Pour moi, je ne réponds que de l'agrément du spectacle, qui ne peut pas être contesté.

La Duchesse de Duras (*m*) alla dès le lendemain de ses noces, qui étoit hier, prendre son tabouret. Son mari s'en ira à son Régiment, le père à la tête de la plus belle Armée de France, comblé d'honneurs ; la mère à Besançon avec le poignard dans le sein ; & la nouvelle Duchesse chez sa mère au vieux Hôtel de Bouillon. Madame de Noailles vouloit aller en Roussillon avec son mari & la Comtesse de Guiche (*n*), toutes deux grosses ; mais on les arrête jusqu'après leurs couches. La Duchesse de Gramont ira en Bearn. Je vous ai dit la beauté de l'emploi de M. d'Avaux, rien de plus brillant. Je suis à vous, ma chère enfant, je m'acquitte parfaitement à votre égard, du précepte d'aimer mon prochain comme moi-même.

(*m*) Louise-Madeleine de la Marck.
(*n*) Fille de Marie-Françoise de Bournonville, Duchesse de Noailles.

LETTRE LXXVIII.

A LA MÊME.

1689. *A Paris, Vendredi 11 Mars.*

MONSIEUR le Duc de Chaulnes a fait, en toute perfection, les honneurs de son Gouvernement au Roi d'Angleterre; il avoit fait préparer deux soupers sur la route, l'un à dix heures, l'autre à minuit; le Roi poussa jusqu'au dernier à la Roche-Bernard, il embrassa fort M. de Chaulnes, il l'a connu autrefois. M. de Chaulnes voulut le mener dans une chambre pour s'y reposer; le Roi dit, je n'ai besoin de rien que de manger; il entra dans une salle, où les Fées avoient fait trouver un souper tout servi, tout chaud, des plus beaux poissons de la mer & des rivières, toutes choses de même; c'est-à-dire, beaucoup de commoditez; & pour la compagnie, une nombreuse Noblesse en hommes & en femmes, M. de Chaulnes lui donna la serviette, &

voulut le servir à table ; le Roi ne le voulut jamais, & le fit souper avec lui, & plusieurs personnes de qualité. Il mangea, ce Roi, comme s'il n'y avoit point de Prince d'Orange dans le monde. Il partit le lendemain, & s'embarqua à Brest le six ou le sept de ce mois. Quel diantre d'homme que ce Prince d'Orange, qui met lui seul toute l'Europe en mouvement ! quelle étoile ! M. de la Feuillade exaltoit, l'autre jour, la grandeur du génie de ce Prince ; M. de Chandenier disoit qu'il eût mieux aimé être le Roi d'Angleterre ; M. de la Feuillade lui répondit brusquement ; » cela est d'un » homme qui a mieux aimé être, com- » me M. de Chandenier (o), que com- » me M. de Noailles ». Cela fit rire.

Je vous renvoie la lettre de M. de Grignan, elle me fait peur seulement de l'avoir dans ma poche ; est-il possible qu'il ait passé par les horreurs.

(o) François de Rochechouart, Marquis de Chandenier, avoit été premier Capitaine des Gardes du Corps du Roi ; mais étant tombé en disgrace, il donna la démission de la Charge ; & ce fut Anne Comte puis Duc de Noailles, qui lui succéda en 1651.

dont il me parle ? c'est grand dommage qu'il n'avoit *le Superbe*, comme en allant à Monaco. Faites-lui mes complimens sur son retour *de deux doigts des abysmes* (*p*). Comment suis-je avec le Coadjuteur ? notre ménage alloit assez bien à Paris ; dites-lui ce que vous voudrez, ma chère enfant, selon que vous êtes ensemble ; car je ne veux point m'entendre avec vos ennemis.

LETTRE LXXIX.

A LA MÊME.

1689. *A Paris, Lundi 14 Mars.*

IL est quatre heures, ma chère fille, j'ai fait ma collation à onze, je souperai ce soir. Je reviens de solliciter Messieurs du Grand Conseil, où il plaît à lui (*q*) de nous faire re-

(*p*) Voyez la lettre du 9 Mars, page 352.
(*q*) Chargé des affaires de M. d'Aiguebonne qui étoit en procès avec M. de Grignan.

commencer

commencer toutes les raisons invincibles de votre procès. J'avois avec moi le tropaimable Rochon (r), qui fait voir par deux petits mémoires de sa façon, qu'il n'y a nulle contrariété d'arrêts ; il a parfaitement instruit mon bon M. Bailli, qui retourne demain, pour l'amour de nous, dans ce même Tribunal où il fit si bien triompher autrefois la justice de ma cause, il n'en fera pas moins pour vous ; cela crie vengeance. Nous nous partageons, M. le Chevalier est de son côté avec Vaille, il répéte pour les fatigues de la guerre, dont je suis persuadée qu'il se portera fort bien ; il ne fait que rire de celles-ci. Il n'y a qu'à rire en effet ; si la justice est écoutée, on traitera la requête comme une pièce folle, téméraire & sans fondement ; si la requête est reçue, nous lâcherons nos lettres d'état, & vous viendrez cet hiver remporter cette victoire. Mais M. Gui court deux liévres à la fois ; le jour qu'il présenta une requête au Grand Conseil, il en présenta une autre à la

(r) Chargé des affaires de Monsieur de Grignan.

quatriéme ; cela fait de l'indignation & de la colère. Tous vos grands amis font leur devoir parfaitement, M. le Chevalier au-delà de tout ce qu'on peut dire.

 Mon cher Comte, je me réjouis de votre retour, vous avez été dans le pays des chévres ; car il n'y a que ces jolies personnes qui puissent gravir dans ces rochers, la pensée m'en fait mal. Je vous prie que ces *Démons* qui paroissent & disparoissent dans un moment, ne vous donnent pas souvent de pareilles peines (s). Vous en auriez bien moins à vous défendre ici de la furie de M. Gui, toujours soutenu de l'ignorance capable de Madame de B... que je trouvai l'autre jour tête pour tête, & qui ne se corrige point de dire des sotises ; je demande pardon à M. le Coadjuteur de parler ainsi de son ancienne amie ; mais elle est si indigne de cette qualité, que je ne m'en contrains plus. Il ne faut point s'inquiéter de cette chicane ; de quelque manière qu'elle tourne, elle ne peut vous faire de mal. Je vous embrasse, mon cher Comte.

(s) Voyez les pages 352 & 353.

Je reviens à vous, ma fille; j'ai été ravie que vous ayiez dit, *amen*, sur toutes les bagatelles que je vous mandois. Vous avez suivi mon conseil; je suis toujours plus aise de la confiance qui vous fait prendre sur moi quelques écritures de moins, que du plaisir de vous entendre, qui est toujours gâté par la pensée que cela vous tue. Je vois que Madame de Chaulnes s'en ira après Pâques, & moi très-commodément avec elle. Ne soyez en peine à mon égard que du redoublement d'absence, & du dérangement du commerce pour quelques jours.

Je vous ai mandé que la Reine d'Angleterre alloit à Poissi, elle l'avoit voulu, mais le Roi s'y est opposé. Je voulois courir après ma lettre; car je suis fâchée, quand je vous mande des faussetez. La nouvelle de M. de Beauvillier, de M. de Chevreuse & de M. de Lausun, a couru insolemment dans tout Paris. M. de la Trousse est parti ce matin pour aller commander en Poitou & dans le pays d'Aunis, sous les ordres pourtant du Maréchal de Lorges. Je crois que le Chevalier sera dans une *Armée de France;*

on appelle ainsi les Armées qui ne sont pas sur le Rhin.

LETTRE LXXX.

A LA MÊME.

1689. *A Paris, Mercredi 16 Mars.*

NOUS avons remporté ce matin la plus jolie victoire que l'on pût souhaiter dans l'état présent de vos affaires avec M. d'Aiguebonne; c'est en votre nom, ma chère bonne, que nous avons *combattu & battu* vos ennemis. M. Gui avoit lancé deux liévres, l'un en contrariété d'arrêts par une requête au Grand Conseil, l'autre par une requête civile contre votre dernier arrêt à la quatriéme des Enquêtes. Nous fumes avertis de celle du Grand Conseil; sans cela, les Juges eussent mis dessus, *viennent les Parties*, & voilà la guerre allumée. On écrit, on plaide, on retourne sur une affaire depuis le déluge, on la ressasse, il arrive des incidens; & avec ce petit mot qui ne paroît qu'une envie de connoître & de s'inftruire, on fait le plus grand mal du monde à des gens qui ne veulent plus plaider, & qui croient être jugez : c'eſt à un de nos amis que vous devez ce premier avis. Le Rapporteur, homme d'eſprit, fut interrompu; on l'aſſura que cette affaire n'étoit pas, comme il la diſoit, & qu'il n'y avoit nulle contrariété; on lui dit qu'il falloit qu'il en fçût davantage : fur cela, nous allons, M. le Chevalier, Rochon & moi ; nous faiſons voir par les pièces même de vos adverſaires, que, comme les Juifs, ils portent leur condamnation. Rochon parla divinement; on follicite, on va chez les Préfidens, chez les Conſeillers ; en trois jours on voit vingt-deux Juges, on crie, on fait du bruit, on ſe plaint de cette longue perſécution, on réveille le dernier arrêt *tout d'une voix*, que vous obtintes, il y a ſix mois : tout le monde s'en ſouvient encore, tout eſt vif; on a de l'indignation pour cette affreuſe chicane, on met ſes amis en campagne, ou plutôt ils s'y mettent eux-mêmes avec tant d'amitié, tant de chaleur, tant d'envie de vous tirer de cette oppreſſion, que c'eſt leur propre affaire : ils veulent qu'on mette *néant* ſur la requête, qu'on la mette au Greffe, & que cela tienne lieu d'un arrêt qui décide tout, car la requête civile tombe quaſi toute ſeule. Après ce jugement, il n'eſt plus queſtion du Conſeil, toute chicane eſt finie ; & c'eſt du conſentement de tout le monde, la plus jolie victoire que l'on pût remporter ſous vos enſeignes, & la plus utile pour vous. C'eſt le plaiſir ſenſible que nous avons eu ce matin ; nous étions à l'entrée de nos Juges, ayant tout lieu d'eſpérer que nous confondrions nos vilains ennemis : en effet, une heure après, M. Bailli eſt ſorti, comme la colombe, & m'a dit avec une mine grave ; *Madame, vous avez obtenu ce que vous ſouhaitiez.* Je n'en ai pas fait de fineſſe à M. le Chevalier, ni à Vaille, ni à Rochon ; nos cœurs ont été épanouis, ma joie vouloit briller ; M. le Chevalier m'a grondée, il m'a dit qu'il ne me meneroit plus avec lui, ſi je ne ſçavois me taire, c'eſt ſa menace : j'ai voulu parler un peu haut, d'un air de triomphe, il m'a encore menacée ; il m'a dit que qui ne sçavoit point dissimuler, ne sçavoit point régner. Il est sorti un autre Conseiller, qui a dit à M. d'Aiguebonne qu'il avoit perdu son procès ; je l'ai vu se couler doucement, sans dire un seul mot ; il est accoûtumé à ces succès. Je me suis souvenue d'avoir vu fuir autrefois devant moi Madame d'Ourouer (*t*), mère de M. de Richelieu, dans le même Tribunal, où j'avois fait venir encore M. Bailli pour me porter bonheur. M. Gui nous est demeuré, il se consoloit en prenant du tabac. Un autre Conseiller nous a dit que nous avions gagné tout d'une voix ; *tout d'une voix* est une circonstance qui nous a fait plaisir. M. Gui avoit dit prudemment à Rousseau que l'arrêt que vous aviez obtenu, il y a six mois, n'avoit pas été digéré, qu'il avoit été donné par des enfans. Rousseau lui a redit fort plaisamment ce matin ; » Monsieur, » voilà encore vingt-deux enfans qui

(*t*) Marie-Françoise de Guemadeuc, veuve de François de Vignerot, Marquis du Pont-Courlai, & remariée à Charles de Grossove, Comte d'Ourouer, qui fut assassiné dans son carrosse en 1658.

» viennent de vous condamner tout
» d'une voix «. Cela m'a fait rire,
mais la grande ame de M. le Chevalier ne vouloit pas se prêter à ces
bagatelles. Nous avons remercié tous
nos Juges quand ils sont sortis, variant, chacun de notre côté, notre reconnoissance en vingt façons. Enfin,
nous sommes revenus dîner gaiement :
il faut avouer la vérité, toute la république s'est assemblée pour nous recevoir ; nous vous écrivons, chacun
de notre côté ; M. le Chevalier m'a
chargée du récit de notre victoire, &
à cinq heures & demie nous irons ensemble remercier nos Présidens, le
Doyen, & quelques autres qui se sont
signalez. Si vous voulez, ma très-chère, que je vous parle sérieusement de M. le Chevalier de Grignan,
c'est que de bonne foi vous lui avez
des obligations infinies ; rien n'est
égal à l'étendue de ses soins, de sa
vigilance, de ses vues ; à la force, à
la puissance de ses sollicitations ; à la
chaleur qu'il inspire à ses amis pour
les faire entrer dans nos intérêts ; à
la considération qu'on a pour sa personne ; aux peines qu'il prend, dont

de Madame de Sévigné. 369
Dieu le récompense par une bonne santé. Enfin, nous nous trouvons si bien, & si heureux de vous rendre quelque service, que nous voulons faire un livre qui aura pour titre, *les peines légères & salutaires de l'amitié* : nous le ferions imprimer, sans que nous craignons de ruiner le Libraire par le peu de débit, tant il est vrai que peu de gens sont persuadez de cette vérité. Vous ne pouvez donc trop aimer ni trop remercier le Chevalier. Je ne sçais comment je pourrai vous parler d'autre chose aujourd'hui que de cet Evangile du jour.

* Ce qui nous a soûtenu le coeur contre la douleur qui nous fit pleurer très-tendrement hier au soir, M. le Chevalier & moi, de l'état de Monsieur l'Archevêque (*d'Arles*), c'est que ne nous ayant point été confirmé ce matin par les lettres d'Arles, qui n'en disent rien du tout, nous avons espéré que ses foiblesses n'auroient pas encore les suites que nous appréhendons, & que la perte si sensible de ce grand & illustre Prélat pourroit être retardée au moins de quelques mois. Vous dites fort bien, ma fille,

c'eſt dans ce temps qu'il étoit *uniquement* à propos de demander ce qu'on a voulu demander *hors de propos* (u) ; mais il y a des gens qui ne veulent jamais avouer leur tort, Dieu les béniſſe.

Madame de Vins nous a donné de bons avis, & nous a fait, ce matin, ſes complimens quaſi ſur le champ de bataille. Madame de Lavardin, Madame de la Fayette, Madame de Coulanges, m'ont envoyé prier de vous faire les leurs. Adieu, chère enfant, je ſuis trop heureuſe de m'être donné quelques mouvemens pour vous, c'eſt une joie qui va droit au cœur. M. le Comte, vous y avez votre part, je vous embraſſe tous deux de tout mon cœur.

Que dit M. Gaillard (x) de cette victoire ? ah ! je vois ſa mine & ſes

(u) Voyez la lettre du 21 Janvier, *page* 258.

(x) Madame de Sévigné faiſoit grand cas du mérite & de l'eſprit de M. Gaillard, célèbre Avocat du Parlement d'Aix. Elle diſoit en parlant de lui, qu'il n'y avoit point de phyſionomie qui lui fût demeurée plus agréablement dans l'imagination que la ſienne.

yeux. Son frère fait des merveilles à Saint Germain de l'Auxerrois (*y*).

LETTRE LXXXI.

A LA MÊME.

A Paris, Vendredi 18 *Mars.* 1689.

VOUS avez bien raison, ma chère enfant, de croire que je serai affligée de la perte de M. l'Archevêque (*z*). Vous ne sçauriez vous représenter combien le vrai mérite, la rare vertu, le bon esprit, & le cœur parfait de ce grand Prélat, me le font regreter. Je ne puis songer à sa bonté pour sa famille, à sa tendresse pour tous en général, & pour vous & votre fils en particulier, sans qu'il me paroisse un grand vuide dans votre maison, qui ne se remplira jamais, non jamais, je ne crains point de le

(*y*) Le Père Gaillard, Jésuite, y prêchoit le Carême avec un grand succès.

(*z*) François-Adhémar de Monteil, Archevêque d'Arles, oncle de M. de Grignan, mort le 9 Mars 1689.

dire ; il n'y a point d'efprits ni de cœurs fur ce moule ; ce font des fortes de métaux, qui ont été altérez par la corruption du temps, & il n'y en a plus de cette vieille roche. Vous avez compris mes fentimens, vous m'avez fait bien de l'honneur, & je vous le rends en voyant les vôtres tels qu'ils font. Il faut avoir un peu de ce bon aloi que nous regrétons, pour fentir cette perte, comme nous la fentons ; cette louange doit paffer, car je fuis perfuadée qu'on eft plus ou moins touché de ces grandes qualitez, felon qu'on y a plus ou moins de rapport.

Mon cher Comte, recevez ici mon compliment, vous avez été tendrement aimé de ce cher oncle ; il aimoit fon nom, fa maifon ; il avoit raifon, elle en vaut bien la peine. Je vous plains de n'avoir plus à honorer tant de mérite, tant de qualitez fi refpectables : voilà cette première race paffée, nous irons après, mon cher Comte. En attendant, je vous embraffe en pleurant, comme fi j'avois l'honneur d'être de votre nom.

Cette douleur nous rabaiffe la joie

de notre petite victoire. Le Chevalier voudroit bien pousser la requête civile, qui ne toucheroit pas du pied à terre ; mais je ne sçais s'il en auroit le temps, il ne faudroit pas la laisser à moitié ; enfin, il ne sçauroit mal faire. Il n'est plus question d'arrêt du Conseil, point de cassation d'arrêt, ni de contrariété ; il n'y a qu'à dormir en repos jusqu'à cet hiver. Je suis ravie que nos lettres reçues le soir ne vous donnent point réglément de méchantes nuits trois fois la semaine (*a*) : je vous en crois, ma chère enfant, & je chasse ce petit dragon qui m'importunoit. Madame de Chaulnes est ravie de m'emmener ; j'ai mille affaires au Buron, c'est-à-dire, à Nantes : il faut que je fasse encore ce voyage, je ne sçaurois mieux prendre mon temps ; après cela, nous verrons ce qu'il plaira à Dieu de faire de moi, & quand il voudra me redonner à vous. Je crois que nous partirons à Pâques tout juste. Le P. Gaillard a prêché ce matin très-parfaitement la Samaritaine, c'est le Bourdaloue de cette année.

(*a*) *Voyez la lettre du 4 Mars, page 345.*

LETTRE LXXXII.

A LA MÊME.

1689. *A Paris, Lundi 21 Mars.*

JE vous assure, ma fille, que M. de Beauvais (*b*), qui étoit ici l'autre jour, parut à M. le Chevalier & à moi, un vrai parent & ami des Grignans, regretant & louant feu M. l'Archevêque, & forçant enfin M. le Chevalier de lui dire avec sincérité, que puisque M. le Coadjuteur n'avoit pas ce Cordon, il étoit ravi que ce fût lui. Le Père de la Chaise vint dire à M. de Beauvais de la part du Roi, que Sa Majesté lui donnoit le Cordon de feu M. d'Arles, & qu'il le prendroit à la Pentecôte. Vous voyez que ce Cordon étoit bien destiné (*c*).

Au reste, ma chère bonne, je suis

(*b*) Toussaint de Forbin-Janson, Evêque de Beauvais, depuis Cardinal, & Grand Aumônier de France.

(*c*) Voyez la lettre du 3 Décembre 1688, page 245.

bien aife de ne point aller feule fur la Loire, *dans le courant de l'eau, fur un petit bateau* ; d'autant plus que celui d'un Valet de chambre, favori du Roi d'Angleterre, qui portoit à Nantes toutes les toilettes, fervices de vaiffelle, robes de chambre, & mille commoditez que le Roi avoit données à ce Roi Anglois, a péri au pont de Cé, & que ce pauvre homme a été noyé ; cela vous auroit fait peur. Je m'en vais donc en fûreté, peut-être avant Pâques, Madame de Chaulnes ayant dans la tête de paffer la Fête à Malicorne. Je tâcherai de retarder jufqu'à la femaine de Pâques ; mais je n'en fuis pas affurée. Elle doit vous écrire aujourd'hui pour vous parler du foin qu'elle aura de moi. Réjouiffez-vous avec M. de Chaulnes de ce que nul Gouverneur n'eft traité comme lui ; Revel, Lieutenant Général, eft fous fes ordres ; & les troupes mêmes qui font tout auprès de Breft, reçoivent l'ordre de ce Gouverneur pour obéir au Maréchal d'Eftrées, quand il en aura befoin. M. de Louvois a été charmé de fa bonne conduite, de fa vigilance, de fon exactitude ; il n'y a forte de bien que ce Ministre n'en dise. M. de Chaulnes sera fort aise que vous le sçachiez, & que vous lui en écriviez.

M. de Barillon est riche, gras, vieux, à ce qu'il dit, & regarde sans envie la brillante place de M. d'Avaux. Il aime la paix & la tranquillité au milieu de ses amis & de sa famille, dont il est content. Vous dites des merveilles sur Esther; il est fort vrai qu'il falloit des personnes innocentes pour chanter les malheurs de Sion; la Champmêlé vous auroit fait mal au cœur. C'est cette convenance qui charmoit dans cette Pièce; Racine aura peine à faire jamais quelque chose d'aussi agréable, car il n'y a plus d'histoire comme celle-là : c'étoit un hazard & un assortiment de toutes choses, qui ne se retrouvera peut-être jamais; car Judith, Booz & Ruth, & les autres dont je ne me souviens pas, ne sçauroient rien faire de si beau. Racine a pourtant bien de l'esprit, il faut espérer.

Le Marquis de Castries s'est fort distingué dans une occasion (*d*), où

(*d*) A la retraite de Nuys.

le Chevalier de Sourdis a été battu. On en a fait des complimens à Madame de Castries (*e*), le Roi ayant dit au Cardinal de Bonzi ; » sans la fer- » meté de votre neveu, l'infanterie » étoit perdue ; il a fait des merveil- » les «. Vous pouvez penser comme on est sensible à ces louanges. Adieu, ma belle, j'ai dit à M. de Pomponne que vous étiez jalouse de l'immortelle vie de M. d'Angers (*f*) ; il me conta la vivacité de ce Prélat, qui, hormis la vue, se porte très-bien à quatre-vingt-douze ans passez. Un Abbé de la Mothe, Archidiacre, celui qui avoit condamné les Oraisons de M. le Tourneux, & dit que l'Eglise avoit toujours en horreur les traductions, est mort tout en vie en deux jours, lorsqu'il se vantoit de sa santé. Votre enfant est appliqué à son devoir, à son métier ; il est tel que vous le pouvez souhaiter; & par dessus tout

(*r*) Elisabeth de Bonzi, mère de Joseph-François de la Croix, Marquis de Castries, & sœur du Cardinal de Bonzi, Archevêque de Narbonne.

(*f*) Henri Arnauld, Evêque d'Angers, oncle de M. de Pomponne.

cela, des principes de Religion dont il faut remercier Dieu. C'est un grand bonheur que d'avoir des sentimens chrétiens.

* LETTRE LXXXIII.

A LA MÊME.

1689. *A Paris, Mercredi 23 Mars.*

JE ne reprends point du tout les louanges que j'ai données à la Tragédie d'Esther; je serai toute ma vie charmée de l'agrément & de la nouveauté du Spectacle; j'en fus ravie: j'y trouvai mille choses si justes, si bien placées, si importantes à un Roi, que j'entrois, avec un sentiment extraordinaire, dans le plaisir de pouvoir dire, en se divertissant & en chantant, les véritez les plus solides; j'étois touchée de toutes ces différentes beautez; ainsi, je suis bien loin de changer de sentiment, mais je vous disois que l'impression de cette Pièce a produit son effet ordinaire, & s'est fait voir une *requête civile* contre les approbations excessives. Pour moi, qui l'ai lue encore avec plaisir, je pense que les critiques sont déboutez, comme le sera M. d'Aiguebonne de *la sienne*, si M. le Chevalier a le loisir de la pousser. La victoire du Grand Conseil a été brillante & jolie, je crois que vous en serez satisfaite; j'ai de l'impatience de recevoir la lettre où vous m'en parlerez. M. de Lamoignon me disoit encore aujourd'hui que cet avantage remporté à la pointe de l'épée, étoit plus considérable que nous ne pensions; je lui ai dit que point du tout, que nous avions senti ce plaisir dans toute son étendue. Il est fort occupé au grand procès de MADEMOISELLE, de M. le Prince, & de toute la Maison de Lorraine, qui sollicitent, tout comme nous pourrions faire; c'est Jeudi que M. de Lamoignon plaidera & donnera ses conclusions, l'affaire sera jugée à l'Audience.

La lettre de votre enfant vous fera plaisir, elle est d'un homme satisfait, & qui a le cœur au métier. Le Roi est si content de M. de Castries (g), qu'il

(g) V. la lettre précédente, p. 376 & 377.

l'a fait Brigadier seul, sans conséquence ; c'est ainsi qu'il faudroit faire, les récompenses toutes chaudes ont un prix merveilleux, cela excite & encourage l'émulation. Sa Majesté dit au Cardinal de Bonzi (*h*.), que n'ayant aucune part à cette grace, il ne devoit point le remercier.

Le Roi d'Angleterre est à la voile du 17, & arrivé en Irlande le 19. Le petit Mailli, qui l'a conduit jusqu'à Brest, est de retour. Adieu, ma très-aimable, je crains de m'éloigner de vous, cela me fait mal, j'avale ce voyage comme une médecine ; ce qui me fâche, c'est que je n'ai point de temps à jetter ; tout de bon, je pense quelquefois bien tristement ; & quoique soumise à la Providence qui nous sépare, où en serois-je, si je ne vivois dans l'espérance de nous revoir ?

(*h*.) Oncle du Marquis de Castries.

LETTRE LXXXIV.

A LA MÊME.

A Paris, Vendredi 25 Mars jour de 1689. l'Annonciation.

NOus n'avons point reçu vos lettres, & nous ne laissons pas de commencer à vous écrire. Vous avez bien la mine d'avoir donné aujourd'hui un bon exemple ; cette Fête est grande , elle est le fondement de celle de Pâques ; en un mot, la Fête du Christianisme, & le jour de l'Incarnation de Notre-Seigneur ; la Sainte Vierge y fait un grand rolle, mais ce n'est pas le premier. Enfin, M. Nicole, M. le Tourneux, tous nos Prédicateurs, ont dit tout ce qu'ils sçavoient là-dessus.

Votre enfant m'a écrit une lettre toute pleine d'amitié ; il a bien pleuré son bon oncle l'Archevêque. On croit que son successeur (1) sera bientôt ici ;

(1) Jean-Baptiste Adhémar de Monteil, Coadjuteur d'Arles, frère de M. de Grignan.

il s'exercera, s'il veut, fur la requête civile : pour nous, nous avons gagné celle du Grand Confeil à la pointe de l'épée. Je difpute contre Madame de Chaulnes, je voudrois bien ne partir qu'après Pâques. Ma chère enfant, que je fuis fâchée de vous quitter encore ! je fens cet éloignement, *la raifon dit Bretagne, & l'amitié Paris.* Il faut quelquefois céder à cette *rigoureufe*, vous le fçavez mieux faire que perfonne, il faut donc vous imiter.

Ecoutez un peu ceci. Connoiffez-vous M. de B... le Berger extravagant de Fontainebleau, autrement *Caffepot* ? fçavez-vous comme il eft fait ? grand, maigre, un air de fou, fec, pâle ; enfin, tel que le voilà, il logeoit à l'Hôtel de Lionne avec le Duc & la Duchefſe d'Eftrées, Madame de V. & Mademoifelle de V. Cette dernière alla, il y a deux mois, à Sainte Marie du Fauxbourg Saint Germain ; on crut que c'étoit le bonheur de fa fœur qui faifoit cette Religieufe. Sçavez-vous ce que faifoit ce *Caffepot* à l'Hôtel de Lionne ? l'amour, ma fille, l'amour avec Mademoifelle de V. tel que je vous le figure, elle l'aimoit. Benférade diroit là-dessus, comme de Madame de... qui aimoit son mari ; *tant mieux, si elle aime celui-là, elle en aimera bien un autre.* Cette petite fille de dix-sept ans a donc aimé ce Dom Quichotte ; & hier il alla avec cinq ou six gardes de M. de Gêvres, enfoncer la grille du Couvent avec une buche & des coups redoublez : il entre avec un homme à lui dans ce Couvent, trouve Mademoiselle de V. qui l'attendoit, la prend, la met dans un carrosse, la mène chez M. de Gêvres, fait un mariage sur la croix de l'épée, couche avec elle ; & ce matin dès la pointe du jour ils ont disparu tous deux, & on ne les a pas encore trouvez. En vérité, c'est là qu'on peut dire encore ; *Agnès & le corps mort s'en sont allez ensemble.* Le Duc d'Estrées crie & se plaint que B. a violé les droits de l'hospitalité. Madame de V. veut lui faire couper la tête. M. de Gêvres dit qu'il ne sçavoit pas que ce fût Mademoiselle de V. Tous les B... font quelque semblant de vouloir empêcher qu'on ne fasse le procès à leur sang. Je ne sçais point encore ce qu'on a dit à Versailles. Voilà, ma chère belle, l'Evangile du jour, vous connoissez cela. Que dites-vous de l'amour? je le méprise, quand il s'amuse à de si vilaines gens.

LETTRE LXXXV.

A LA MÊME.

1689. *A Paris, Lundi 28 Mars.*

NOUS ne partons qu'après Pâques, j'en suis fort aise; Madame de Chaulnes a pris congé, le Roi lui a dit mille choses agréables pour M. de Chaulnes. Nous attendons vos lettres de demain avec une vraie impatience, nous avons envie de voir comme vous aurez reçu la nouvelle de notre *petite* victoire, que M. de Lamoignon veut qu'on appelle *grande* (k). Il y a quinze jours que nous sommes sur le rivage, & que nous vous voyons agitée des mêmes pensées & des mêmes craintes que nous

(k) Voyez la lettre du 23 Mars, page 379.

avons

avons eues. Nous ferons ravis de vous voir aborder comme nous, & tous également fauvez de l'orage. Vous avez bien raifon de dire que je ne fus point fi aife de gagner mon procès de quarante mille écus ; je ne le fentis point en comparaifon de celui-ci ; j'étois jeune, je ne fçais ce que je penfois en ce temps-là ; toutes mes affaires étoient loin de moi, vous m'êtes bien plus proche, & vos intérêts infiniment plus chers.

M. de Lamoignon a été mêlé de tous les côtez dans l'affaire de *Caffepot* & de cette V. il eft parent de cette dernière, & de M. de Gêvres qui après avoir donné du fecours à cette horrible action, courut à Verfailles dire au Roi, qu'étant ami de M. de B... il n'avoit pu fe difpenfer de le fervir : le Roi le gronda, & lui dit qu'il ne lui avoit pas donné le Gouvernement de Paris pour un tel ufage; M. de Gêvres demanda pardon ; le Roi s'eft adouci. Pour M. de B... il peut s'en aller où il voudra ; mais fi on le prenoit, & qu'on lui fît fon procès, homme vivant ne le pourroit fauver. Toute la famille des B....

tâchera de l'empêcher de se représenter. M. de Lamoignon a remené la fille chez sa mère qui pensa crever en la revoyant ; la fille dit qu'elle n'est point mariée, elle a pourtant passé deux nuits avec ce vilain *Cassepot*. On assure qu'elle est mariée depuis quatre mois, & qu'elle l'a écrit au Roi. Rien n'est si extravagant que toute cette affaire. Le Duc d'Estrées est outré qu'un homme qu'il logeoit généreusement, ait ainsi blessé & outragé l'hospitalité. Ils se prirent de paroles, le Duc de Charôt & lui, c'étoit le jour de Notre-Dame ; le Duc d'Estrées poussoit un peu loin les reproches & les menaces, & ne ménageoit point les termes ; le Duc de Charôt pétilloit, & lui dit ; » Monsieur, si je n'avois point communié » aujourd'hui, je vous dirois, & cela, » & cela, & cela encore «. Le Duc d'Estrées montoit aux nues ; & rien n'étoit si plaisant que de dire tout cela, croyant ne rien dire ; songez que voilà le style du Duc de Charôt le jour de communion, qu'auroit-ce été un autre jour ?

✶ Nous soupions hier chez l'Abbé

Pelletier, Monsieur & Madame de Lamoignon, Monsieur & Madame de Coulanges, M. Courtin, l'Abbé Bigorre, Mademoiselle Langlois & votre maman. Personne n'avoit dîné, nous dévorions tous : c'étoit le plus beau repas de carême qu'il est possible de voir, les plus beaux poissons, les mieux apprêtez ; les meilleurs ragoûts, le meilleur cuisinier ; jamais un souper n'a été si solidement bon. On vous y souhaita bien sincérement ; mais le vin de Saint-Laurent renouvella si bien votre souvenir, que ce fut un chamaillis de petits verres, qui faisoit assez voir que cette liqueur venoit de chez vous. Vous n'avez point de bons poissons, ma chère enfant, dans votre mer ; je m'en souviens, je ne reconnoissois pas les soles ni les vives ; je ne sçais comment vous pouvez faire le carême : pour moi, je ne m'en sens pas. M. de Lamoignon, avec sa néphrétique, n'a pas pensé à manger gras.

Voici un temps où je n'entends plus rien ; quand il me déplaît, comme à présent, & que j'en desire un autre meilleur, & que je l'espère, je le pousse à l'épaule, comme vous ; & puis, quand je pense à ce qu'il m'en coûte lorsqu'il passe, & sur quoi cela roule, & où cela me pousse moi-même, je n'en puis plus, & je laisse tout entre les mains de Dieu : je ne trouve de soûtien & d'appui contre le triste avenir que je regarde, que la volonté de Dieu & sa providence : on seroit trop malheureux de n'avoir point cette consolation. *Si vous connoissiez le don de Dieu* (*l*), je me souviens de la beauté de ce Sermon. J'en entendis un beau, ce jour-là, du Père Soanen ; la Samaritaine ne fut point deshonorée ; quelle douleur de la voir défigurée par des Prédicateurs indignes ! cela m'afflige. Tous ceux de cette année sont écoutez, quand le grand Pan ne prêche pas ; ce grand Pan, c'est le grand Bourdaloue, qui faisoit languir, l'année passée, le Père de la Tour (*m*), le Père de la Roche même (*n*), l'Abbé Anselme qui brille à Saint Paul, & le Père Gaillard qui fait des merveilles à Saint Germain

(*l*) *Si scires donum Dei.* Joan. 4. 5.
(*m*) Depuis Général de l'Oratoire.
(*n*) Célèbre Prédicateur de l'Oratoire.

de l'Auxerrois. Adieu, très-chère & très-aimable, ne vous amufez point à répondre à toute cette cauferie ; fongez toujours que je n'ai qu'une lettre à écrire ; s'il en falloit écrire encore une, je m'enfuirois.

LETTRE LXXXVI.

A LA MÊME.

A Paris, Mercredi 30 Mars 1689.

AH ! Dieu merci, ma chère enfant, vous voilà arrivée, vous voilà fur le rivage avec nous. Vous n'êtes plus dans l'agitation de l'incertitude, vous en fçavez autant que nous préfentement : mais je vous le dis férieufement, vous mettez à trop haut prix les peines légères que j'ai prifes, & les petits fervices que je vous ai rendus. Vous parlez d'obligation & de reconnoiffance, comme fi vous aviez oublié le commerce de l'amitié, & que vous ignoraffiez le plaifir de faire des pas pour ceux que l'on aime : les nôtres ont été trop bien payez par le succès ; c'étoit à nous à vous remercier de nous avoir donné cette occasion de réveiller notre zèle; vous mettez par dessus cela des remercimens, des douceurs charmantes, des agrémens qui nous jettent dans la confusion : je ne sçais si M. le Chevalier en est aussi honteux que moi. Je ne sentois point que ma narration fût vive ; elle l'étoit toujours beaucoup moins assurément, que les yeux de M. Gaillard ; je vois sa mine *admirante* & spirituelle, qui ne laisse point croire que son admiration soit fille de l'ignorance, comme aux autres (*o*). Enfin, ma chère enfant, vous avez été contente de la peinture que je vous faisois de notre victoire. M. le Chevalier vient de me conter que Madame de Buri (*p*) revenant de Paris, Madame la Princesse de Conti lui demanda ce qu'elle y avoit fait. Madame, j'y ai sollicité ; & quel procès ? ce procès contre Messieurs de Grignan ; quoi ! vous poussez cette chicane ; ah fi ! peut-on recommen-

(*o*) Voyez la lettre du 16 Mars, *page* 370.
(*p*) Sœur de M. d'Aiguebonne.

cer, quand on a une fois perdu comme vous avez fait ? Ma fille, je demande pardon à la belle ame de M. le Chevalier ; j'avoue que ce difcours fait plaifir à mon ame de boue. Voilà comme cette Buri eft à Verfailles, vous fçavez comme elle eft au Grand Confeil, & à la quatriéme des Enquêtes : ainfi, vous pouvez juger qu'elle mérite ce que vous voulez qui foit écrit fur fon dos, *néant*, comme fur fa requête. Elle fortoit de chez un Juge, lorfque j'y entrois ; elle lui dit en me voyant, *Monfieur, je vous laiffe en bonnes mains* ; l'air qu'elle mit à fes paroles, me donna de l'émotion, & dans cet état j'eus la fageffe de me taire ; j'avois bien pourtant quelques petites chofes à lui dire, mais je ne dis rien. Si vous fuivez le confeil de vos amis, vous rangerez vos affaires pour venir, cet hiver, achever ce qui refte ; car avec les arrêts que vous avez, il n'y a plus rien du tout à craindre : mais ce qui eft fait, eft fait, & vous ajufterez le jugement de la requête civile avec la Chevalerie de M. de Grignan, & un petit brin de cour, vous verrez votre enfant ; tout cela enfemble vous fera prendre une bonne résolution. La comparaison que vous faites de M. Gui, qui a la rage de vouloir être condamné dans tous les Tribunaux, avec ce fou qui essayoit toujours de ressusciter un mort, sans pouvoir en venir à bout, m'a bien humiliée : je vois le bon usage que vous faites de ce conte qui périt entiérement, un jour, entre mes mains, en présence du Chevalier ; ce fut un grand malheur, car je trouve le conte fort bon. Vous l'avez ressuscité, ma chère belle, & vous l'avez très-bien appliqué.

On mande que le Roi d'Angleterre est arrivé en Irlande, où il a été reçu avec transport. Le Prince d'Orange a tellement son asthme, que toutes les troupes qu'il assemble désertent, croyant qu'il va mourir : il y a sept Régimens qui l'ont quitté, pour aller en Ecosse. Pour moi, je suis persuadée que le Roi, c'est-à-dire, Dieu par lui, surmontera tous ses ennemis, & débrouillera tous les nuages qui paroissoient si noirs & si prêts à fondre sur nous. Les Suisses sont tout radoucis ; M. Amelot y fait des merveilles, cette nouvelle est grande,

M. de Beauvillier, M. de Lamoignon, & Pâques, raccommoderont tous ces esprits si furieux de cet enlevement de Mademoiselle de Vaubrun, que je vous ai conté (*p*) ; le public y gagnera de ne plus voir ce grand vilain *Cassepot*.

LETTRE LXXXVII.

A LA MÊME.

A Paris, Vendredi premier Avril. 1689.

NOus croyons toujours partir le lendemain des Fêtes ; j'ai toujours ma petite tristesse de m'éloigner de vous ; je ne sçais comme se tournera tout ce voyage. Je ne crois pas que je voie mon fils, qui est dans le désespoir de faire une dépense effroyable, pour être à la tête de son arrière-ban dans la basse Bretagne. Il admire ce que lui fait le Prince d'Orange, ce d'*Aiguebonne* de l'Europe, comme vous dites fort bien ; & par quels arrangemens ou dérangemens il plaît à la Providence de le

(*p*) Voyez les pages 382, 385 & 386.

venir chercher dans ses bois, pour le faire rentrer dans le monde & dans la guerre par ce côté-là.

Voilà vos lettres du 27. Vous êtes malade, ma chère enfant ; vous dites quelquefois que votre estomac vous parle, vous voyez que votre tête vous parle aussi : on ne peut pas vous dire plus nettement que vous la cassez, que vous la mettez en pièces, qu'en vous faisant une grande douleur, soit que vous lisiez, soit que vous écriviez trop ; elle vous laisse en repos, quand vous l'y laissez, & que vous quittez ces exercices violens, car ils le sont : cette pauvre tête, si bonne, si bien faite, si capable des plus grandes choses, vous demande quartier, ce n'est point s'expliquer en termes ambigus : ayez donc pitié d'elle, ma très-chère, ne croyez point que ce soit chose possible, que de vaquer à nos deux commerces, & à tous les paris de traverse qui arrivent tous les jours, & à Madame de Vins, & trois fois la semaine ; ce n'est pas vivre, c'est mourir pour nous, cela est fort obligeant. Quand je vous vois écrire sur du grand papier, il me semble que je vous vois montée sur vos grands chevaux ; vous galopez sur le bon pied, je l'avoue ; mais vous allez trop loin, & je n'en puis plus souffrir les conséquences. Ayez donc pitié de vous & de nous ; pour moi, s'il falloit, quand je vous ai écrit, récrire une aussi grande lettre, je vous l'ai déja dit, je m'enfuirois. Si vous trouvez que je pousse un peu loin ce chapitre, c'est qu'en vérité il me tient au cœur. J'espère que M. le Chevalier, par M. de Cavoie, m'empêchera de payer *les intérêts des intérêts*, en payant dix-sept mille neuf cent livres, que j'ai dans ma poche par le secours de ma belle-fille ; si cela est, je vous prierai de le bien remercier, le chemin est un peu long pour une reconnoissance vive comme la mienne, mais c'est le plus digne du bienfait. Je serai ravie que M. de Grignan réponde de sa propre main à votre belle-sœur (*q*) ; elle m'écrit mille douceurs & mille agaceries pour lui ; c'est, dit-elle, un penchant qu'elle combat inutilement ; enfin, il faut un peu badiner avec elle, c'est le tour de son esprit.

(*q*) Jeanne - Marguerite de Brehand de Mauron, Marquise de Sévigné.

Votre enfant n'eſt point du tout expoſé préſentement ; jouiſſez, ma chère bonne, de cette paix. Il y a eu, en d'autres endroits, de petites échauffourées : Chamilli a été un peu battu, & Gandelu bleſſé aſſez conſidérablement ; mais Toiras a fait une petite équipée, toute brillante, où il a battu & tué trois ou quatre cens hommes. Les affaires d'Angleterre vont bien, le crédit du Prince d'Orange diminue tous les jours. Un plaiſant a mis ſur la porte de Witehal (r), *Grande Maiſon à louer pour la Saint Jean*, cette ſotiſe fait plaiſir. L'Ecoſſe & l'Irlande ſont entiérement contre ce Prince. Le Roi d'Angleterre a été fort bien reçu en Irlande ; il a aſſuré les Proteſtans de toute ſorte de liberté & de protection, pourvu qu'ils lui fuſſent fidéles. C'eſt le mari de Madame d'Hamilton, qui eſt Viceroi. Il faut voir ce que deviendront toutes ces affaires ; il me ſemble que c'eſt un gros nuage noir, épais, chargé de grêle, qui commence à s'éclaircir. Nous en avons vu de cette manière à

(r) Palais des Rois d'Angleterre à Londres, ſitué au Fauxbourg de Weſtminſter.

Livri, qui se passoient sans orage; Dieu conduira tout. Adieu, ma chère belle, conservez-vous, faites écrire Pauline, pendant que vous vous reposerez dans votre cabinet.

LETTRE LXXXVIII.

A LA MÊME.

A Paris, Mercredi 6 Avril. 1689.

JE vous avertis de la part de Madame de la Fayette, & de toute la nombreuse troupe des vaporeux, que les vapeurs d'épuisement sont les plus dangereuses, & les plus difficiles à guérir : après cela, épuisez-vous, jouez-vous à ne plus oser baisser la tête sans douleur, forcez-vous à écrire & à lire, & vous trouverez bientôt que vous ne serez plus bonne à rien, vous deviendrez une femme de verre. Comme ce mal ne vient que de l'excès de vos écritures, je vous conjure de les retrancher, si vous nous aimez ; mettez-vous sur votre lit de repos, quand vous aurez envie de causer, & faites écrire Pauline; elle apprendra à penser & à tourner ses pensées; vous vous conserverez, & nous causerons ainsi avec vous, sans qu'il vous en coûte rien. Je voudrois que vous eussiez été saignée, quel inconvénient y trouviez-vous? cela vous eût débouché les veines, cela eût donné du jeu & de l'espace à votre sang; mais vous ne voulez pas. Cette chère pervenche pouvoit faire des merveilles dans cet état; je suis ravie que vous l'ayiez trouvée à votre point, on diroit qu'elle est faite pour vous: quand vous redevintes si belle, on disoit, mais sur *quelle herbe a-t-elle marché?* je répondois, sur de *la pervenche.* Je ne sçais encore pourquoi vous vous êtes précipitée, ces jours saints, d'aller à Grignan sans votre mari. Rien n'étoit si joli que d'être à *Sainte Marie*, & de n'être point si-tôt dans cette poudre & ces bâtimens de Grignan. Il semble, à vous entendre, que *M. d'Arles* y soit; j'ai trouvé ce nom, pour ne dire ni M. le Coadjuteur ni M. l'Archevêque; il y a bien de l'invention à cette découverte. Disons encore un mot de notre victoire du Grand Conseil, elle nous a donné une bonne opinion de nos conduites ; pour dire le vrai, le succès a été joli & galant ; tout étoit vif, c'étoit un ouvrage couronné que nous emportions l'épée à la main. Il n'y a que vous qui puissiez emporter la requête civile, quoique plus aisée, parce que nous sommes tous séparez dans un moment, & qu'une personne seule ne doit pas s'en charger : pour moi, je ne l'entreprendrois pas sans mon Colonel (*s*).

Il fait une pluie continuelle, je tâche à déranger & à retarder Madame de Chaulnes de huit jours. Je donne demain mon argent au Syndic de Bretagne ; il le reçoit à compte du fonds & des intérêts ; moi, je fais mes protestations, & je dis que » j'ai payé la » somme que je dois sur l'inventaire, » que je suis quitte, que je ne puis ni » ne dois payer *les intérêts des inté-* » *rêts* (*t*), que cela est usuraire «. C'est un procès que je voudrois qui fût jugé aux Etats ; je crains qu'il ne

(*s*) M. le Chevalier de Grignan.
(*t*) Voyez la lettre précédente, page 895.

le foit ici par les Commiſſaires, je reculerai tant que je pourrai : mais ne parlons plus de cette affaire, elle m'a donné du chagrin, voilà qui eſt fait.

On ne ſçait ce qu'eſt devenu le courier de M. d'Enrichemont (*u*). Mais M. de Brionne ſigne demain les articles de ſon mariage avec Mademoiſelle d'Eſpinai, grande héritière & de grande maiſon (*x*). Il me ſemble que les nouvelles d'Angleterre ſont bonnes pour nous ; l'Irlande, l'Ecoſſe, les Anglois, rien ne s'attache au Prince d'Orange. Il eſt vrai que votre fils eſt trop aimable, c'eſt un bonheur & un malheur ; mais, *Dieu le conſerve*, de ce ton que je connois qui ſort de votre cœur, & qui pénétre le mien, car c'eſt le propre de la vérité. Adieu, ma chère enfant, je n'ai point de vapeurs, & cependant je ne veux point écrire plus longtemps, il eſt tard ; il pleut, il faut envoyer nos lettres. Je vous demande

(*u*) Voyez la lettre du 9 Mars, *pages* 351 & 352.
(*x*) Le mariage ne ſe fit que le 23 Décembre ſuivant.

ſeulement

seulement une chose, répondez-moi sincérement; n'êtes-vous point chagrine, tout en riant, de votre jalousie? comment êtes-vous avec Madame D**? il me semble que vous n'avez fait aucun usage de son esprit ni de sa conversation.

LETTRE LXXXIX.

A LA MÊME.

A Paris, le Vendredi Saint 8 Avril. 1689.

JE n'attendois point vos lettres aujourd'hui, ma chère fille, je veux me retirer ce soir, je fais demain mes Pâques: c'est vous précisément que je veux tâcher d'éloigner un peu de mon esprit. J'ai été ce matin à une très-belle Passion à Saint Paul, c'étoit l'Abbé Anselme; j'étois toute prévenue contre lui, je le trouvois Gascon, & c'étoit assez pour m'ôter la foi en ses paroles; il m'a forcée de revenir de cet injuste jugement, & je le trouve un des bons Prédicateurs que j'aie jamais entendus; de l'esprit, de la dévotion, de la grace, de l'éloquence; en un mot, je n'en préfére guère à lui. Je voudrois qu'on ne vous traitât pas comme des chiens dans les Provinces, & qu'on vous envoyât à peu près un homme, comme celui-là. Le moyen d'écouter ceux que vous avez? cela fait tort à la Religion.

Madame de Chaulnes veut s'en aller avant la *Quasimodo*. Je viens de faire certains petits arrangemens qui seront admirables, en cas d'alarme, pour établir votre repos. Ne me reparlez point de ceci, en m'écrivant; M. le Chevalier m'approuve, & c'est assez. Je laisse là ma lettre, j'y ajoûterai ce soir quatre lignes; je m'en vais à Ténébres, & de-là à S. Paul.

Me voilà revenue, ma chère enfant, & je vous quitte en vous priant de vous bien reposer, & de faire jaser Pauline, si vous avez envie de répondre à mes causeries; sans cela, laissez-les tomber, écrivez-moi en petit volume, & portez-vous bien, c'est tout ce que je desire.

*LETTRE XC.
A LA MÊME.
A Paris, Lundi 11 Avril. 1689.

ENFIN, ma fille, vous avez quitté Aix, vous me paroissez en avoir par dessus les yeux. Vous êtes à Grignan, vous trouvez-vous mieux de cette solitude avec tous les désagrémens qui y sont survenus ? Il me semble que cette envie d'être seule, n'est, à la bien prendre, que l'envie d'être fidéle au goût que vous avez pour les désespoirs & pour la tristesse : vous auriez peur qu'une distraction ne prît quelque chose sur les craintes que vous voulez avoir pour votre cher enfant, dès qu'il sera dans le moindre péril : je ne pense peut-être que trop vrai ; mais ce seroit être bien cruelle à vous-même, de ne pas profiter, au moins, du temps que notre petit homme est en repos, pour y être aussi de votre côté, au lieu d'anticiper comme il paroît que vous faites. Je crois que nous partons après demain matin : je suis ridiculement triste d'un voyage que je veux faire, que je dois faire, & que je fais avec toute la commodité imaginable. Madame de Carman (*y*) vient encore avec nous, c'est une aimable femme ; un grand train, deux carrosses à six chevaux, un fourgon, huit cavaliers ; enfin, à la grande : nous nous reposerons à Malicorne ; pouvois-je souhaiter une plus agréable occasion ? Vous m'adresserez d'abord vos lettres à Rennes, &, je vous manderai quand il faudra les adresser à Vitré ; je serai bientôt lasse de ce tracas de Rennes, c'est pour voir M. de Chaulnes que j'y vais. M. le Chevalier s'en va de ce pas à Versailles, je croyois qu'il ne me quitteroit point qu'il ne m'eût vu pendue (*z*), mais il a des affaires ; je suis blessée de le quitter, ce m'est une véritable consolation que de parler avec lui, de vous & de toutes vos affaires, cela fait une grande liaison : on se rassemble

(*y*) Marie-Anne du Puī de Murinais, Marquise de Carman.

(*z*) Voyez la Scène IX. de l'Acte III. du *Médecin malgré lui*, de Molière.

pour parler de ce qui tient uniquement au cœur ; le Chevalier est fort, moi, je suis foible ; il se passera bien de moi, je ne suis pas de même pour lui ; je rentrerai en moi-même, & je vous y trouverai, mais je n'aurai plus cet appui qui m'étoit si agréable & si nécessaire ; il faut s'arracher, & se passer de tout. Dites-moi vos desseins sur la requête civile, la confiez-vous à M. d'Arles ? ne reviendrez-vous point vous-même la gagner ? car pour nous, chacun s'en va de son côté ; nous sommes contens d'avoir gagné notre petite bataille. Instruisez-moi de vous, ma très-chère, & de ce qui vous touche ; songez que M. le Chevalier ne me dira plus rien ; mais pour des causeries, c'est Pauline que vous devez charger du soin de me les écrire ; vous sçavez que je ne crains rien tant que de vous accabler.

Les affaires du Duc d'Estrées sont accommodées avec M. de Gêvres ; son nez s'est aussi rapatrié avec les nez des Bet... Cette Mademoiselle de V... aïant dit qu'elle n'étoit point mariée, & qu'elle vouloit être Religieuse, qu'on l'a mise aux Filles bleues de

Saint Denis. Le monde a gagné à tout cela que *Caſſepot* n'eſt plus en France (*a*). Je ne ſçais point de nouvelles. Mademoiſelle de Méri a été bien mal d'un vomiſſement de bile, elle a pris un petit brin de tartre émétique, elle s'en trouve fort bien. Adieu, ma chère enfant, conſervez-moi cette chère amitié qui fait la douceur de ma vie : je ne veux point vous dire toutes mes tendreſſes ni toutes mes foibleſſes.

*LETTRE XCI.

A LA MÊME.

1689. *A Paris, Mardi au ſoir 12 Avril.*

SI vos lettres que j'attends, arrivent ce ſoir, j'y ferai réponſe en chemin, ou tout au plus tard à Malicorne. Nous partons demain matin, pour aller coucher à Bonnelle ; les autres partiroient à huit ou neuf heures, Madame de Chaulnes qui eſt la

(*a*) Voyez les lettres du 25 & du 28 Mars, *pag.* 382, 385 & 386.

vigilance même, partira à la pointe du jour. Vous sçavez comme en allant à Bourbon, j'eus plutôt fait de m'accommoder à ses manières, que d'entreprendre de les corriger ; ainsi, je m'en vais remonter ma journée, & par la facilité de mon esprit je ne serai blessée de rien. Toute la sûreté, toutes les précautions qu'on peut desirer dans un voyage, je les trouverai dans celui-ci ; & même, je suis débarrassée du soin d'avoir peur, & de crier & de rougir : notre bonne Duchesse se charge de tout, & je demeure avec une apparence de courage & de hardiesse, par comparaison à ce qu'elle fait voir de crainte & de timidité ; on trouve ainsi le moyen d'attirer des louanges qu'on ne mérite pas. J'ai donné tous les bons ordres pour recevoir de vos lettres à Malicorne & à Vitré, & puis à Rennes ; je vous écrirai dès que je le pourrai ; mais ne soyez nullement en peine, si vous êtes quelque temps sans en recevoir, c'est que les postes & les temps ne se feront pas rencontrez juste. Je pars toujours avec la petite tristesse que je vous ai dite : le moyen de songer à l'état de vos affaires fans une vraie douleur ? La mort de M. l'Archevêque (d'Arles) vous fait encore un accablement. Je crains, fans fçavoir pourquoi, que l'empreffement d'être à Grignan ne vous ait fait un mal folide. Le Chevalier étoit un peu fâché que vous fuffiez partie d'Aix fans conclure votre emprunt, il y a des affaires qu'il ne faut pas quitter ; elles échapent des mains, dès qu'on s'en éloigne. Dieu nous faffe la grace de nous revoir dans quelque temps ; Dieu vous conferve, ayez foin de votre fanté ; la mienne m'eft confidérable par l'intérêt que vous y prenez. J'ai fait ce matin encore certains adieux par rapport à vous, c'eft le fel qui donne du goût à ce que je fais. Adieu, ma très-aimable Comteffe, je pleure, quelle folie! c'eft que ce redoublement d'abfence & d'éloignement me fait mal. Voyez M. de la Garde, foûtenez-vous, ne vous laiffez point accabler, fervez-vous de votre courage, & mettez en œuvre les décrets de la Providence.

LETTRE

LETTRE XCII.

A LA MÊME.

A Paris, Mercredi un peu tard,
13 Avril. 1689.

NON-SEULEMENT nous ne sommes point parties ce matin, mais nous ne partons pour la Bretagne que dans douze jours, à cause d'un voyage de Nantes que fait M. de Chaulnes. Madame sa femme est donc venue ce matin me demander si je veux bien aller passer dix jours à Chaulnes avec elle, ou bien qu'à jour nommé nous nous trouvions à Rouen, pour aller en Bretagne par Caen, je n'ai pas balancé : je suis tellement en l'air, & tellement partie de Paris, que je m'en vais me reposer à Chaulnes ; Madame de Carman pense de même. Ainsi, voilà qui est fait, nous partons demain pour aller à Chaulnes : mais vous, ma chère belle, vous voilà à Grignan ; j'entre dans vos inquiétudes, & je les sens. Vous aviez grand'peur qu'il n'y eût point de guerre, & vous songiez dans quel endroit de l'Europe vous seriez obligée d'envoyer votre enfant. La Providence s'est bien moquée de vos pensées; toute l'Europe est en feu, vous n'aviez pas songé au Prince d'Orange qui est l'Attila de ce temps. On dit aujourd'hui une grande nouvelle, & qui feroit une grande diversion; le Roi de Pologne déclarant la guerre à l'Empereur par vingt sujets de plainte, & le Turc n'ayant point fait la paix, les bords du Rhin ne seroient pas fort à craindre. Enfin, ma fille, tout est en l'air, tout est entre les mains de Dieu. Ce petit garçon déja tout accoûtumé au métier, tout instruit, tout capable, ayant vu trois siéges avant dix-sept ans; voilà ce que vous ne pensiez pas, mais ce que Dieu voyoit de toute éternité. Dites-moi ce que c'est que la vocation de Pauline. Adieu, ma très-aimable, songez que vous êtes une femme forte; que si vous n'aviez la guerre, vous l'iriez chercher; que Dieu conserve votre fils, qu'il est entre ses mains, & que vous devez espérer de le revoir en bonne santé : songez de combien de périls il a tiré le Chevalier, & que votre enfant marchera sur les pas de son oncle.

LETTRE XCIII.

A LA MÊME.

A Chaulnes, Dimanche 17 Avril. 1689.

J'ATTENDS votre lettre de Vendredi ; quelle tristesse de ne pouvoir plus recevoir réglément de vos nouvelles trois fois la semaine ! c'est justement cela que j'ai sur le cœur, & que j'appellois *ma petite tristesse* ; vraiment, elle n'est pas petite, & je sentirai cette privation. M. le Chevalier m'écrivit de Versailles un petit adieu, tout plein de tendresse, j'en fus touchée ; car il laisse ignorer assez cruellement la part qu'on a dans son estime ; & comme on la souhaite extrêmement, c'est une véritable joie dont il prive ses amis. Je le remerciai de son billet, par un autre que je lui écrivis en partant ; il me mandoit que votre enfant ne feroit point d'un certain détachement, parce qu'il n'étoit plus question de la chose qu'on avoit dite, cela me foulagea fort le cœur ; & comme il vous l'aura mandé, vous aurez respiré comme moi. Je ne comprends que trop toutes vos peines, elles retournent sur moi, de forte que je les fens de deux côtez.

Je partis donc Jeudi, ma très-chère, avec Madame de Chaulnes & Madame de Carman ; nous étions dans le meilleur carroffe, avec les meilleurs chevaux, la plus grande quantité d'équipages, de fourgons, de cavaliers, de commoditez, de précautions, que l'on puisse imaginer. Nous vinmes coucher à Pont dans une jolie petite hôtellerie, & le lendemain ici. Les chemins font fort mauvais, mais cette maison est très-belle & d'un grand air, quoique démeublée, & les jardins négligez. A peine le vert veut-il montrer le nez ; pas un rossignol encore ; enfin, l'hiver le 17 d'Avril. Mais il est aisé d'imaginer les beautez de ces promenades ; tout est régulier & magnifique, un grand parterre en face, des boulingrins vis-à-vis des ailes, un grand jet d'eau dans le parterre, deux dans les boulingrins, & un autre tout égaré dans le milieu d'un pré qui est admirablement bien nommé, *le solitaire* ; un beau pays, de beaux appartemens, une vue agréable, quoique plate ; de beaux meubles que je n'ai point vus ; toutes sortes d'agrémens & de commoditez ; enfin, une maison digne de tout ce que vous en avez ouï dire en vers & en prose. Mais une Duchesse si bonne & si aimable & si obligeante pour moi, que si vous m'aimez, chose dont je ne doute nullement, il faut nécessairement que vous lui soyiez fort obligée de toutes les amitiez que j'en reçois. Nous serons dans cette aimable maison encore six ou sept jours ; & puis, par la Normandie nous gagnerons Rennes vers le deux ou trois du mois prochain. Je vous ai mandé comme un voyage de M. de Chaulnes avoit dérangé le nôtre. Voilà, ma chère bonne, tout ce que je puis vous dire de moi, & que je suis dans la meilleure santé du monde ; mais vous, mon enfant, comment êtes-vous ? que je suis loin de vous ! & que votre souvenir en est près ! & le moyen den'être pas triste ?

Je reçois votre lettre du Samedi saint neuviéme Avril ; ma fille, vous prenez trop sur vous, vous abusez de votre jeunesse, vous voyez que votre tête ne veut plus que vous l'épuisiez par des écritures infinies ; si vous ne l'écoutez pas, elle vous fera un mauvais tour ; vous lui refusez une saignée, pourquoi ne la pas faire à Aix pendant que vous mangiez gras ? enfin, je suis malcontente de vous & de votre santé. Vos raisons d'épargner le séjour d'Avignon, sont bonnes ; sans cela, comme vous dites, il étoit trop matin pour Grignan, le cruel hiver & les vents terribles y sont encore à redouter. Pour votre requête civile, nous voilà, M. le Chevalier & moi, hors d'état de vous y servir ; il croit s'en aller dans un moment ; me voilà partie, ce n'est pas une affaire d'un jour ; Hercule ne sçauroit se défaire d'Antée (a), ni le déraciner de sa chicane en trois mois ; c'est donc M. d'Arles qui sera chargé

(a) Géant de Libye, fils de Neptune & de la Terre, étouffé par Hercule.

de cette affaire. C'est tout cela qui me faisoit dire que si vous eussiez pu venir cet hiver avec M. de Grignan, c'étoit bien le droit du jeu que vous eussiez fini entiérement cette affaire ; votre présence y auroit fait des merveilles. Vous me parlez des esprits de Provence, ceux de ce pays-ci ne sont point si difficiles à comprendre, cela est vu en un moment : mais vous, ma très-chère, vous êtes trop aimable, trop reconnoissante ; vraiment, c'est bien de la reconnoissance que tout ce que vous me dites, je m'y connois, c'est de la plus tendre & de la plus noble qu'il y ait dans le monde ; conservez bien vos sentimens, vos pensées, la droiture de votre esprit ; repassez quelquefois sur tout cela, comme on sent de l'eau de la Reine de Hongrie, quand on est dans le mauvais air ; ne prenez rien du pays où vous êtes, conservez ce que vous y avez porté ; & sur-tout, ma chère enfant, ménagez votre santé, si vous m'aimez, & si vous voulez que je revienne.

LETTRE XCIV.

A LA MÊME.

1689. *A Chaulnes, Mardi 19 Avril.*

J'ATTENDS vos lettres; la poste arrive ici trois fois la semaine, j'ai envie d'y demeurer. Je commence donc à vous écrire, pour vous rendre compte de mes pensées ; car je n'ai plus d'autres nouvelles à vous mander, cela ne composera pas des lettres bien divertissantes ; & même vous n'y verrez rien de nouveau, puisque vous sçavez depuis long-temps que je vous aime, & comme je vous aime : vous feriez donc bien, au lieu de lire mes lettres, de les laisser là & de dire, je sçais bien ce que me mande ma mère ; mais persuadée que vous n'aurez pas la force d'en user ainsi, je vous dirai que je suis en peine de vous, de votre santé, de votre mal de tête. L'air de Grignan me fait peur ; un vent qui *déracine des arbres dont la tête au ciel étoit voisine,* &

dont les pieds touchoient à l'empire des morts (b), me fait trembler. Je crains qu'il n'emporte ma fille, qu'il ne l'épuise, qu'il ne la dessêche, qu'il ne lui ôte le sommeil, son embonpoint, sa beauté : toutes ces craintes me font transir, je vous l'avoue, & ne me laissent aucun repos. Je fus l'autre jour me promener seule dans ces belles allées, Madame de Chaulnes étoit enfermée pour des affaires, Madame de Carman est délicate ; je répétois donc pour les Rochers ; je portai toutes ces pensées, elles sont tristes ; je sentois pourtant quelque plaisir d'être seule. Je relûs trois ou quatre de vos lettres ; vous parlez de bien écrire, personne n'écrit mieux que vous ; quelle facilité de vous expliquer en peu de mots, & comme vous les placez ! cette lecture me toucha le cœur, & me contenta l'esprit. Voici une maison fort agréable, on y a beaucoup de liberté ; vous connoissez les bonnes & solides qualitez de cette Duchesse. Madame de Carman est une fort aimable personne, j'en ai tâté ;

(b) Voyez la Fable du *Chêne & du Roseau*, par la Fontaine. *Fab.* 22.

elle a bien plus de mérite & d'esprit qu'elle n'en laisse paroître ; elle est fort loin de l'ignorance des femmes, elle a bien des lumières, & les augmente tous les jours par les bonnes lectures : c'est dommage que son établissement soit au fond de la basse Bretagne. Quand vous pourrez écrire à Monsieur & à Madame de Chaulnes, je leur donne ma part ; vous me ferez écrire par Pauline, je connois votre style, c'est assez. Je vous souhaite M. de Grignan ; je n'aime point que vous soyiez seule dans ce Château, pauvre petite *Orithye* (c) ! mais *Borée* n'est point civil ni galant pour vous, c'est ce qui m'afflige. Adieu, très-chère, respectez votre côté, respectez votre tête, on ne sçait où courir. Je comprends vos peines pour votre fils, je les sens, & par lui que j'aime, & par vous que j'aime encore plus, cette inquiétude tire deux coups sur moi.

(c) Orithye, fille d'Erechtée, Roi d'Athènes, fut enlevée par Borée, Roi de Thrace : ce qui donna lieu à la Fable de l'enlevement d'Orithye par le vent qui porte le nom de Borée.

Corbinelli est toujours chez nous, le meilleur homme du monde, & toujours abymé dans sa philosophie *christianisée* ; car il ne lit que des livres saints.

LETTRE XCV.
A LA MÊME.

A Chaulnes, Vendredi 22 Avril. 1689.

C'EST dommage de partir d'un lieu si beau, si charmant, & où l'on reçoit vos lettres trois fois la semaine ; vous sçavez que l'on souffre tout, hors le bien-être ; il s'en faut pourtant beaucoup que je ne croie le trouver où vous n'êtes pas. Nous partons d'ici Dimanche par un temps admirable, & qui nous a donné ici, en trois jours, toutes les beautez du printemps. Nous irons coucher à Amiens, & de-là par Rouen & la Normandie nous gagnerons la Bretagne. Je vous écrirai de tous les lieux que je pourrai : je serai quelques jours seulement à Rennes, pour voir M. de Chaulnes ;

& puis, je m'en irai aux Rochers, je mourrois de faire long-temps la vie de Rennes. Mais comprenez-vous bien l'impatience que j'ai de recevoir vos lettres, & de sçavoir si vous avez été saignée, & comment cette bonne tête, qui ne vous avoit jamais fait aucun mal, se trouve de l'air de Grignan? Que je hais ces sortes de vapeurs d'épuisement! qu'elles sont difficiles à guérir, quand le remède consiste à s'hébéter, à ne point penser, à demeurer dans l'inaction! pour une personne aussi vive & aussi active, c'est un martyre; hélas! comme vous dites, compter les solives, ou se faire malade, est une étrange extrêmité. Je rêve souvent à tout cela, je relis vos lettres à loisir; & comme je n'ai rien du tout à faire, je cause avec vous, & je commence ma lettre avant que la vôtre soit arrivée; mais que ce loisir ne vous donne pas la pensée d'en faire autant; conservez-vous, & faites écrire Pauline. Je regardois, l'autre jour, son écriture, elle ressemble tout-à-fait à la vôtre, son orthographe est parfaite, cela n'est-il pas joli? Enfin, ma chère Comtesse, servez-vous, je vous prie, de ce petit fécretaire qui me plaît fort. Pauline fe façonnera en écrivant ce que vous penfez ; rien ne fçauroit être fi bon ni pour elle ni pour vous.

Nous avons vu les machines de M. de Chaulnes, elles font admirables, & d'une fimplicité fublime. On voit cinq gros jets d'eau dans ce parterre & ces boulingrins ; un abbreuvoir qui eft un petit canal ; des fontaines à l'office, à la cuifine, à la leffive ; & autrefois il n'y avoit pas de quoi boire. Louez-le un peu de fon courage, car tout ce pays fe moquoit de lui ; il a fait vingt allées, tout au travers des choux, dans un jeune bois qu'on ne regardoit pas, qui font une beauté achevée ; & tout cela pour être en Bretagne, ou à Verfailles. Mon Dieu, ma chère enfant, que mon loifir eft dangereux pour vous ! je crains qu'il ne vous faffe mal, il fe fent de la trifteffe de mes rêveries. Je fens vivement de ne plus caufer avec le Chevalier ; cette liaifon fi naturelle m'étoit d'une extrême confolation. Je m'ennuie fort auffi de ne point fçavoir des nouvelles de mon

Marquis ; que de sacrifices à faire à Dieu ! je le regarde souvent dans tout ce qui arrive ; & nous sommes tous bien foibles & bien tremblans sous la main toute puissante, qui remue l'Europe d'une telle manière présentement, qu'on seroit bien empêché de dire ce qui arrivera de ce nuage répandu par-tout.

Voilà votre lettre du 14 qui me donne de la joie ; vous n'avez plus si mal à la tête, vous ne voulez pas qu'on dise *vapeurs* ; mais que ferons-nous, si vous nous ôtez ce mot ? car on le met à tout : en attendant que vous autres Cartésiens en ayiez trouvé un autre, je vous demande permission de m'en servir. Tâchez donc de vous guérir de ces maux, de ces étourdissemens, qui rendent incapable de tout. Ce mal de côté me donnoit bien du chagrin aussi ; nous ne le connoissions plus depuis long-temps ; reprenez votre aimable pervenche, mettez-la à votre point, & parlez-moi toujours de votre santé ; la mienne est toute parfaite, malgré quelques chagrins qu'on ne sçauroit éviter. J'ai admiré les bornes que vous voulez donner à ma vie, ce tour & cette expression sont dignes de votre tendresse, j'en sens tout le prix. Nous laissons ici le printemps dans ses charmans commencemens ; ce Château est fort beau, mais l'élevation du vôtre le fait bien plus ressembler à un Palais d'Apollidon.

LETTRE XCVI.

A LA MÊME.

A Chaulnes, Dimanche 24 Avril. 1689.

NOUS pensions partir aujourd'hui, ma chère fille, mais ce ne sera que demain. Madame de Chaulnes eut avant-hier au soir un si grand mal de gorge, tant de peine à avaler, une si grosse enflure à l'oreille, que Madame de Carman & moi, nous ne sçavions que faire : à Paris, on auroit saigné d'abord ; mais ici, elle fut frotée à loisir avec du baume tranquille, bien bouchonnée, du papier brouillard par dessus ; elle se coucha bien chaudement, avec même un peu de fiévre ; en vérité, ma fille, il y a du miracle à ce que nous avons vu de nos yeux. Ce précieux baume la guérit pendant la nuit si parfaitement, & de l'enflure, & du mal de gorge, & des amigdales, que le lendemain elle *alla jouer à la fossette*, & ce n'est que par façon qu'elle a pris un jour de repos : en vérité, ce remède est divin, conservez bien ce que vous en avez, il ne faut jamais être sans ce secours. Mais, ma chère enfant, que je suis fâchée de votre mal de tête ! que pensez-vous me dire, de ressembler à M. Pascal ? vous me faites mourir. Il est vrai que c'est une belle chose que d'écrire, comme lui, rien n'est si divin : mais la cruelle chose que d'avoir une tête aussi délicate & aussi épuisée que la sienne, qui a fait le tourment de sa vie, & l'a coupée enfin au milieu de sa course ! Il n'est pas toujours question des propositions d'Euclide pour se casser la tête, un certain point d'épuisement fait le même effet. Je crains aussi que l'air de Grignan ne vous gourmande & ne vous tourbillonne ; ah, que cela est fâcheux ! je crains déja que vous ne soyez emmaigrie & dévorée; ah, plût à Dieu que votre air fût comme celui-ci qui est parfait ! il me semble que vous regretez bien sincérement celui de Livri; tout maudit qu'il étoit quelquefois par de certaines personnes mal disposées pour lui, que nous le trouvions doux & gracieux ! que ces pluies étoient charmantes ! nous n'oublirons jamais cet aimable petit endroit. Ma fille, il n'y a que Pauline qui gagne à votre mal de tête ; car elle est trop heureuse d'écrire tout ce que vous pensez, & d'apprendre à haïr sa mère, comme vous haïssez la vôtre. Elle voit que vous me déclarez que pour vous bien porter, il faut nécessairement que vous ne m'aimiez plus : que n'entend-elle point de bon & d'agréable, depuis qu'elle écrit pour vous ? ce que vous dites sur la pluie, est trop plaisant ; qu'est-ce que c'est que de la pluie ? comment est-elle faite ? est-ce qu'il y a de la pluie ? & comparer celle de Provence (d) aux larmes des

(d) Il pleut rarement en Provence ; quelquefois même point du tout, ou si peu pendant l'été, que la terre en est moins humectée qu'échauffée.

petits enfans, qui pleurent de colère & point de bon naturel, je vous assure que rien n'est si plaisamment pensé ; est-ce que Pauline n'en rioit point de tout son cœur ? que je la trouve heureuse, encore une fois ! Vous n'avez point été saignée, ma chère enfant, je n'ose vous conseiller de si loin, la saignée peut n'être pas bonne aux épuisemens. Vous êtes trop aimable d'aimer à parler de moi ; je vaux bien mieux, quand vous me contez, que je ne vaux en corps & en ame. Je me suis fort reposée ici, plût à Dieu que votre santé fût aussi bonne que la mienne ! mais qu'il est douloureux d'être si loin l'une de l'autre ! il n'y a plus moyen de s'embrasser, ce n'étoit pas une affaire à Paris. Je voudrois que vos bâtimens se fissent, comme autrefois les murailles de Thébes par Amphion (*d*) : vous faites l'ignorante, je suis assurée que Pauline est en état de rendre compte de cet endroit de la Fable.

(*d*) Amphion, fils de Jupiter & d'Antiope, fut regardé comme l'inventeur de la Musique; en sorte que les Poëtes feignirent que les Rochers le suivoient, & que les pierres, au son de sa lyre, se rangerent d'elles-mêmes pour élever les murailles de Thébes.

LETTRE XCVII.
A LA MÊME.

A Pecquigni, Mercredi 27 Avril. 1689.

NOUS partimes de Chaulnes Lundi, pour aller coucher à Amiens, où Madame de Chaulnes est honorée & révérée, comme vous l'êtes en Provence; je n'ai jamais vu que cela de pareil. L'Intendant (*e*) nous y donna un grand & bon souper maigre, à cause de Saint Marc; hier à dîner en gras en perfection. L'après-dînée nous arrivames ici dans un Château, où tout l'orgueil de l'Héritière de Pecquigni (*f*) est étalé. C'est un vieux bâtiment, élevé au-dessus de la Ville, comme Grignan; un par-

___

(*e*) M. Chauvelin.
(*f*) Claire Charlotte d'Ailli, fille unique & héritière de Philibert-Emanuel d'Ailli, Seigneur de Pecquigni, Vidame d'Amiens, avoit épousé Honoré d'Albert, Maréchal de France, & père de Charles d'Ailli, Duc de Chaulnes, dont il est parlé dans cette lettre.

faitement beau Chapitre, comme à Grignan; un Doyen, douze Chanoines; je ne sçais si la fondation est aussi belle; mais ce sont des terrasses sur la rivière de Somme qui fait cent tours dans des prairies : voilà ce qui n'est point à Grignan. Il y a un camp de César à un quart de lieue d'ici, dont on respecte encore les tranchées; cela figure avec le Pont du Gard (g). Vous me dites; » ma mère, que fai- » tes-vous donc ? est-ce que vous » n'allez point en Bretagne «? Je vous répondrai ; » ma fille, nous » irons; mais comme M. de Chaul- » nes ne sera que le neuf du mois pro- » chain à Rennes, nous avons du » temps, & nous ne partirons d'ici » que dans deux jours «. Ce retarde- ment ne me fait point de mal ; je prends d'ici mes mesures pour aller à Nantes au mois de Juin ou de Juillet : je n'espère aucune véritable joie dans

(g) Ce Pont d'une structure admirable, est un ancien ouvrage des Romains, dans le bas Languedoc sur le Gardon; il est bâti de pierres de taille, d'une grosseur & d'une longueur surprenantes, & à trois rangs d'arches les unes sur les autres.

tout ce temps, puisque je ne vous verrai point : ainsi, je vis au jour la journée ; je regarde & j'espère un autre temps dont Dieu est le maître, comme de toutes les autres choses de ce monde. Mais je pense fort souvent à votre santé, à votre tête, à cet air impétueux qui vous mange ; vous admirez la bonté des murailles de votre Château ; & moi, j'admire la vôtre de vouloir bien vous exposer à cette violence. Adieu, ma très-chère, je vous embrasse sans pouvoir vous dire avec quelle tendresse & avec quelle sensibilité. Nous lisons la vie du Duc d'Epernon, qui tient presque un siècle, elle est fort amusante.

LETTRE XCVIII.

A LA MÊME.

A Pecquigni, Samedi 30 Avril. 1689.

SI j'en crois le vent, ma chère fille, je suis à Grignan ; la bise en campagne n'y sçauroit mieux faire : pour moi, je crois que nous allons entrer dans les rigueurs du mois de Mai ; que nous avons vu si souvent à Livri. Il y a trois jours que nous sommes dans cette belle maison, où la vue est agréable au dernier point ; nous en partons dans une heure pour aller à Rouen, où nous arriverons demain, & j'y trouverai vos lettres ; c'est une grande tristesse pour moi de n'en avoir point reçu depuis six jours ; c'est tellement la subsistance nécessaire de mon cœur & de mon esprit, que je languis quand elle me manque. Nous serions à Rouen, il y a trois jours, si des affaires survenues à Madame de Chaulnes, & une envie de n'arriver que le neuf de Mai à Rennes, parce que M. de Chaulnes n'y arrive que ce jour-là de Nantes, ne l'eussent fait demeurer ici. Pour moi, je m'embarrasse peu d'être un mois en chemin, le seul dérangement de vos lettres me donne du chagrin ; j'ai passé dix jours à Chaulnes fort doucement, ayant vos lettres trois fois la semaine. J'ai été à Amiens, j'ai vu le Château de Pecquigni, j'écris en Bretagne, j'y donne mes ordres, je ne serai pas mieux à Rennes ; il n'y a qu'aux

Rochers où je serai dans une aimable solitude ; mais cette douceur ne me sçauroit manquer. Je ne sçais présentement aucune nouvelle ; j'ignore comment vous vous portez, si vous avez été saignée, si votre bise vous étonne toujours ; je la crains infiniment pour vous, je vous l'avoue. Je ne sçais point quelle part vous aurez prise au mariage de Mademoiselle d'Alerac (*h*) ; je ne sçais rien de M. le Chevalier, ni de mon Marquis ; toutes ces choses me tiennent fort au cœur. J'espère que je serai sçavante demain à Rouen, d'où je vous écrirai encore ; je ne vous écris aujourd'hui, qu'afin que cette misérable lettre puisse partir Lundi, & que vous n'ajoûtiez point à vos inquiétudes celle de douter de ma santé qui est dans la perfection ; je vous en souhaite une pareille ; je me ménage pour l'amour de vous, je ne mange que ce qu'il me faut, que ce qui est bon, point deux repas égaux, Madame de Chaulnes & Madame de Carman sont

(*h*) Françoise Julie de Grignan, mariée le 6 Mai suivant avec Henri-Emanuel Hussault, Marquis de Vibraie.

dans ce régime. Voyez, ma fille, si je suis persuadée de votre amitié, puisque je ne rabats rien de cet aimable ton, qui me fait entendre que vous desirez ma conservation ; ayez donc les mêmes égards pour moi, ne pouvant douter que mes tons ne soient pour le moins aussi bons que les vôtres, & avec bien plus de raison. Adieu, ma chère enfant. J'aime, en vérité, Pauline, je me sens portée pour elle ; il me semble que dans plusieurs petits procès qu'elle a contre vous, je lui serois favorable.

Madame de Chaulnes & Madame de Carman vous disent bien des choses honnêtes & obligeantes. C'est une liseuse que cette dernière, elle sçait un peu de tout ; j'ai aussi une petite teinture, de sorte que nos superficies s'accordent fort bien ensemble.

LETTRE XCIX.
A LA MÊME.
Au Ponteau-de-Mer, Lundi 2 Mai. 1689.

JE couchai hier à Rouen d'où je vous écrivis un mot, pour vous dire seulement que j'avois reçu deux de vos lettres avec bien de la tendresse. Je n'écoute pas tout ce qu'elle voudroit me faire sentir, je me dissipe, je serois trop souvent hors de combat, c'est-à-dire, hors de la société ; c'est assez que je la sente, je ne m'amuse point à l'examiner de si près. Il y a onze lieues de Rouen à Ponteau-de-mer, nous y sommes venu coucher. J'ai vu le plus beau pays du monde, les plus agréables prairies, & tous les tours qu'y fait cette belle Seine, dont les bords, pendant quatre ou cinq lieues, n'en doivent rien à ceux de la Loire ; ils sont gracieux, ils sont ornez de maisons, d'arbres, de jeunes saules, de petits canaux qu'on fait sortir de cette grande rivière ; en vérité, cela eſt beau ; je ne connoiſſois point la Normandie, j'étois trop jeune quand je la vis ; hélas ! il n'y a peut-être plus perſonne de tous ceux que j'y voyois autrefois, cette penſée eſt triſte. J'eſpère trouver à Caen, où nous ſerons Mercredi, votre lettre du 21 & celle de M. de Chaulnes. Je n'avois point ceſſé de manger avec le Chevalier avant que de partir, le carême ne nous ſéparoit point du tout ; j'étois ravie de cauſer avec lui de toutes vos affaires, je ſens infiniment cette privation ; il me ſemble que je ſuis dans un pays perdu, de ne plus traiter tous ces chapitres. Corbinelli ne vouloit point de nous les ſoirs, ſa philoſophie s'alloit coucher, je le voyois le matin ; & ſouvent l'Abbé Bigorre nous venoit conter des nouvelles.

Je vous obſerverai pour votre retour qui réglera le mien ; je vis au jour la journée. Quand je partis, M. de Lamoignon étoit à Bâville avec Coulanges. Madame du Lude, Madame de Verneuil, & Madame de Coulanges, ſortirent de leurs Couvens pour me venir dire adieu ; tout cela se trouva chez moi avec Madame de Vins qui revenoit de Savigni. Madame de Lavardin vint aussi avec la Marquise d'Huxelles, Madame de Mouci, Mademoiselle de la Rochefoucauld & M. du Bois : j'avois le cœur assez triste de tous ces adieux. J'avois embrassé la veille Madame de la Fayette, c'étoit le lendemain des Fêtes ; j'étois tout étonnée de m'en aller : mais, ma chère belle, c'est proprement le printemps que j'allois voir arriver dans tous les lieux où j'ai passé ; il est d'une beauté, ce printemps, & d'une jeunesse & d'une douceur, que je vous souhaite à tout moment, au lieu de cette cruelle bise qui vous renverse, & qui me fait mourir quand j'y pense.

J'embrasse Pauline, & je la plains de n'aimer point à lire des histoires, c'est un grand amusement ; aime-t-elle au moins *les Essais de Morale*, & *l'Abbadie* (i), comme sa chère maman ? Madame de Chaulnes vous fait mille amitiez, elle a des soins de moi, en vérité, trop grands. On ne peut

(i) Auteur d'un excellent *Traité de la vérité de la Religion chrétienne*.

voyager ni dans un plus beau verd, ni plus agréablement, ni plus à la grande, ni plus librement. Adieu, très-aimable, en voilà assez pour le Ponteau-de-Mer, je vous écrirai de Caen.

LETTRE C.

A LA MÊME.

A Caen, Jeudi 5 Mai.

1689.

JE me doutois bien que je recevrois ici cette lettre du 21 Avril, que je n'avois point reçue à Rouen; c'eût été dommage qu'elle eût été perdue; bon Dieu! de quel ton, de quel cœur, car les tons viennent du cœur, de quelle manière m'y parlez-vous de votre tendresse? Il est vrai, ma chère Comtesse, que l'affaire d'Avignon est très-consolante; si, comme vous dites, elle venoit à des gens dans le courant de leurs revenus, quelle facilité cela donneroit pour venir à Paris! Vos dépenses ont été extrêmes, & l'on ne fait que réparer ; mais auſſi, comme je diſois l'autre jour, c'eſt pour avoir vêcu qu'on reçoit ces faveurs de la Providence : cependant, ma fille, cette même Providence vous redonnera peut-être, d'une autre manière, les moyens de venir à Paris ; il faut voir ſes deſſeins.

Il n'eſt pas aiſé de comprendre que M. le Chevalier, avec tant d'incommoditez, puiſſe faire une campagne ; mais il me paroît qu'il a deſſein au moins de faire voir qu'il le veut & le deſire bien ſincérement ; je crois que perſonne n'en doute. Il a une véritable envie d'aller aux eaux de Balaruc ; j'ai vu l'approbation naturelle que nos Capucins donnerent à ces eaux, & comme ils le confirmerent dans l'eſtime qu'il en avoit déja ; il faut lui laiſſer placer ce voyage, comme il l'entendra ; il a un bon eſprit, & ſçait bien ce qu'il fait. Mais notre Marquis, mon Dieu, quel homme ! nous croirez-vous une autre fois ? Quand vous vouliez tirer des conſéquences de toutes ſes frayeurs enfantines, nous vous diſions que ce ſeroit un foudre de guerre, & c'en eſt un, & c'est vous qui l'avez fait: en vérité, c'est un aimable enfant, & un mérite naissant, qui prend le chemin d'aller bien loin ; *Dieu le conserve*, je suis persuadée que vous ne doutez pas du ton.

Je ne pense pas que vous ayiez le courage d'obéir à votre Père *Lanterne :* voudriez-vous ne pas donner le plaisir à Pauline, qui a bien de l'esprit, d'en faire quelque usage, en lisant les belles Piéces de Corneille, & *Polyeucte* & *Cinna* & les autres ? N'avoir de la dévotion que ce retranchement, sans y être portée par la grace de Dieu, me paroît être bottée à crû ; il n'y a point de liaison ni de conformité avec tout le reste. Je ne vois point que M. & Madame de Pomponne en usent ainsi avec *Félicité* (k), qui apprend l'Italien & tout ce qui sert à former l'esprit : je suis assurée qu'elle étudiera & expliquera les beaux ouvrages dont il s'agit. Ils ont élevé Madame de Vins (*l*) de la

(*k*) Catherine-Félicité Arnauld de Pomponne, aujourd'hui veuve de Jean-Baptiste Colbert, Marquis de Torci, Ministre d'État.
(*l*) Sœur de Madame de Pomponne.

même manière, & ne laisseront pas d'apprendre parfaitement bien à leur fille, comme il faut être chrétienne, ce que c'est que d'être chrétienne, & toute la beauté & la solide sainteté de notre Religion : voilà tout ce que je vous en dirai. Je crois que c'est votre exemple qui fait haïr les histoires à Pauline ; elles sont, ce me semble, fort amusantes ; je me trouve très-bien de la vie du Duc d'Epernon par Girard : elle n'est pas nouvelle, mais elle m'a été recommandée par mes amies & par Croisilles, qui l'ont lue avec plaisir.

Un mot de notre voyage, ma chère enfant. Nous sommes venues en trois jours de Rouen ici, sans aventures, avec un temps & un printemps charmant, ne mangeant que les meilleures choses du monde, nous couchant de bonne heure, & n'ayant aucune sorte d'incommodité. Nous sommes arrivées ici ce matin, nous n'en partirons que demain, pour être dans trois jours à Dol, & puis à Rennes : M. de Chaulnes nous attend avec des impatiences amoureuses. Nous avons été sur les bords de la mer à Dive, où nous avons couché ; ce pays est très-beau, & Caen la plus jolie Ville, la plus avenante, la plus gaie, la mieux située, les plus belles rues, les plus beaux bâtimens, les plus belles Eglises ; des praires, des promenades ; & enfin, la source de tous nos plus beaux esprits (*m*). Mon ami Segrais est allé chez Messieurs de Matignon, j'en suis affligée. Adieu, ma très-aimable, je vous embrasse mille fois. Vous voilà donc dans la poussière de vos bâtimens.

LETTRE CI.

A LA MÊME.

1689.   *A Dol, Lundi 9 Mai.*

Nous arrivames hier ici assez fatiguées, & les équipages encore plus. C'est ce même lieu, où je vins voir Monsieur & Madame de Chaulnes, il y a quatre ans. Nous sommes venues de Caen en deux jours

(*m*) Jean-Renauld de Segrais, de l'Académie Françoise, étoit de Caen, ainsi que Malherbe, Huet, &c.

à Avranches ; nous avons trouvé le bon Evêque (*n*) de cette Ville mort & enterré depuis huit jours ; c'étoit l'oncle de Teffé, un faint Evêque, qui avoit fi peur de mourir hors de fon Diocèfe, que pour éviter ce malheur il n'en fortoit point du tout. Il y en a d'autres qu'il faudroit que la mort tirât bien jufte pour les y attraper. Nous avons trouvé tous les gens de ce bon Prélat en pleurs ; fon ombre n'a pas laiffé de nous donner un très-bon fouper, & de nous loger. Je voyois de ma chambre la mer & le Mont Saint-Michel, ce Mont fi orgueilleux, que vous avez vu fi fier, & qui vous a vue fi belle : je me fuis fouvenue avec tendreffe de ce voyage ; nous dinames à Pontorfon, vous en fouvient-il ? Nous avons été longtemps fur le rivage, à toujours voir ce Mont ; & moi, à fonger toujours à ma chère fille. Enfin, nous arrivames ici, où je défie la mort d'attraper l'Evêque. Nous y avons trouvé un Garde de M. de Chaulnes, qui eft occupé à recevoir toutes ces troupes

(*n*) Gabriel-Philippe de Froullai, Evêque d'Avranches.

qui viennent de tous côtez : c'eſt une choſe pitoyable que l'étonnement & la douleur des Bretons, qui n'en avoient point vu depuis les guerres du Comte de Montfort & du Comte de Blois ; ce ſont des larmes & des déſolations. Nous nous repoſons aujourd'hui. Mon fils eſt à Rennes avec ſa femme : je logerai chez la bonne Marbeuf, quoiqu'elle ne ſoit pas trop bien avec ce Duc & cette Ducheſſe, parce qu'elle eſt toute dévouée à M. de Pontchartrain ; mais il faut ſouffrir ce petit chagrin ; j'irai toujours mon chemin, je ne ſuis mal avec perſonne. C'eſt pour cauſer, ma très-chère, que je vous écris ; car je n'ai ni réponſe à vous faire, ni nouvelles à vous mander ; je vous en écrirai de Rennes. Adieu, je me porte fort bien, je ne ſuis plus laſſe ; on voyage bien commodément avec cette bonne Ducheſſe, elle vous aime & vous embraſſe de tout ſon cœur.

LETTRE CII.
A LA MÊME.

A Rennes, Mercredi 11 Mai. 1689.

NOus voici arrivées d'hier à Rennes, nous étions parties de Dol, il y a dix lieues ; c'est justement cent bonnes lieues que nous avons faites en huit jours & demi de marche. La poussière fait mal aux yeux ; mais trente femmes qui vinrent au-devant de Madame la Duchesse de Chaulnes, & qu'il fallut baiser au milieu de la poussière & du soleil, & trente ou quarante Messieurs, nous fatiguerent beaucoup plus que le voyage n'avoit fait. Madame de Carman en tomboit, car elle est délicate ; pour moi, je soûtiens tout sans incommodité. M. de Chaulnes étoit venu à la dînée, il me fit de bien sincères amitiez. Je démêlai mon fils dans le tourbillon, nous nous embrassames de bon cœur ; sa petite femme étoit ravie de me voir. Je laissai ma place dans le carrosse de

Madame de Chaulnes à Monsieur de Rennes, & j'allai avec Monsieur de Chaulnes, Madame de Carman & ma belle-fille, dans le carrosse de l'Evêque; il n'y avoit qu'une lieue à faire. Je vins chez mon fils changer de chemise & me rafraîchir, & de-là souper à l'Hôtel de Chaulnes. J'y trouvai la bonne Marquise de Marbeuf, chez qui je revins coucher, & où je suis logée, comme une vraie Princesse de Tarente, dans une belle chambre, meublée d'un beau velours rouge cramoisi, ornée comme à Paris, un bon lit où j'ai dormi admirablement, une bonne femme qui est ravie de m'avoir, une bonne amie qui a des sentimens pour nous, dont vous seriez contente. Me voilà plantée pour quelques jours; ma belle-fille regarde, comme moi, les Rochers du coin de l'œil, mourant d'envie d'aller s'y reposer; elle ne peut soûtenir long-temps l'agitation que donne l'arrivée de Madame de Chaulnes: nous prendrons notre temps; je l'ai trouvée toujours fort vive, fort jolie, m'aimant beaucoup, charmée de vous & de M. de Grignan; elle a un goût pour lui qui nous fait rire (*o*). Mon fils est toujours aimable, il me paroît fort aise de me voir ; il est joli de sa personne, une santé parfaite, vif & de l'esprit ; il m'a beaucoup parlé de vous, & de votre enfant qu'il aime ; on lui en a dit des biens dont il est touché & surpris ; car il a, comme nous, l'idée d'un petit marmot ; & tout ce qu'on en dit, est solide & sérieux. Un mot de votre santé, ma chère enfant ; la mienne est toute parfaite, j'en suis surprise ; vous avez des étourdissemens, comment avez-vous résolu de les nommer ? puisque vous ne voulez plus dire des *vapeurs*. Votre mal aux jambes me fait de la peine ; nous n'avons plus ici notre Capucin, il est retourné travailler avec ce cher camarade, dont les yeux vous donnent de si mauvaises pensées ; ainsi, je ne puis rien consulter ni pour vous ni pour Pauline. Je vous exhorte toujours à bien ménager le desir qu'a cette enfant de vous plaire, vous en ferez une personne accomplie ; je vous recommande aussi d'user de la

(*o*) Madame de Sévigné, belle-fille, n'avoit jamais vu M. de Grignan. *V. la page* 395.

facilité que vous trouvez en elle à vous servir de petit secrétaire, avec une main toute rompue, une orthographe correcte; aidez-vous de cette petite personne.

LETTRE CIII.

A LA MÊME.

1689. *A Rennes, Dimanche 15 Mai.*

Monsieur & Madame de Chaulnes nous retiennent ici par tant d'amitié, qu'il est difficile de leur refuser encore quelques jours. Je crois qu'ils iront bientôt courir à Saint-Malo où le Roi fait travailler : ainsi, nous leur témoignerons bien de la complaisance, sans qu'il nous en coûte beaucoup. Cette bonne Duchesse a quitté son cercle infini, pour me venir voir si fort comme une amie, que vous l'en aimeriez; elle m'a trouvée comme j'allois vous écrire, & m'a bien priée de vous mander à quel point elle est glorieuse de m'avoir amenée en si bonne santé. M. de Chaulnes me parle souvent de vous ; il est occupé des milices, c'est une chose étrange que de voir mettre le chapeau à des gens qui n'ont jamais eu que des bonnets bleus sur la tête ; ils ne peuvent comprendre l'exercice, ni ce qu'on leur défend : quand ils avoient leurs mousquets sur l'épaule, & que M. de Chaulnes paroissoit, ils vouloient le saluer, l'arme tomboit d'un côté, & le chapeau de l'autre ; on leur a dit qu'il ne falloit point saluer ; & le moment d'après, quand ils étoient désarmez, s'ils voyoient passer M. de Chaulnes, ils enfonçoient leurs chapeaux avec les deux mains, & se gardoient bien de le saluer. On leur a dit que lorsqu'ils sont dans leurs rangs, ils ne doivent aller ni à droit ni à gauche; ils se laissoient rouer, l'autre jour, par le carrosse de Madame de Chaulnes, sans vouloir se retirer d'un seul pas, quoi qu'on pût leur dire. Enfin, ma fille, nos bas Bretons sont étranges ; je ne sçais comme faisoit Bertrand du Guesclin, pour les avoir rendus en son temps les meilleurs Soldats de France. Expédions la Bretagne, j'aime passionnément Mademoiselle Descartes, elle vous adore, vous ne l'avez point assez vue à Paris; elle m'a conté qu'elle vous avoit écrit qu'avec le respect qu'elle devoit à son oncle, *le bleu étoit une couleur*, & mille choses encore sur votre fils; cela n'est-il point joli ? elle me doit montrer votre réponse. Voilà une manière *d'in-promptu* qu'elle fit l'autre jour, mandez moi ce que vous en pensez; pour moi, il me plaît fort, il est naturel & point commun.

Votre Marquis est tout aimable, tout parfait, tout appliqué à ses devoirs, c'est un homme. Je trouve ici sa réputation tout établie, j'en suis surprise: enfin, *Dieu le conserve*, vous ne doutez pas de mon ton. Ah ! que vous êtes plaisante de l'imagination que Madame de Rochebonne ne peut être toujours dans l'état où elle est qu'à *coups de pierre !* la jolie folie ! j'en suis très-persuadée, & c'est ainsi que Deucalion & Pyrrha raccommoderent si bien l'univers (*p*) ; ceux-ci en feroient bien autant en cas de besoin : voilà une vision trop plaisante.

(*p*) Voyez le Rondeau de Benserade sur Deucalion & Pyrrha.

LETTRE

LETTRE CIV.

A LA MÊME.

A Rennes, Mercredi 18 Mai. 1689.

VOus voilà donc faignée, j'en loue Dieu, mon enfant, & j'avoue que j'en suis soulagée: j'ai grande envie de sçavoir si votre tête en aura été débarrassée. Madame de Chaulnes, après avoir embrassé la belle Comtesse, lui mande qu'elle a des inquiétudes aux jambes, tout comme elle, ce qui ne convient guères à la gravité des places où Dieu vous a mises toutes deux; & que si vous vous trouvez bien de la saignée, elle vous prie de me le mander; mandez-le moi donc, ma très-chère, car je serai bien aise que mon sang ne soit pas répandu inutilement.

Nous avons fort ri de ce que vous me priez, à la fin de votre lettre, de me purger, & justement je me disposois à prendre ma poudre & ma manne des Capucins, mais sans aucun besoin, seulement par les probabilitez du carême, & du long temps que je n'avois pensé à me purger. Me voilà purgée, comme vous êtes saignée ; je m'en trouve fort bien. J'eus une grande compagnie sur le soir, M. & Madame de Chaulnes, Madame de Carman, M. de Rennes, M. de Saint-Malo, M. de Revel, Tonquedec, & plusieurs illustres Bretons & Bretonnes. Il me semble que je vous vois, quand je regarde Madame de Chaulnes, faisant des merveilles à tous, les proportions gardées, car tout est mesuré, & pourtant dans la familiarité. Je dîne dans un camp, & je soupe dans l'autre, c'est-à-dire, le matin avec ma chère Hôtesse (*q*), & le soir à l'Hôtel de Chaulnes. Le Duc est continuellement occupé, toujours des troupes à envoyer, à loger ; toujours des revues, toujours des tambours, toujours des Soldats, des Régimens, des Officiers, avec une table de dix-huit couverts, & une autre de dix. Tout est splendide, comme dit le Chevalier, & *tout va comme un bac dont la corde est rompue.* Madame de

(*q*) Madame de Marbeuf. *V. la page* 442.

Chaulnes m'a remerciée de cette comparaison, & m'a dit tout bas ; si j'avois des enfans, je ne ferois pas ainsi. Nous allons Lundi aux Rochers pour nous reposer un peu ; mon fils en a une vraie envie, sa femme en a besoin ; & moi, je ne respire que les bois des Rochers. Nous dirons que nous en reviendrons à tout moment ; Dieu conduira nos pensées & nos projets. Je viens de lire une jolie lettre que m'envoie Mademoiselle Descartes, faites-y répondre par Pauline, & faites honneur à Monsieur Descartes & à la Religion ; comme il faut nécessairement un miracle, il est aisé de le placer selon les besoins que vous en aurez. Je ris quelquefois de l'amitié que j'ai pour Mademoiselle Descartes, je me tourne naturellement de son côté, j'ai toujours des affaires à elle, il me semble qu'elle vous est de quelque chose, du côté paternel de M. Descartes (r) ; & dès-là, je tiens un petit morceau de ma chère fille. Adieu, très-aimable ; portez-vous bien, &

(r) On sçait que Madame de Grignan appelloit Descartes *son père.*

songez que je suis en parfaite santé. L'écriture de Pauline est devenue toute jolie, elle visoit, sans vous, aux pieds de mouche ; ce ne sera pas le seul bien que vous lui ferez. Je suis affligée de n'avoir point gardé M. le Chevalier dans ses derniers maux : il me paroît qu'il va suivre vos conseils & ceux de M. de Louvois ; il ira aux eaux, & il fera fort bien. Notre Marquis est toujours trop aimable.

M. de Lavardin (*s*) est parti de Rome pour revenir, vous aurez long-temps Avignon.

(*s*) Il étoit Ambassadeur extraordinaire à Rome, d'où il eut ordre de revenir, après avoir essuyé bien des tracasseries de la part du Pape (*Innocent XI.*) au sujet des franchises & de quelques autres griefs de la Cour de France contre la Cour de Rome.

LETTRE CV.
A LA MÊME.

A Rennes , Mercredi 25 Mai. 1689.

JE pars avec mon fils & sa femme pour aller aux Rochers. M. le Duc de Chaulnes est parti pour aller courir dans cette basse Bretagne ; & Madame de Chaulnes s'en va dans une heure pour aller l'attendre à S. Malo : ils n'ont pas voulu que nous soyions partis plutôt. Nous avons été quinze jours ici par pure complaisance ; pour moi, je suis tellement accablée de visites & de devoirs, que de bonne foi je n'en puis plus. J'ai un véritable besoin de me reposer, & de me taire dans ces aimables bois des Rochers ; j'y serai ce soir, & n'en abuserai point ; car je songe toujours à vous plaire. Nous soupames tous hier chez M. de Rennes, ce sont des festins ; c'est ici le pays de la bonne chère, & de la bonne viande bien piquée, comme le pays du beurre de la prévalaie. Monsieur & Madame de Chaulnes vous auroient écrit tous deux, sans qu'ils sont accablez. Madame de Chaulnes m'a dit avec les grosses larmes aux yeux, & un gosier serré ; » mandez, au moins, à la belle Com- » tesse que je vous laisse en bonne » santé «. C'est, en vérité, une très-aimable amie, & qui s'acquitte divinement de tous les personnages que la Providence lui fait faire. Il y a six semaines que je suis avec elle, il y a six semaines qu'elle ne songe qu'à me conserver, à me ménager, & à me donner des marques de son amitié sans aucune contrainte. Madame de Carman est partie pour sa basse Bretagne, c'est une des personnes du monde, qui a le plus de bonnes qualitez, vous l'aimeriez si vous la connoissiez. Madame de Marbeuf est fâchée de me quitter, quoique je sois une partie du jour sur ses bras ; mais elle ne veut point me mettre à terre, elle comprend cependant le besoin que j'ai d'être aux Rochers. Je vous manderai quand j'irai à Nantes, & que mon fils sera à la tête de sa Noblesse. Toute mon attention est de me ranger proprement contre la muraille pour laisser passer quelques lettres de change à *Beaulieu* qui aura soin de contenter les plus altérez : j'ai besoin en petit volume de ce rafraîchissement, comme les grands vaisseaux. Vous voulez que je vous parle de mes affaires, ma chère enfant, voilà où j'en suis, voilà mes desseins, je n'ai encore rien fait ; je prendrai des mesures avec l'Abbé Charier pour Nantes.

M. le Chevalier donnera ordre à toutes vos affaires les plus pressantes, avant que de partir. Je prends part à la joie que vous aurez de le voir, & au soulagement que je suis sûre qu'il recevra des eaux de Balaruc. M. de Grignan reviendra triomphant, & ne méritera point d'être jetté par ces balustres emportez, qui font des bréches si propres au dessein que vous aviez. Mais voulez-vous toujours être la dupe de cette dépense ? songez que voici déja plusieurs fois que la bise vous fait de ces méchans tours. Vous m'aviez fait peur, je croyois qu'elle avoit emporté tous les arbres, & par conséquent tous les rossignols ; mais je vois avec plaisir qu'il en reste encore pour les faire chanter, & pour vous faire sentir & voir le printemps avec son verd naissant ; vous avez même des pluies douces, qui vous font souvenir de notre pauvre Livri. Votre couplet est fort joli, c'est un trésor que cet air que nous a donné Arcabonne (t), on y travaille avec une facilité & un succès qui font plaisir : je chante le vôtre, mais c'est intérieurement. Votre frère est tout dissipé, à peine ai-je pu lui parler, & lui faire vos amitiez ; il sera plus traitable aux Rochers. Madame de la Fayette me mande qu'elle a vu M. d'Aix qui ne se peut taire sur votre mérite ; elle croit que vous êtes le vrai lien de ce Prélat avec tous les Grignans. Adieu, chère belle, il faut partir, & entrer dans nos bois par cette porte de Vitré : il y a dix allées que vous ne connoissez pas, & mon fils doit me surprendre d'un parterre ;

(t) Voyez le monologue d'Arcabonne dans Amadis de Gaule, *Acte 2, Scène première*. On en fit dans ce temps-là une infinité de parodies.

&

& de deux places nouvelles. Il faudra quitter cette solitude pour aller à Nantes, c'est une fâcheuse nécessité.

* Voici les nouvelles de Brest. M. de Châteaurenaud a débarqué heureusement en Irlande ses troupes, ses armes & son argent. Milord Herbert a attaqué M. de Gabaret qui tenoit la haute mer avec une partie de notre Flotte. M. de Châteaurenaud, après avoir mis à couvert le convoi dont il étoit chargé, est venu au secours de M. de Gabaret ; ils se sont battus sept heures ; les Anglois ont quitté la partie, & se sont retirez fort délabrez & maltraitez dans leurs ports. Les François les ont suivis ; & au retour, ils ont rencontré sept vaisseaux marchands Hollandois, qu'ils ont ramenez à Brest ; cette prise est estimée un million d'écus.

LETTRE CVI.

A LA MÊME.

1689. *Aux Rochers, Mercredi premier Juin.*

PAULINE est trop heureuse d'être votre secrétaire; elle apprend, comme je vous ai dit, à penser, à tourner ses pensées, en voyant comme vous lui faites tourner les vôtres; elle apprend la langue françoise, que la plûpart des femmes ne sçavent pas; vous prenez la peine de lui expliquer des mots qu'elle n'entendroit jamais; & en l'instruisant de tant de choses, vous faites si bien qu'elle soulage votre tête & la mienne; l'ennui de dicter n'est point comparable à la contrainte d'écrire; & mon esprit n'est en repos que lorsque je sçais que vous y êtes. Continuez donc une si bonne instruction pour votre fille, & un si grand soulagement pour vous & pour moi.

Quand vous êtes persuadée de la perfection de ma santé, vous en faites tout ce qu'on en peut faire, qui est de craindre qu'elle ne puisse devenir mauvaise. J'y pense quelquefois, & ne me trouvant aucune des petites incommoditez que vous connoissez, je dis avec étonnement, il faut pourtant s'attendre qu'un état si heureux doit changer ; & sur cela je comprends qu'il faudra se résoudre, comme en toutes choses, à ce que Dieu voudra ; qu'en me donnant des maux, il me donnera de la patience, & cependant, je jouis de ce qu'il me donne présentement.

Le Coadjuteur (*u*) a eu la colique, il a fait encore deux pierres. Je lui écris des bagatelles, je lui mande que ce n'est point pour accoucher que je lui prête mon appartement ; qu'il devoit bien se contenter des deux enfans douloureux qu'il fit l'année passée, & dont je fus témoin & marraine ; & ce qu'il veut faire de cette cruelle fécondité, de cette race maudite qui étranglera peut-être son

(*u*) M. l'Archevêque d'Arles, qu'elle appelle encore *le Coadjuteur*, par l'habitude où l'on étoit de le nommer ainsi avant la mort de M. d'Arles, son oncle.

père, si on ne l'adoucit, si on ne la ménage. Je plains infiniment M. le Chevalier, & suis ravie qu'il soit persuadé des soins que j'aurois eus de lui dans ses maux. Je ne comprends pas qu'on puisse balancer à choisir les eaux de Balaruc ; j'étois présente, quand on lui conseilla d'y aller, après lui en avoir dit les perfections ; cela doit être décidé. De-là, ma très-chère, il vous ira voir, & ce sera une grande joie pour vous & pour toute sa famille ; vous parlerez de bien des choses, vous ne manquerez pas de sujets.

La vision de comparer le bruit de votre bise à celui de vos Dames d'Aix, me paroît fort plaisante. Je connois votre attention pour ces sortes de compagnies ; je crois que vous en avez encore plus pour la bise, & qu'à la façon dont vous me la représentez, vous en souhaitez encore plus la fin que de la cour de vos Dames. N'en doutez nullement, cet excès de terreur que vous sentez plus qu'à l'ordinaire, vient de cette tour abattue mal-à-propos ; elle n'étoit point mise là pour rien, c'étoit un paravent, & elle rompoit, comme vous dites, la premiere impétuosité. Vous êtes à découvert, je suis en peine de vous; & en vérité, M. d'Arles pouvoit bien se passer d'abattre les tours de ses pères. Je ne sçavois point qu'il eût eu tant d'agrémens à Versailles, vous m'apprenez mille choses. Il veut donc avoir l'honneur de la requête civile, Rochon est revenu, c'est un bonheur. Le jugement de Madame de Buri n'étoit pas trop mauvais sur l'affaire du Grand Conseil, elle croyoit bien nous jetter dans le labyrinthe des semestres, pour n'en jamais sortir; c'étoit un très-bon retranchement pour la quintessence de la chicane, nous fumes avertis par miracle, tout a été heureux dans cette affaire. A propos de labyrinthe, celui des Rochers est fort joli, nos promenades sont assez aimables; la folie de mon fils, c'est d'y souhaiter M. de Grignan, & de croire qu'il ne s'y ennuyeroit pas. Nous lisons *les Variations* de M. de Meaux; ah, le beau livre à mon gré! Le temps passe comme un éclair, quoique sans plaisirs; & même avec des chagrins, il nous emporte. Il y a six semaines qu'il n'a plu, nous avons eu de grandes chaleurs ; & tout d'un coup sans pluie il fait froid, & nous avons du feu. Je vous ai dit que toute la Noblesse de ces cantons, au nombre de cinq ou six cent Gentilshommes, avoit choisi votre frère pour être à leur tête, cela passe pour un grand honneur ; mais ce sera une sote dépense. Il n'a point encore d'ordre de partir ; nous souhaitons qu'on ne fasse point une sorte de campement si inutile.

LETTRE CVII.

A LA MÊME.

1689. *Aux Rochers, Dimanche 5 Juin.*

J'Ai reçu vos deux lettres à la fois ; je suis bien aise d'avoir résisté à l'envie que j'avois de m'inquiéter. Martillac m'assure que vous êtes en parfaite santé, & que jamais des remèdes n'ont été faits plus à propos ; ils vous ont guérie enfin de vos incommoditez, il n'en faudroit pas davantage pour les remettre en honneur. J'ai perdu de vue les inquiétudes des belles jambes de cette Ducheſſe de Chaulnes; elle m'écrit ſouvent, & ne m'en parle plus. Pour moi, ma chère enfant, je vous ai dit la perfection de l'état où je ſuis; cette médecine ne me fit ni bien ni mal; je n'ai plus de vapeurs, je ne prends point d'eſſence de Jacob; car il ne faut rien faire, quand on eſt bien; plus de ſurſaut la nuit, rien du tout à mes mains: enfin, il y a de l'ingratitude, vous intéreſſant à ma ſanté comme vous faites, de ne pas remercier Dieu, & de croire que je vous trompe, quand je dis la pure vérité. Je ſuis étonnée de l'état où je ſuis, & à votre exemple je m'en fais quaſi un dragon; je ſonge qu'il n'eſt pas poſſible que cet état puiſſe durer long-temps, & qu'il faut s'attendre aux incommoditez ordinaires de l'humanité; Dieu eſt le maître, je ſuis ſoumiſe à ſes volontez. Il ordonne à M. le Chevalier d'aller chercher des forces à Balaruc, je ſuis perſuadée qu'il ne ſçauroit mieux faire; vous ſerez fort aiſe de le voir à Grignan, & cette pauſe lui fera au-

Q q iiij

tant de bien que les eaux : voilà une bonne & aimable compagnie que vous aurez ; quand il plaira à la Providence que vous ayiez encore votre mère & votre fils, je l'en remercierai comme d'une grace précieuse, mais que je n'ose envisager de si loin. Je trouve plaisant que Madame de Bagnols, qui a laissé ce petit garçon enfant, le retrouve un homme de guerre, tout accoûtumé, tout délibéré, tout hardi, qui se jette à son cou & qui l'embrasse : le voilà donc parfait, il ne lui falloit que ce degré de liberté & de familiarité ; il étoit timide, il ne l'est plus : qu'il est aimable ! qu'il prend un bon chemin ! *Dieu le conserve*, il faut toujours en revenir là. Madame de la Fayette écrira à M. de Boufflers ; votre enfant ne trouve partout que des amis ; d'abord ce sont les vôtres, & puis ce sont les siens. On me mande que M. le Chevalier part aujourd'hui, j'en suis ravie.

Je demande pardon à Dieu ; mais le retour de M. de Lavardin me donne une grande joie (*x*), je comprends tout le plaisir que vous fait Avignon ;

(*x*) Voyez la page 432.

c'eſt la Providence qui vous donne un tel ſecours. Je ſuis tout occupée de vous & de vos affaires ; je ne laiſſe pas de ſonger aux miennes & d'y donner les ordres néceſſaires : le principal c'eſt d'être ici, & de laiſſer paſſer quelque argent ; mais ce n'eſt pas ſans peine qu'on en touche en ce pays ; les troupes ruinent tout. On prend toutes les précautions poſſibles, comme ſi le Prince d'Orange ne ſongeoit qu'à nous ; & apparemment il n'y aura rien de vrai que la déſolation de cette Province. Mon fils eſt encore avec nous ; nous tremblons que l'ordre de M. de Chaulnes ne le faſſe partir inceſſamment à la tête de ſa Nobleſſe ; cela s'appelle, *Colonel d'un Régiment de Nobleſſe* ; c'eſt toute celle de Rennes & de Vitré, qui eſt de cinq ou ſix cent Gentilshommes. Au reſte, nos ſoldats commencent à faire l'exercice de bonne grace, & deviendront bientôt comme les autres : ce ſont les commencemens qui ſont ridicules ; je vous aſſure qu'il y en a à Vitré qui ont un fort bon air.

Ne croyez pas, ma fille, que je me ſois brouillée avec Monſieur & Madame de Chaulnes, pour loger chez Madame de Marbeuf; je leur en parlai, ils le voulurent fort bien : outre que Madame de Carman étoit chez eux, c'est que je n'eusse pas eu un moment de repos dans cet appartement. J'étois à merveilles chez cette bonne Marquise; & j'ai si bien fait, que je l'ai remise comme elle doit être avec Monsieur & Madame de Chaulnes, en sorte qu'ils ont même oublié le passé pour l'amour de moi, & l'ont priée à manger. Son crime étoit d'avoir reçu M. de Pontchartrain chez elle, de lui avoir donné un souper magnifique, & d'avoir dit qu'on le regardoit comme le sauveur & le restaurateur de la Province. Vous sçavez ce que c'étoit qu'un tel discours; elle le nie, & voilà qui est fini. Je suis fâchée que le rhume de Pauline l'empêche d'écrire pour vous; je suis accoûtumée à voir son écriture, & à penser qu'elle vous soulage. Je ne vous ai point affligée de la lettre de Mademoiselle Descartes, elle voulut vous l'envoyer, vous vous acquitterez galamment de cette réponse, c'est une jolie petite question à traiter;

vous donnerez un air de superficie, qui vous tirera aisément d'affaire.

Si le frère de Madame du Bois-de-la-Roche avoit joint à sa langue Parisienne les éclats de rire de sa sœur, vous n'y auriez pas résisté. Vous aurez Larrei, c'est, je crois, un fils de feu Lénet qui étoit attaché à feu M. le Prince, & qui avoit de l'esprit comme douze ; j'étois bien jeune, quand je riois avec lui. Vous dites des merveilles, en parlant de la fierté & de la confiance de la jeunesse ; il est vrai qu'on ne relève que de Dieu, & de son épée ; on ne trouve rien d'impossible, tout cède, tout fléchit, tout est aisé. Dans un autre caractère, avec bien moins de beauté, j'ai senti cet état & ses prospéritez ; mais, comme vous dites, il vient un temps où il faut changer de style. On trouve qu'on a besoin de tout le monde, on a un procès, il faut solliciter, il faut se familiariser, il faut vivre avec les vivans, il faut retreffir son esprit d'un côté, & l'ouvrir de l'autre : pour moi, je trouve que l'esprit des affaires que vous avez, est une sorte d'intelligence qui est cent piques au-dessus de ma tête, & je l'admire.

Il fait un temps affreux, une pluie, un vent, un froid ; plus de promenades : envoyez-nous de votre chaud, de votre soleil ; nous vous remercions de votre bise, c'est une trop grande compagnie.

LETTRE CVIII.

A LA MÊME.

1689. *Aux Rochers, Mercredi 8 Juin.*

VOus prenez une fort honnête résolution d'aller à votre terre d'Avignon ; il est juste que des gens qui vous donnent de si bon cœur, ce qu'ils donnoient au Vice-Légat, ayent la satisfaction de vous voir : vous ne pouviez choisir un temps plus convenable, vous serez libre après cela, & vous ne sortirez plus de votre Château que quand vous voudrez. Vous y aurez une assez bonne compagnie, mais vous l'aurez quand vous recevrez cette lettre ; quoi ! il est possible que vous ayiez avec vous M. le Chevalier! que vous êtes heureuse, & que je le trouve heureux aussi! mon tour ne viendra-t-il jamais?

Pour expédier le chapitre de la santé, je vous assure que la médecine que j'ai prise, n'a été que pour satisfaire aux Auteurs qui disent qu'il se faut purger de temps en temps; & il est vrai que je me porte si bien que j'en suis effrayée; il n'est pas naturel, en effet, de n'avoir aucune des incommoditez que j'avois; je ne sçais ce que la Providence me garde: en attendant, je ne prodigue point ma santé, je mange sagement, je n'ai plus la fantaisie du serein ni de la Lune; je commence à me corriger de ces folies, & je trouve plaisant qu'à Livri j'en étois encore toute pleine, comme à vingt ans, cela n'est plus. Après avoir bien lu, bien causé, on se sépare; je vais me promener seule dans ces bois, & je relis vos aimables lettres avec un plaisir & un déplaisir sensible. M. le Chevalier me fait grand'peur de l'état de M. de la Trousse, je vous prie de me mander ce que vous en sçaurez. Je crois, ma chère enfant, que cette lettre vous trouvera tous rassemblez à Grignan, & que vous n'aurez pas laissé Pauline à Aubenas ; je serai fort aise de lui attirer vos bontez, & de sçavoir qu'elle est auprès de vous ; je vous assure que la douceur & la raison auront tout pouvoir sur elle ; quelle autre manière pourroit être bonne à quelqu'un qui a de l'esprit, & qui ne songe qu'à se corriger & qu'à vous plaire ? Nous avons encore mon fils, nous craignons ces tristes ordres pour aller en basse Bretagne faire uniquement de la dépense, sans autre profit que de nous ôter notre compagnie, notre liseur infatigable ; cela nous met en colère.

Voilà un mémoire que Madame de Marbeuf me prie instamment de vous envoyer, pour sçavoir s'il est vrai que le fils de M. de M... soit si riche & si bien établi ; pour moi, je suis témoin de la beauté de son Château, de ses meubles & de sa vaisselle ; elle me demande la grandeur de sa maison, je dis qu'elle est fort grande, & j'entends son Château ; il faudra passer cet endroit-là du mieux que l'on pourra, & dire tout le reste qui est fort bon. Je serois ravie de servir ce bon & honnête homme, qui me paroît de vos amis. Il semble qu'il veut se dépayser, & marier son fils dans notre Bretagne. J'y ferai de mon mieux, & mon fils aussi, dès que vous m'aurez répondu sur ce mémoire, & que je croirai vous faire plaisir. En voilà assez pour aujourd'hui, ma chère Comtesse, vous avez trop bonne compagnie, pour lire & pour écrire de si longues lettres.

LETTRE CIX.

Monsieur DE SÉVIGNÉ.

A LA MÊME.

Aux Rochers, Dimanche 12 Juin. 1689.

J'AIMEROIS bien mieux avoir fait votre lettre à Mademoiselle Descartes, non-seulement qu'un Poëme Epique, mais que la moitié des Œuvres de son oncle : j'en suis enchanté, & jamais Rohault (*y*) que

(*y*) Célèbre Philosophe Cartésien.

vous citez, n'a parlé si clairement. En mon particulier, je vous assure que si l'Inquisiteur d'Avignon vous laisse la liberté, après que vous lui aurez expliqué votre doctrine, je la tiendrai pour orthodoxe, & même pour la seule raisonnable qu'on puisse avoir dans un mystère de foi ; ne croyez pourtant pas que cette lettre que je loue de si bon cœur, & même que j'admire, soit sans défaut ; elle en a un que j'ai eu bien de la peine à corriger, c'est une écriture aussi difficile à déchiffrer, que le sujet sur lequel vous raisonnez est difficile à comprendre ; ce n'est plus de l'écriture, ce sont des figures, tantôt d'une façon, tantôt d'une autre ; ce sont des hieroglyphes d'une si grande & si belle variété, qu'ils ne laisseront pas de plaire aux yeux, quand vous les aurez amenez au point de n'être plus intelligibles à l'esprit. Ma mère se porte parfaitement bien, ayez-en l'esprit en repos, elle mène une vie douce, & si douce qu'elle pourroit être ennuyeuse ; mais c'est à quoi il ne faut pas penser. Je vous embrasse mille fois, ma très-belle petite sœur, faites-en tes-en autant de ma part à votre illustre époux, & bien des amitiez à Pauline.

LETTRE CX.

Madame DE SÉVIGNÉ.

A LA MÊME.

Aux Rochers, Dimanche 12 *Juin.* 1689.

MON fils est ravi de votre lettre ; sçavez-vous bien que je me mêle aussi de l'admirer ? je l'entends, je vous assure que je l'entends, & que je ne crois pas qu'on puisse mieux dire sur ce terrible sujet. Il y a long-temps que dans mon ignorance je dis, mais ne faut-il point de miracle, pour expliquer ce mystère selon la philosophie d'Aristote ? s'il en faut un, il en faut un aussi à M. Descartes ; & il y a plus de sens à ce qu'il dit, jusqu'à ce qu'on en vienne à cet endroit qui finit tout. La bonne Descartes sera ravie, elle gardera le silence, je vous en réponds ; & tout au plus, elle vous admirera avec un fort aimable Cartéfien, ami de mon fils, qui est fort digne de cette confidence. Soyez en repos, ma très-chère, cette lettre vous fera bien de l'honneur sans aucun chagrin. Nous sommes ici dans une tranquillité, une paix, un silence tout contraire au séjour que vous faites à Avignon ; vous y êtes peut-être encore aujourd'hui. Cette Ville est belle, elle est, ce me semble, toute brillante ; vous y aurez été reçue avec des acclamations ; je vous ai toujours accompagnée dans cette fête ; car vous y avez été de façon que c'est une fête perpétuelle. Je serai bien-aise de recevoir votre première lettre d'Avignon ; je crois que vous avez bien fait d'avoir cette complaisance pour M. de Grignan ; quand il a raison, il ne faut point lui donner de chagrin ; vous avez fort bien pris toutes vos mesures. Je plains fort M. de la Trousse, on me mande qu'il quitte tout pour penser à sa santé ; il va à Bourbon, c'est bien loin de Barège où il devoit aller. Nous attendons avec chagrin qu'on nous enlève notre pauvre Sévigné pour aller commander ce Régiment *de Noblesse*, car nous ne parlons point d'*arrière-ban*. Monsieur & Madame de Chaulnes sont à Rennes, ils s'en vont bientôt à Saint-Malo, nous les irons voir à leur retour. M. de Chaulnes fit l'autre jour un mariage qui me plut, du petit du Guesclin avec une fort jolie fille & fort riche ; quand il eut réglé les articles avec beaucoup de peine, il dit, faisons le contrat, on y consentit ; & puis il dit, mais qui nous empêche de les marier demain ? chacun dit, mais des habits, mais une toilette, mais du linge ; il se moqua de ces sotises. M. de Rennes donna la dispense de deux bans ; le lendemain il étoit Dimanche, on en jetta un le matin, ils furent mariez à midi ; l'après-dînée la petite fille dansa comme un Ange ; elle avoit appris à Paris du Maître & de l'air de Madame LA DUCHESSE : le lendemain, c'étoit Madame du Guesclin, ayant épargné vingt mille francs de frais de noces. C'est à M. de Grignan que j'apprends cette manière, pour quand il voudra marier quelqu'un dans son Gouvernement ; toutes les deux familles ont été ravies de cette épargne. Vous ne vous souciez point du tout de cette noce ; mais comme j'y étois, je me suis dit, je la conterai quelque jour à ma fille : il y a du bon sens à se mettre quelquefois au-dessus des bagatelles & des coûtumes. Adieu, ma très-aimable, je me promène tous les jours avec vous, vous ne m'avez point vue, on faisoit trop de bruit à Avignon.

LETTRE CXI.

À LA MÊME.

1689. *Aux Rochers, Mercredi 15 Juin.*

QUELLE différence, ma chère Comtesse, de la vie que vous faites à Avignon, tout à la grande, toute brillante, toute dissipée, avec celle que nous faisons ici, toute médiocre, toute simple, toute solitaire ! cela est dans l'ordre, & dans l'ordre de Dieu ; & je ne sçaurois croire que quelque coin d'Anachorette que vous ayiez, ces honneurs & ces respects sincères, par des gens de qualité & de mérite, puissent vous déplaire ; j'aurois peine à le croire, quand vous le diriez : en vérité, il n'est point naturel de ne point aimer quelquefois des places qui sont au-dessus des autres. Quand je lis dans la vie de ce vieux Duc d'Epernon, quelles douleurs il eut d'être forcé à quitter son beau Gouvernement de Provence, *toutes ces belles Villes*, dit l'Historien, *si grandes, si considérables* ; combien M. de Guise s'en trouva honoré & content ; quelle marque ce fut de sa paix sincère avec le Roi ; quelle joie il avoit d'y être aimé & honoré ; je comprends que Dieu vous ayant donné la même place, avec tous les agrémens, toutes les distinctions, & les marques de confiance que vous avez encore ; en vérité, il n'y auroit pas de raison ni de sincérité à trouver que c'est la plus ridicule & la plus désagréable chose du monde. Je pense que tout ce qui doit donner du chagrin, ce sont les affaires domestiques & les dissipations cruelles ; car du reste, si on peut conserver une telle place à ce joli petit Capitaine, je vous assure qu'elle est très-belle. Je vous vois dans une dépense si violente, que si c'étoit pour plus long-temps, je vous dirois, comme à Madame de Chaulnes, vous me paroissez dans *un bac dont la corde est rompue* (z). Mais voilà qui est fait, vous êtes présentement dans votre Château, où, quoique vous n'ayiez guères plus de temps à vous, vous ne serez pas dans un si terrible tourbillon; à la longue on n'y dureroit pas, il faut se reposer de toute manière: cependant, si on pouvoit régler sa dépense dans cette aimable Ville, & que vous eussiez un hiver à passer en Provence, il seroit bien doux que ce fût sous un si beau Soleil. M. de Caderousse en fait l'éloge par la vie qu'il y retrouve. La fille de Madame de Castries est tout-à-fait jolie, & Madame de .... très-aimable, & chantant comme un Ange; M. de Grignan devroit en être amoureux. La bassette m'a fait peur, c'est un jeu traître & empêtrant, cent pistoles y sont bientôt perdues, & votre voyage doit vous coûter assez sans cette augmentation. Mais voyez, je vous prie, quelle rage de n'avoir jamais pu me

(z) Voyez la lettre du 18 Mai, *pag.* 450.

taire sur Avignon ni sur vos grandeurs.

Mon fils s'en ira bientôt à Rennes prendre les ordres de M. de Chaulnes, pour assembler & faire marcher ces *nobles* Régimens. Il reviendra passer ensuite quelques jours avec nous; & puis, sans aucun péril, à douze ou quinze lieues d'ici, il tiendra une grande table, voilà le malheur. Monsieur & Madame de Chaulnes s'en vont à Saint-Malo. Corbinelli m'a fait rire des raisons qu'il vous a données de ne vous avoir point écrit; un desir extrême de vous écrire, joint à mille occasions, & une persuasion très-forte qu'il le devoit; vous seriez bien difficile si vous ne vous rendiez à de si bonnes raisons. Il me mande que M. de Soissons [a] attaque vivement M. Descartes, par la seule envie de plaire à M. de Montausier; car on prétend qu'il n'entend pas ce qu'il

[a] Pierre-Daniel Huet, Evêque de Soissons, puis d'Avranches, étoit un des plus sçavans hommes de son temps, & un très-bel esprit. M. le Duc de Montausier, Gouverneur de Louis Dauphin de France, fils de Louis XIV, l'avoit fait choisir pour être sous-Précepteur de ce Prince.

improuve. Mademoiselle Descartes en est fort indignée, après les complimens infinis qu'elle a reçus de lui à Paris, sur les éloges dûs à son oncle & à l'immortalité de son nom ; il y aura des gens qui répondront. Comment, dit Corbinelli, un homme qui attaque le jugement de M. le Prince, de Madame de Grignan & de M. de Vardes !

Je vous embrasse, ma chère belle, vous avez été dans un grand mouvement, tranquillisez-vous, je vous en prie ; pour moi, je suis dans une telle règle, dans une si parfaite santé, que je ne comprends point ce que Dieu veut faire de moi. Je lis *le Traité de la soumission à sa volonté* (*b*), qui m'est toujours nouveau. Qu'on est heureux d'aimer à lire ! J'ai écrit au Marquis, il n'y a point de bien qu'on ne dise de ce petit compère. Mille amitiez à tout ce qui vous environne. Etes-vous là, M. le Chevalier, n'êtes-vous point fatigué du voyage ?

(*b*) C'est le second Traité du premier tome des *Essais de Morale*.

Fin du septiéme Tome.

Contraste insuffisant

NF Z 43-120-14

www.ingramcontent.com/pod-product-compliance
Lightning Source LLC
Chambersburg PA
CBHW050244230426

43664CB00012B/1824